仪明洁 ＼ 著

叶技术人群的

动策略研究

文物出版社

图书在版编目（CIP）数据

细石叶技术人群的流动策略研究／仪明洁著. —北京：文物出版社，2024.11

（考古新视野）

ISBN 978-7-5010-8205-6

Ⅰ.①细…　Ⅱ.①仪…　Ⅲ.①细石器-考古-中国

Ⅳ.①K876.2

中国国家版本馆 CIP 数据核字（2023）第 184292 号

审图号：京审字（2024）G 第 0285 号

细石叶技术人群的流动策略研究

著　　者：仪明洁

责任编辑：智　朴
责任印制：张　丽

出版发行：文物出版社
社　　址：北京市东城区东直门内北小街 2 号楼
邮　　编：100007
网　　址：http：//www.wenwu.com
邮　　箱：wenwu1957@126.com
经　　销：新华书店
印　　刷：宝蕾元仁浩（天津）印刷有限公司
开　　本：710mm×1000mm　1/16
印　　张：18
版　　次：2024 年 11 月第 1 版
印　　次：2024 年 11 月第 1 次印刷
书　　号：ISBN 978-7-5010-8205-6
定　　价：98.00 元

内容提要

　　本项研究是对更新世末期到全新世初期参与了农业和定居前奏的细石叶技术及其人群的综合分析。立足于旧石器时代晚期东北亚广泛分布的细石器遗存，以水洞沟第 12 地点为重点研究案例，围绕细石叶技术这一核心主线，从技术－类型学、行为生态学角度进行石器技术、资源利用方式、人群流动模式分析。

　　综合细石器、磨制石器、研磨工具、动物骨骼等考古材料，水洞沟第 12 地点处于旧石器时代晚期末段的文化转型期，古人类适应策略具有多样性，以细石叶技术为主，群体流动与个体流动相结合，提升人群流动和资源开发的效率，对环境资源进行了深度开发。在对水洞沟第 12 地点个案研究的基础上，以细石叶技术为关键词，本书将研究时间、空间维度扩大至更新世末期到全新世初期中国北方地区。研究显示，细石叶技术的萌生受到高纬度地区石叶技术的影响，经历了萌芽期、融合期、爆发期、衰落期四个发展阶段，在生态适应的过程中，细石叶技术人群发展出多元的适应策略，可概述为高度流动的采食者、高效配合的集食者、相机而动的生产者、因地制宜的渔猎者。本研究有助于理解更新世末期到全新世初期的人群组织形式，推动和深化古人类从流动到定居的转变过程研究。

作者简介

　　仪明洁，中国人民大学历史学院考古文博系副教授。2008 年于吉林大学获学士学位，2013 年于中国科学院古脊椎动物与古人类研究所获博士学位，随后进入中国人民大学博士后流动站并于2015 年留校任教。2011～2012 年，在美国加利福尼亚大学戴维斯分校访学。主要从事石器分析、考古学术史、动物考古等领域的研究和教学。

专家推荐意见（一）

考古学通过提取和分析过去人类留下的遗物与遗迹研究人类的文化、技术与社会形态演化过程。人类演化的不同节点蕴含着不同的考古学问题，对这些问题的破解与阐释构成特定时段考古学研究的核心内容。本书所呈现的成果即对考古学的这样一种特点做了很好的诠释。

更新世末叶到全新世之初人类技术、文化与生存模式的转变是考古学研究的重要课题之一，近年来围绕旧－新石器时代过渡问题产生了大量学术论著。在这一时段内，先民普遍制作和使用细石叶工具，发明了磨制石器、精致骨角器和陶器，创造了复合工具，从高度流动的栖居模式向定居转变，从狩猎－采集经济向农业过渡……这些生存方式与社会变革的信息，赋存在埋藏于地下的古人类的文化遗存中，等待考古学家去发现、发掘和研究。仪明洁博士的《细石叶技术人群的流动策略研究》一书，立足于从宁夏水洞沟第 12 地点出土的处于旧－新石器时代过渡阶段的以细石叶遗存为特色的考古遗存，并将研究视野扩展到中国北方更广阔空间的细石叶技术体系，结合细石叶产品的出土情境和伴生的其他文化遗存及古环境信息，运用类型学、技术解读、操作链分析、狩猎采集者的流动性分析等视角和方法，探讨更新世晚期到全新世初期中国北方地区狩猎采集者的生计模式和适应策略，提出了一些有启发意义和学术价值的看法与结论。

本项研究揭示，水洞沟遗址第 12 地点处于旧石器时代晚期末段的文化转型期，文化遗存中蕴含了大量人类活动信息，表明古人群对生存环境具有高度认知、利用的能力和机动、灵活、多样的适应生存策略。在末次冰期的特定时段，愈发严酷的环境促使古人群增强流动性，以寻找和获取斑块化的生存资源，伴随而来的是对效用更强、更便携的工具的需求，新的石器技术——细石叶技术应运而生。在西伯利亚的阿尔泰、贝加尔等高纬度地区，气候波动带来的影响更为显著，该地区掌握石叶技术的人群具有石核预制、定向剥片、间接剥片、标准化生产等技术基础，为细石叶技术的滥觞创造了条件。在石器生产中，偶然出现的初始细石器产品在运用于古人类的生存活动中表现出更好的生态适应性，能满足高流动状态下生产、加工、使用、维护与携带等多方面的需要，于是迅速扩散至东北亚的广大地区。细石叶技术在距今 2.8 万年左右到达中国，呈现点状扩散，与当地的小石器传统相结合，逐渐发展出标准化细石叶技术，展现出特有的生态优势。到旧石器时代晚期末段，随着气候的波动和资源强化利用需求的增加，用细石叶制成的组合工具在狩猎、处理猎物、皮革加工等方面的优势愈发明显，该技术体系在广袤的中国北方大地爆发式的扩散，并不断与当地人群和技术相融合，衍生出多种技术变体。

该项研究在综合梳理已发表的考古材料后提出，细石叶技术在中国北方的兴衰过程可以分解为四个阶段：第一阶段，约距今 2.8 万年到末次盛冰期之前，是细石叶技术的萌芽期，其核心分布区以华北腹地为主。第二阶段，末次盛冰期及随后的短暂气候回暖阶段，是细石叶技术在中国北方的融合期。此时中国北方地区尤其是华北腹地流行船形石核技术，东北地区则出现窄楔形石核技术的端倪，两大主要分布区与两种不同的植被带具有耦合性，细石叶技术体系出现分化，折射出不同人群对不同生态环境的针对性适应。第三阶段，末次盛冰期后的气候回暖期到更新世之末，为细石叶技术的爆发期，宽楔形石核广布于华北腹地和西北地区，涌别系窄楔形石核则占据了东北地区，向西向南延伸至泥河湾盆地。第四阶段，全新世早期，是为细石叶技术的衰落期，其衰落过程在不同区域并不同步，在不同生态域内扮演的角色也不尽一致。作者认为，在从旧石器时代向新石器时代过渡的过程中，人类社会组织形式的转变是经济形态彻底转变的关键因素；而社会组织形式转变的根本原因是狩猎采集人群规模扩大，需要高效、优化地获取、利用资源。从高度流动的状态，到流动中短期的定居，到定居中短时、灵活的流动，处于旧－新石器时代过渡期的古人群在不断调整、优化技术和社会形态，并适应新的生存模式。

细石叶技术是狩猎采集群体保持高度流动性的技术保障，支撑了中国北方旧石器时代末段人群的资源开发和生存繁衍；然而，在人口增长与环境变迁等多重因素叠加作用下，细石叶技术人群的极致流动性带来了致命问题，攫取式获食方式已不能支撑全新世古人群的生存，迫使一些人群降低流动性、转变生产方式，进而促成了社会组织方式的初级改变；随着社会定居程度的提升，细石叶技术逐渐失去了生态适应的优势，最终在新石器化之后全面衰落。

仪明洁博士的这部书稿提供了一个观察历史的窗口，使我们得以透过细石叶技术兴衰的现象，窥探在旧－新石器时代过渡这个敏感的时间节点上中国北方人群生存模式变化的过程及其动因。她对东北亚细石叶技术的起源与扩散、演变过程的分析与演绎是一种尝试，她对促使那段时期人类社会重大转型原因的揭示虽非丝丝入理，但她收集了丰富的资料、信息，并对其进行剖析，致力于展示当时社会变迁的图景，有如抽丝剥茧，对于深化相关研究，重建那段已经消逝了的人类历史，具有积极的、建设性的意义，值得推荐与品读。

2022 年 8 月 28 日

于湖北十堰郧县人遗址

专家推荐意见（二）

仪明洁博士的《细石叶技术人群的流动策略研究》是在她博士论文基础上完成的一本专著。在对水洞沟第 12 地点出土材料研究的基础上，作者将这个地点出土的细石叶遗存与华北其他细石叶地点的材料一起放到整个华北地区乃至东北亚地理和生态环境的范围之内，探讨自晚更新世末到全新世初人类开始定居和农业起源这段时间里的适应和文化变迁。在人类起源、农业起源和文明起源的考古学三大战略性课题中，更新世向全新世过渡及农业起源是极具挑战性的一个议题。我国对这个战略性课题的综合探讨还处于草创阶段，而细石叶技术的兴衰在该议题的探讨中占有极其重要的地位。

《细石叶技术人群的流动策略研究》选取水洞沟第 12 地点出土的人工制品作为论文的核心，该地点在时间上处于距今 1 万年前更新世末到全新世初的过渡阶段。从花粉分析可知，该地区总体上处于较为干旱的稀树草原或干旱草原环境。结合石制品和动物群材料综合判断，生活在这种环境里的狩猎采集者主要依赖动物资源，但是也用磨制石斧来砍伐木材，并用碾磨石器加工颜料或处理少量的植物和其他资源。虽然细石叶技术普遍被认为是狩猎经济的一种工具，而且其他地方见有镶嵌细石叶木柄工具的确凿佐证，但是它们在具体狩猎活动中究竟有怎样的优势仍不清楚。这项研究提供了细石叶游群生计适应的具体证据。对水洞沟第 12 地点动物骨骼分析基本可以认为，这些狩猎采集者主要利用野兔，其次是羚羊。参照北美民族志的类比，作者认为这些快速奔跑的动物可以利用围猎、围栏和天然屏障捕获。北美发现有细石叶人群生计适应证据的地点是加拿大育空地区克卢恩河谷的格拉德斯通遗址，这个遗址的狩猎群夏天在克卢恩湖中捕鱼，而冬天则狩猎和诱捕驼鹿、黑熊和野牛。从这些案例推测，与箭镞和矛头等武器不同，细石叶技术的优势可能并不在于直接猎取动物，而是在流动性很大的狩猎过程中便于携带优质石料以及屠宰和处理动物上的显著功效。细石叶技术被认为是在时间压力下加大技术投入的结果。因为随着纬度的升高，猎物资源趋于单一，于是生存的希望完全仰仗技术工具的有效性，所以必须加大技术投入以提高工具的功效。

然而，随着全新世广谱革命的发展，华北和东北亚史前遗址中的许多细石叶遗存逐渐与陶器和定居的生活方式共存，并分布在条件迥异的生态环境里，比如干旱的戈壁沙漠、水生资源丰富的嫩江流域和苏北的丘陵地带。因此，作为细石叶整体研究的一部分，本书为解开细石叶技术之谜增加了新的认识，同时为未来的研究提供了一个新的起点。希望今后的细石叶研究要从以器物为中心转移到以遗址为中心的问题上来，仔细提取和分析共出的生态物以了解当时的环境和生计形态。这需要我们在发掘中对各种遗存进行细致的位置记录和空间分析，从遗址、遗址域和栖居形态三个层面来了解和重建细石叶社群的适应、结构与变迁。

作为从全新视角研究细石叶适应和文化变迁的一项努力，《细石叶技术人群的流动策略研究》吸收并借鉴了国际学界在狩猎采集的资源利用和适应策略、人类行为生态学、最优觅食模式和操作链等前沿理论方法，对华北细石叶技术的分布做了古环境的重建，以了解当时狩猎采集者的生存环境和觅食策略，并借此探讨了细石叶技术在适应上的优势和发展传播机制。文稿论证了细石叶技术在适应冰后期环境变化中的独特优势，特别是与细石叶技术共出的许多新技术和新器物如复合工具、碾磨工具、纺轮、陶器等，昭示了全新世初引发动植物驯化的广谱革命进程的序幕。

过去几十年来，随着华北地区细石叶地点的增加和研究的深入，迫切需要对这些零散的发现进行综合分析。这需要在人类学和考古学前沿理论的指导下，从人地关系、狩猎采集策略、文化功能以及人类行为与社会变迁的角度，对更新世向全新世过渡做出综合与全面的论述。《细石叶技术人群的流动策略研究》就是这类综述的努力和初步尝试，并获得了可喜的成果，是关于细石叶技术研究的一个阶段性论述。仪明洁博士向贵社申请出版资助，并嘱我作为推荐人之一。本人在阅读了该文稿之后，认为本文稿将有助于推动细石叶技术及相关问题的研究，值得出版。从博士论文变为专著，在文稿结构和论述上还是需要做出若干调整，以便符合专著的要求。本人对文稿提出了若干值得改进和优化的建议，以期出版的专著构架更加合理，论证更加全面。

　　为此，本人推荐这本书稿，希望贵社能够认真考虑仪明洁博士的申请。

陈淳

2022 年 7 月 26 日

目录

绪　论

　　更新世末期到全新世之初，在气候波动、人类智能水平提升、人口数量增加等因素的作用下，人类适应生存的能力不断加强，中国北方地区出现标准化加工技术产生的刮削器及小型两面器等石器、细石叶技术产品、研磨类工具、磨制石器、骨角器、两面器、陶器等器物的应用，丰富的考古发现使探讨中国北方地区文明起源之前古人类适应生存策略、认知与社会组织等能力的积累过程成为可能。该阶段中国北方地区最具延续性和代表性的文化特点是细石叶技术的广泛采用，大多数经系统发掘的遗址均出土细石器遗存，该技术从出现到超过传统小石器文化跃居统治地位仅用了不到两万年的时间。深入探讨细石叶技术，从技术－类型学的角度理解其起源与传播过程，剖析资源及环境变迁条件下细石叶技术人群的生态适应，解析狩猎采集者流动性及古人群生存策略，构建细石叶技术体系下古人类的生存组织模式，对于研究中国北方地区早期农业起源、文明起源的旧石器文化基础、由流动向定居这一社会组织形式转变等重大学术问题具有重要意义，本研究即聚焦于此。

一　学术史概述

　　自20世纪20年代初桑志华（Émile Licent）第一次在甘肃庆阳的黄土和黄土底砾层中发现3件石器以来，中国旧石器时代考古学已经走过了一百余年的历程，在超过2000处遗址中出土了数以百万计的标本，遗址的年代也从上陈遗址的距今约

210 万年①延续到更 – 全新世过渡时期。

自发现第一件石器之后的几十年间，中国的旧石器时代考古学研究以发现与积累材料、描述典型标本、辨识石器技术、建立文化序列为核心内容。学者们先后多次发掘周口店遗址、水洞沟遗址、萨拉乌苏遗址、丁村遗址、元谋人遗址等著名遗址，关注石器技术、石器类型、器物组合等，方法上以技术 – 类型学为主导，建立了中国旧石器时代考古的早、中、晚三期序列②，并在文化编年的基础上深化到探讨文化的源流以至区域文化传统的成因，提出华北旧石器时代文化的"两大文化传统"假说③等学术观点。从研究范式④上来看，这些考古研究有显著的文化历史考古色彩。

第二次世界大战后，世界经济、政治、文化、科技等各个领域迅速发展，新技术、新发明不断问世，也为考古学的变革带来了机遇，考古学家希望的考古学能够"更加科学、更加人类学"得到了实践的机会。放射性碳素测年方法的发明将考古学家从以往的器物分期排队中解放出来，转而关注文化变迁的问题，计算机的运用使考古学家能够从事更多统计学工作。受文化人类学家马林诺夫斯基等人调查成果的影响，考古学界兴起了功能论，以探索器物在古代社会发挥的功能，受朱利安·斯图尔特等人提出的文化生态学的影响，考古学家又开创了聚落考古研究长时段的文化与社会变迁。概括来说，新的范式下考古学研究的焦点集中在几个方面：一是透物见人，即透过器物或遗存去发现和解释人类的行为；二是聚落考古；三是文化生态学，探讨文化变化的机制⑤。其中第一个方面是最主要的，考古学研究由原来的器物和文化研究转而更深层次的人类及其行为、社会组织等层面的研究，开始注意到"为什么"（why）与"如何"（how）的问题，而不再局限于"何时"（when）、"何

---

① Zhu ZY, Dennell R, Huang WW, et al. Hominin occupation of the Chinese Loess Plateau since about 2. 1 million years ago. *Nature*, 2018, 559 (7715) .

② 裴文中：《中国史前时期之研究》，上海：商务印书馆，1948 年，第 55～56 页。裴文中：《裴文中史前考古学论文集》，北京：文物出版社，1987 年，第 151～175 页。

③ 贾兰坡、盖培、尤玉柱：《山西峙峪旧石器时代遗址发掘报告》，《考古学报》1972 年第 1 期。

④ 陈胜前：《文化历史考古的理论反思：中国考古学的视角》，《考古》2018 年第 2 期。陈胜前：《当代西方考古学研究范式述评》，《考古》2011 年第 10 期。

⑤ Wiley G, Sabloff J. *A History of American Archaeology* (2nd edition) . London：Thames and Hudson, 1980, p. 131.

地"（where）、"是什么"（what）等，考古学研究由现象转入机制，要探索那些具有普遍意义的问题，如考古材料的形成机制、文化变化的机制等①，在克服文化历史考古学的主观性方面，新考古学派强调实证性，他们认为："经验主义研究和归纳法的最大缺点是无法判断解释和结论的对和错，他们要求采用实证方法来消除主观性，为考古材料提供客观和科学的阐释。为了要达到这种严谨的要求，考古学家必须采取自然科学的演绎法来检验自己的结论，以尽量防止偏见的产生，同时要求对考古学家本身的研究能力和诚实性作充分的审视。"② 新考古学派关注生态环境、经济背景以及人口条件，追求理解考古学现象的内在变化机制，而非集中于对考古学材料本身和现象的描述，重视人地关系，强调文化的功能适应，认为文化是人类与环境互动的系统。在实证方面，他们运用科学实证方法，以"中程理论"思想为指导运用民族学、实验考古等材料和数据为依据破译考古学现象中蕴含的人类行为和文化发展动力机制③。

在石器分析领域，作为最基本和最常用的研究方法，技术－类型学能够使研究者根据一定标准对石制品组合进行分型定式和描述、技术对比，进而研究石器功能与设计、加工工艺、人类思维与认知发展过程。然而，技术－类型学分析在操作层面上存在一定局限性，其中最主要的一点即观察者选择的分类标准是多样的，不乏描述性、类比性、功能推理性等各种因素的混杂。随着中西方学术交流的加强，国内学者们对石器技术－类型学有了更多反思，相关的改进工作也随之展开，诸如打制实验、微痕分析、残留物分析等方法的运用在一定程度上对技术－类型学做出了弥补④，在过程考古学范式下开展生态－功能－适应角度的研究，中国旧石器时代考古学得以向着更

---

① 陈胜前、李彬森：《作为科学的考古学》，《东南文化》2015 年第 2 期。
② 陈淳：《考古学史首先是思想观念的发展史——布鲁斯·特里格〈考古学思想史〉第二版读后感》，《南方文物》2009 年第 1 期。
③ 陈淳：《考古学发展的历程及其代表人物》，《大众考古》2014 年第 1 期。
④ 张晓凌、沈辰、高星等：《微痕分析确认万年前的复合工具与其功能》，《科学通报》2010 年第 55 卷第 3 期。张晓凌：《石器功能与人类适应行为：虎头梁遗址石制品微痕分析》，博士学位论文，中国科学院研究生院，2009 年。关莹、高星：《旧石器时代残留物分析：回顾与展望》，《人类学学报》2009 年第 4 期。关莹、高星、李锋等：《MIS 3 晚期阶段的现代人行为与"广谱革命"：来自水洞沟遗址的证据》，《科学通报》2012 年第 57 卷第 1 期。

科学的方向发展，形成一套与国际接轨且更适合自身的方法。在今天的考古学研究中，学者们的关注点已经从聚焦于单一器物的分析放大到对遗址甚至对区域的综合研究上。除技术－类型学之外，环境考古学、古生态学、动物考古学、植物考古学等方法和领域有助于重建古人类的生存环境，根据遗址及其周边的环境信息揭示人类对生产、生活资源的选择与加工，通过细致、高精度的测量与记录，科学的发掘方法保证遗址埋藏学和遗物、遗迹信息的完整及准确性，为遗址空间分析提供可能①。以上研究方法的运用，使区域古人类行为演化与进步的剖析更具有可操作性。

在考古学研究从描述和历史文化的重建逐渐向人类文化对环境适应的功能性阐释转化的今天，如何实现"透物见人"愈发成为研究中不可或缺的一部分。史前人类应对不同环境条件的行为模式和生存策略保留在石制品、动物骨骼等考古遗存中，行为生态学即通过关注不同生态背景下生物行为的组织规律进而概括出适用的模型以预测和解释行为现象，是阐释这些拼图内在机制的有效手段，能够"激活"不同考古方法获得的研究结果中蕴含的"生命线"。作为行为生态学的一个分支，狩猎采集者研究从文化适应和经济发展的角度分析史前技术和工具的发展变化，结合民族学调查与研究资料及数据，实现透物见人、对考古信息有机重组、重现史前人类适应行为和社会组织形式。

二 问题的提出

长期以来，在中国的考古学研究中，关于定居社会的发展进程、早期社会组织复杂化、文明起源等问题的讨论多围绕新石器时代、早期青铜时代的材料展开，旧石器时代与新石器时代之间仿佛有一道千年尺度的时光沟壑，难以勾画出一幅发展连贯的画面。尽管学界都认识到定居和文明的孕育过程是漫长的，尝试追溯中华文

---

① 例如 Guan Y，Gao X，Wang HM，et al. Spatial Analysis of Intra－site Use at a Late Palaeolithic Site at Shuidonggou, Northwest China. *Chinese Science Bulletin*，2011，56（32）.

明的根系到旧石器时代①，并有学者在对新石器时代考古遗存的剖析中尝试与旧石器时代考古资料相结合②，但囿于材料的客观限制，只能做相关遗存的简介和粗线条的勾勒，更多关于现象背后的动因、过程尚缺乏系统阐述。尽管旧石器时代的狩猎采集者与新石器时代的农业生产者在生计方式、聚落组织形式等方面均有显著差异，更新世的考古遗存也不似新石器时代及以后阶段般丰富多元，但人类在旧石器时代晚期的技术与社会积累无疑奠定了全新世农业、文明起源的基础，狩猎采集人群所采用的工具、技术、维生手段、社会组织形式、食物对象等适应策略是早期定居、农业起源的奠基石，对晚更新世狩猎采集者适应生存策略的综合分析能够为解答现代人行为的演化、复杂社会起源、农业起源等问题开启门窗。

　　研究显示，更新世晚期全球气候波动异常频繁。末次冰期从距今 10 万年开始，直到全新世初期，经历了多次冷暖、干湿交替，尤其是深海氧同位素三阶段、末次盛冰期、博令－阿勒罗得事件、新仙女木事件等几次气候旋回，给人类生存环境造成巨大影响，一度造成部分物种的灭绝。在这种条件下，史前人类作为具有更高的社会性和智能水平的物种，能通过制造和使用工具、有控制地用火、有效迁徙和选择居址、缝制衣服、改变食谱等方式使自己适应环境而生存③，创造出多姿多彩的璀璨文化。特别是末次盛冰期到全新世之初，全球气候在波动中最终转暖，是史前人类适应行为发生急剧改变的重要时期，在人类的发展史上具有特殊意义。在全新世之前，欧亚大陆狩猎采集者的维生手段是攫取性的食物索取，以渔猎、采集经济方式为主，依赖野生的动植物资源，人群采用较高的流动性以获得足够生产、生活资源。随着气候的变化，觅食者也采取了不同的获食策略，例如距今 1.2 万年，西伯利亚地区的大型食草动物的数量和种类受气候变冷的影响而锐减，狩猎采集者集中狩猎驯鹿和驼鹿，这也直接左右了该人群所使用的工具及流动方式④。而更新世晚期发

---

① 高星：《探索华夏民族与中华文明的远古根系》，《历史研究》2021 年第 1 期。

② 例如韩建业：《早期中国：中国文化圈的形成和发展》，上海：上海古籍出版社，2015 年，第 13～19 页。

③ Gao X, Zhang XL, Yang DY, et al. Revisiting the origin of modern humans in China and its implications for global human evolution. *Science China：Earth Sciences*, 2010, 53（12）.

④ Powers WR. Siberia in the Late Glacial and Early Postglacial, In Straus LG, Eriksen BV, Erlandson JM, Yesner D（eds.），*Humans at the End of the Ice Age：the archaeology of the Pleistocene － Holocene Transition*. New York and London：Plenum Press, 1996, pp. 229 － 242.

生的"广谱革命"（Broad Spectrum Revolution）使人们的食谱范围扩大，对小型动物和谷物的利用增多，为全新世农业的产生和发展创造了条件①。此阶段的狩猎、食物加工及储存技术进步，空间利用趋向复杂，人类开始取食传统意义上的低档资源，如在欧洲和西亚发现旧石器时代晚期的小型动物遗存，西欧及北美地区开始大规模利用贝类等水资源②，植物种子及块茎资源的使用也逐渐增多，考古遗存中留下大量石磨盘、石磨棒等研磨工具③。进入全新世，食物生产逐渐在一些地区出现，早期农业起源并迅速传播，社会组织也从流动性向半定居、定居方向转变④，柴尔德称之为"新石器时代革命"⑤。在亚洲黎凡特地区，末次盛冰期起伏不定的气候条件最终导致新的社会组织结构在全新世伊始形成，狩猎采集者开始构建良好的房屋，出现食物储存和植物栽培技术，定居社会出现，带来人口数量的剧增⑥。

---

① Flannery KV. Origins and ecological effects of early domestication in Iran and the Near East, In Ucko PJ, Dimbleby GW (eds.). The Domestication and Exploitation of Plants and Animals. Chicago: Aldine Publishing Company, 1969, pp. 73 – 100. Flannery KV. The origins of agriculture. *Annual Review of Anthropology*, 1973, 2 (1).

② Stiner MC, Munro ND, Surovell TA, et al. Paleolithic population growth pulses evidenced by small animal exploitation. *Science*, 1999, 283 (5399). Stiner MC. Thirty years on the "Broad Spectrum Revolution" and paleolithic demography. *Proceedings of the National Academy of Sciences of the United States of America*, 2001, 98 (13). Mason SLR, Hather JG, Hillman GC. Preliminary investigation of the plant macro – remains from Dolní Vestonice II, and its implications for the role of plant foods in Paleolithic and Mesolithic Europe. *Antiquity*, 1994, 68 (258). Deith MR. Molluscan calendars: the use of growth – line analysis to establish seasonality of shellfish collection at the Mesolithic site of Morton, Fife. *Journal of Archaeological Science*, 1983, 10.

③ 例如 Aranguren B, Becattini R, Lippi MM, Revedin A. Grinding flour in Upper Palaeolithic Europe (25000 years BP). *Antiquity*, 2007, 81 (314). 王强、杨海燕：《磨盘、磨棒类研究的几个问题》，《文物春秋》2015 年第 2 期。

④ Chen SQ. Adaptive changes of prehistoric hunter – gatherers during the Pleistocene – Holocene transition in China. Ph. D. Dissertation. Dallas: Southern Methodist University, 2004. Bar – Yosef O. Climatic Fluctuations and Early Farming in West and East Asia. *Current Anthropology*. 2011, 52 (s4). 陈胜前：《中国狩猎采集者的模拟研究》，《人类学学报》2006 年第 1 期。陈胜前：《中国晚更新世 – 早全新世过渡期狩猎采集者的适应变迁》，《人类学学报》2006 年第 3 期。

⑤ Childe VG. *Man Makes Himself*. New York: Mentor, 1951.

⑥ Bar – Yosef O, Belfer – Cohen A. The origins of sedentism and farming communities in the Levant. *Journal of World Prehistory*, 1989, 3 (4).

　　更新世末期到全新世之初考古学文化的巨大转变是考古学研究的重要课题之一。关于造成这种转变的原因，有学者提出人口压力论，即人口的增长与自然资源之间有巨大的失衡，这种不平衡源于更新世晚期气候的高度不稳定性及人口的增长。例如福德认为，影响物种多样化的环境变化导致了食谱的加宽[1]。然而，更新世晚期气候的不稳定性这一解释遭到了广泛质疑，原因之一是在欧洲大陆及中东地区出现人类以来，剧烈的气候环境波动不下十次，为什么没有在更早的波动中发生转变呢？为什么气候的最后一系列起伏会导致旧石器时代晚期的巨大技术变革？尽管长期或短期的环境变化是人类生存压力的组成部分之一，但是简单地用更新世末期环境压力并不能彻底解释人类生存策略发生的改变[2]。

　　博塞拉普提出人口增长是导致技术和维生方式发展的主要压力[3]，该理论被广泛用于解释多种考古现象。该理论主要分为两个变体，变体一认为，更新世阶段人口增长的速度极为缓慢，直到更新世结束阶段，人口数量达到了环境的载能（carrying capacity）；变体二认为，随着定居方式的建立，人口数量迅速膨胀，驯养及社会分化等更具有适应性，言外之意即人口压力是在定居之后才出现的[4]。人口增长论有其为人诟病之处，遭到了一些学者的批评[5]，最基本的问题是它并未说明人类与其他动物相比，数量增长为什么会在更新世末期出现这么大的不同，这种不同又体现在哪些方面。人口压力论并没有给出一个具有可操作性的衡量尺度，并且人口增长模式在民族学材料及考古资料方面有很多不相符之处，以之诠释更新世末期的文化转型并不能完全使人信服。

---

[1]　Ford R. Northeastern archaeology: Past and future directions. *Annual Review of Anthropology*, 1974, 3.

[2]　Hayden B. Research and development in the Stone Ages: Technological transitions among hunter – gatherers. *Current Anthropology*, 1981, 22 (5).

[3]　Boserup E. *The economics of agrarian change under population pressure*. Chicago: Aldine, 1965.

[4]　Smith P. Changes in population pressure in archaeological explanation. *World Archaeology*, 1972, 4 (1).

[5]　Hassan F. On mechanisms of population growth during the Neolithic. *Current Anthropology*, 1973, 14 (5). Cowgill GL. On causes and consequences of ancient and modern population changes. *American Anthropologist*, 1975, 77 (3). Weiss KM. Archaeological approaches to population inference. *American Antiquity*, 1978, 43 (4). Hayden B. Research and development in the Stone Ages: Technological transitions among hunter – gatherers. *Current Anthropology*, 1981, 22 (5).

针对以上状况，海登总结出资源压力论一说①。该理论指出，人类会寻求资源与人口之间的平衡和长期稳定，不会无节制地繁殖或减少，在技术转变过程中，人口增长仅是一个作用因素，而非扮演主要推动力的角色。旧石器时代晚期出现的新技术和工具是狩猎采集者利用广谱资源所致，其目的是在自然环境波动和资源压力条件下增强食物供应的稳定性和可靠性。

以上争论是引人深省的，分析问题时将人和自然因素割裂开来是否合适呢？实际上，资源压力的存在与否是相对于人口而言的，特别是在旧石器时代晚期这个关键转折点上，技术与文化转变的内在机制是什么？不同环境中的狩猎采集者的生存策略可能是多种多样的②，单纯以人口增长或自然环境的变化似乎都不能将之透彻地揭示出来。在当时特殊的环境背景下，人类采取了哪些策略实现生存？在环境和人类的双重压力下，狩猎采集者如何寻求一个平衡点？

具体到中国的材料上来，中国北方地区长期连续发展的主工业类型在旧石器时代早、中期呈现连续、缓慢、渐进的发展格局，但在旧石器时代晚期，随着生态环境的起伏变化和人类的适应发展而出现新文化因素的交流和突变，与旧有的文化因素交融并进，石制品生产、加工技术日臻娴熟，磨制及钻孔技术使用，制造出骨针、骨锥等骨角器和装饰品，更加改变了旧石器时代晚期后段的北方工业格局，加快了传统工业的解体，文化面貌愈发异彩纷呈③。近年来的考古工作更发现了一批文化内涵丰富、保存情况理想的旧石器时代晚期及旧－新石器过渡阶段的遗存，使探讨中国北方地区文明起源之前古人类适应生存策略、认知与社会组织等能力的积累过程成为可能。在这个特殊的阶段，中国北方地区的细石叶技术从出现到超过传统小石器文化跃居统治地位仅用了不到两万年的时间，呈现了一种"爆发式"发展的模式。细石叶技术广泛存在于旧石器时代晚期的东亚、北亚中高纬度区域，张萌以宏大的视野，从宏观生态学的视角探讨该广阔范围内细石叶技术人群适应生存进

① Hayden B. Research and development in the Stone Ages: Technological transitions among hunter – gatherers. *Current Anthropology*, 1981, 22 (5).
② Kelly RL. Hunter – gatherer mobility strategies. *Journal of Anthropological Resaerch*, 1983, 39 (3).
③ 张森水：《中国北方旧石器工业的区域渐进与文化交流》，《人类学学报》1990 年第 4 期。张森水：《管窥新中国旧石器考古学的重大发展》，《人类学学报》1999 年第 3 期。

程①，不失为一个对细石叶技术研究具有推动性的尝试。在中国北方地区，谢飞认为，细石叶技术"可能直接参与了这一地区陶器及农业的起源与发展，从而导致这一地区旧石器文化向新石器文化转变这一剧烈的社会变革"②。因此，对细石叶技术进行深入探讨，是讨论该阶段中国北方地区人类适应行为、由流动向定居这一社会组织形式转变及早期农业起源等重大学术问题所不可回避的。

本研究立足于中国北方地区发现的细石叶技术遗存，以水洞沟第 12 地点的材料为研究个案，结合细石器的出土情境和伴生遗存，旨在运用技术－类型学、操作链分析方法及人类行为生态学视角下的狩猎采集群体流动策略分析，结合古环境学、动物考古学等研究结果，从以下几个方面探讨更新世晚期到全新世初期中国北方地区狩猎采集者的生计模式和适应策略：

一、石器技术分析与细石叶功能探讨。细石叶技术是剥片计划性很强的一种石器生产技术，包括船形石核、楔形石核、锥形石核、柱形石核等多种技术类型。细石器产品个体小，便于携带，一度被认为是高流动性狩猎者的工具装备③，在旧石器时代晚期到新石器时代的宁夏、山西、河北、山东、内蒙古、吉林、黑龙江等广大华北、西北、东北地区大量出现，近年来得到深入研究。本文系统梳理、整合相关发现，从年代学、生态适应等角度讨论该技术的起源、盛行与衰落过程，运用操作链、动态类型学等研究方法进行工艺分析，探讨石器技术的传播与适应进程及其反映的社会组织形式，探究细石叶技术在史前人类从流动向定居适应转变的过程中发挥的作用。

细石叶技术在旧石器时代晚期的东北亚地区盛行，目前已发现的遗址不胜枚举。关于细石叶的功能，大多数学者认为是狩猎工具。本研究将尝试以水洞沟第 12 地点

---

① Zhang M. *Late Pleistocene and Early Holocene Microblade – based Industries in Northeastern Asia*：*a macroecological approach to foraging societies*. BAR International Series 3056，Archaeology of East Asia，Volume 6. Oxford：BAR Publishing，2021.

② 谢飞：《河北旧石器时代晚期细石器遗存的分布及在华北马蹄形分布带中的位置》，《文物春秋》2000年第 2 期。

③ Elston RG，Brantingham PJ. Microlithic technology in Northeast Asia：A Risk Minimizing Strategy of the Late Pleistocene and Early Holocene，In Elston RG，Kuhn S（eds.）. *Thinking Small*：*Global Perspectives on Microlithization*，*Archaeological Papers of the American Anthropological Association*. Washington，D. C：American Anthropological Association，2002：pp. 103 – 116.

的材料为分析对象，综合细石叶技术产品、磨制石器、研磨类工具、陶器、骨角器制品、动物骨骼等考古材料，从环境变化、人类流动性等社会组织形式变化的角度，推测细石叶适用的功能与使用方式。

二、新技术因素阐释。从旧石器时代晚期到新石器时代之初，以宁夏北部的水洞沟遗址、鸽子山遗址等考古遗址为代表出现了一些新的文化现象，例如磨光石斧、疑似磨制纺轮、磨制骨器等。磨光石斧的制作成本高，在砍伐树木等活动频繁或数量巨大时，为减少工具替换率、提高工作效率，这类工具的优势才能显现。新石器时代纺轮大量使用，是纺织工具的一个重要部件。这些在新石器时代普遍流行的工具反映了人类怎样的生存适应需求？如何理解新技术因素与细石叶技术的共生关系？

三、生态适应下的古人类流动性解析与生存模式转变进程研究。不同资源、环境条件下的狩猎采集者为实现适应生存而采用不同的流动策略[1]，其伴生的石器技术、社会组织形式、生存策略也各有不同。以往的研究中，有大量狩猎采集理论模型的应用，边缘价值理论是其中运用比较广泛的一个模型，但也存在一些不成熟之处，笔者对此模型进行修正，综合考虑多方面因素，使之更为合理化地运用到流动性的解析中。本研究尝试以环境变化为背景，结合石器技术和功能分析，运用边缘价值理论，对更新世晚期末段到全新世初期中国北方地区人类的流动策略进行理论阐释。通过以上分析，综合阐述旧石器时代晚期到新石器时代之初中国北方地区细石叶技术支持的狩猎采集者的动态适应机制和生计模式，讨论该时期的区域狩猎采集觅食模式，探讨古人类从流动到定居的转变过程。

三　石制品分析方法

（一）石制品的定义与分类

石制品分析是旧石器时代考古学研究的关键，建立合理的石制品分类系统是进行深入分析的基础，由于本文研究涉及的具体材料以水洞沟第 12 地点为主，将采用较广

---

[1]　Binford LR. Willow smoke and dogs'tails: Hunter – gatherer settlement systems and archaeological site forma-tion. *American Antiquity*, 1980, 45.

泛的分类体系为基础①，结合水洞沟第 12 地点石制品的特点，将其如图 0.1 分类。

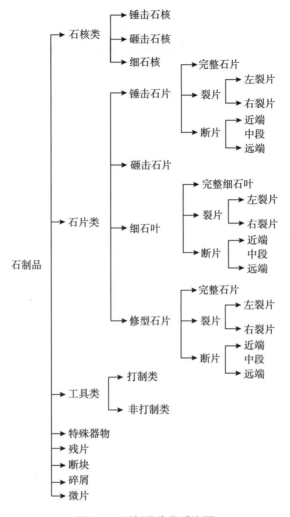

图 0.1　石制品分类系统图

1. 石核类

　　石核是经过人工打击生产石片的母体，无论何种类型的石核，其目的皆在于生产石片。据遗址中石制品的技术特征，本文将石核类石制品划分为锤击石核、砸击

---

① Toth N. The Oldowan reassessed：a close look at early stone artifacts. *Journal of Archaeological Science*，1985，12. 卫奇：《石制品观察格式探讨》，邓涛、王原：《第八届中国古脊椎动物学学术年会论文集》，北京：海洋出版社，2001 年。梅惠杰：《泥河湾盆地旧、新石器时代的过渡——阳原于家沟遗址的发现与研究》，博士学位论文，北京大学，2007 年。

石核和细石核三类。

（1）锤击石核 据锤击石核的台面及剥片面数量，将之划分为六类：

Ⅰ1 型石核：1 个台面，1 个剥片面

Ⅰ2 型石核：1 个台面，2 个及以上剥片面

Ⅱ1 型石核：2 个台面，1 个剥片面

Ⅱ2 型石核：2 个台面，2 个剥片面

Ⅱ3 型石核：2 个台面，3 个及以上剥片面

Ⅲ型石核：其他锤击石核

（2）砸击石核 根据破裂特征，将之划分为以下五类：

1 端 1 面：1 端砸击，1 个破裂面

1 端 2 面：1 端砸击，2 个破裂面

2 端 1 面：2 端砸击，1 个破裂面

2 端 2 面：2 端砸击，2 个破裂面

2 端多面：2 端砸击，多个（≥3）个破裂面

（3）细石核 用于剥制细石叶的石核。安志敏[1]指出"（细石叶技术）的典型代表，只能包括细石叶及其所由剥离的母体——细石核。探索细石器的起源也必须从这里着眼"，强调了细石核在该技术界定中的重要性，提醒我们在界定细石叶技术时必须注意遗址中是否有细石核的出现。因此，即使某些遗址出土形制、尺寸上与细石叶相似的标本，若未发现细石核，亦不能武断地认定这些遗址包含细石叶技术。

细石叶技术在旧石器时代晚期末段的中国北方地区分布广泛。从形态上，细石核可划分为锥形石核、柱形石核、楔形石核、船形石核等多种。从动态类型学的角度上讲，形态的不断变化是石制品生产和加工的固有特征，故而不应简单地按形态分类[2]。然而，正如朱之勇[3]所言，"对石核利用发展阶段的界定和类型的划分是两个

---

① 安志敏：《海拉尔的中石器遗存——兼论细石器的起源与传统》，《考古学报》1978 年第 3 期。

② 盖培：《阳原石核的动态类型学研究及其工艺思想分析》，《人类学学报》，1984 年第 3 期。

③ 朱之勇：《虎头梁遗址石制品研究》，博士学位论文，中国科学院研究生院，2006 年，第 28 页。

平行的认知系统，阶段的界定立足于形态的演变"，不同工艺程序产生的细石核在形态上有所区别，根据形态进行的命名依然有其存在意义。故而，本文结合两种分析思路，按照形态划分为楔形石核、锥形石核、柱形石核、船形石核等各类。鉴于楔形石核数量多，还将动态地分析不同标本在剥片程序中的位置，将之按备料、初步预制的细石核毛坯、处于不同阶段的楔形石核介绍。

2. 石片类

石片是从石核上剥离下来的片体。出土标本中，凡是能够识别出石片特征的石制品，皆可归为石片类。石片的特征包括打击点、半锥体、放射线、同心波等多项，水洞沟第12地点的石制品原料以白云岩和燧石为主，石片特征明显，与石英、脉石英产品相比较，其特征更容易分辨。

根据遗址中石制品的技术特征，本文将石片类石制品划分为锤击石片、砸击石片、细石叶和修型石片四类。

（1）锤击石片

据石片完整程度、台面及背面特征，将锤击石片分为以下类型：

完整石片

Ⅰ型石片：自然台面，自然背面

Ⅱ型石片：自然台面，部分人工背面和部分自然背面

Ⅲ型石片：自然台面，人工背面

Ⅳ型石片：人工台面，自然背面

Ⅴ型石片：人工台面，部分人工背面和部分自然背面

Ⅵ型石片：人工台面，人工背面

不完整石片

包括裂片（左裂片、右裂片），断片（近端、中段、远端）

（2）砸击石片

根据两端破裂特征，将之划分为单端石片和两端石片两类。

（3）细石叶

安志敏定义细石叶是从细石核上剥制下来的长条形薄片，锋刃锐利，适于切割

或穿刺之用，部分细石叶加工成一定用途的工具①。张森水认为"细石器工业是指从预制定型（锥状、楔状、柱状和半锥状等）的细石核上用压制技术有序地生产石叶，并选用这些初级产品主要用压制技术制成各类工具，既有复合式的，也有简单手握的"②，强调了石核预制、压制方法和有序剥片。有研究者也指出细石叶是通过间接打制或者压制等方法产生的③，但是在实验考古中发现，对于某些优质原料如黑曜岩等，直接法也可以成功剥制细石叶④。

在以往的研究中，研究者对细石叶的界定标准多从其侧边形态、长宽比例出发。例如朱之勇认为细石叶和石叶的共同特征是两侧边平行或较为平行、长是宽的 2 倍以上的石片，其区别在于石叶的宽度大于细石叶的宽度，且以 10 毫米作为两者的界限⑤。高霄旭指出"石叶……是长而窄的石片，长度至少是宽度的 2 倍且石片的两条侧边大致平行。……细石叶的基本特征与石叶相似，但是个体较石叶更窄"，"（石叶与细石叶的）另一个显著不同点体现在两者的生产方式上。剥离石叶的方法有多种，包括硬锤打击、软锤打击、间接打击、压制法等等，而细石叶通常都是通过压制法获得的"，在其研究中将石叶与细石叶的划分标准设定为 7 毫米，并指出这样的人为划分界限是为了便于分类和统计⑥。通过石叶及细石叶打制实验发现，石叶和细石叶在生产过程中的界限并不是那么分明，石叶石核上能剥下与细石叶尺寸、形制相似的产品，细石核上也可能剥下与石叶相类似的产品⑦。同样是为了便于分类和数量统计，赵海龙将石叶与细石叶的界限划定在 10 毫米⑧。综合以前的研究可见，不同遗址的细石叶在尺寸上不尽一致，机械地以宽度作为界定指标并不合理，将技术、形

①　安志敏：《海拉尔的中石器遗存——兼论细石器的起源与传统》，《考古学报》1978 年第 3 期。

②　张森水：《中国北方旧石器工业的区域渐进与文化交流》，《人类学学报》1990 年第 4 期。

③　崔天兴：《东胡林遗址石制品研究——旧新石器时代过渡时期的石器工业和人类行为》，博士学位论文，北京大学，2010 年，第 15 页。

④　赵海龙：《细石叶剥制实验研究》，《人类学学报》2011 年第 1 期。

⑤　朱之勇：《虎头梁遗址石制品研究》，博士学位论文，中国科学院研究生院，2006 年，第 14 页。

⑥　高霄旭：《西施旧石器遗址石制品研究》，硕士学位论文，北京大学，2011 年，第 36～37 页。

⑦　赵海龙：《石叶及细石叶剥制实验研究》，硕士学位论文，吉林大学，2005 年，第 5 页。克洛迪娜·卡蓝：《从燧石打制技术问题的分析导向对社会问题的探讨》，《华夏考古》2002 年第 3 期。李锋：《石叶概念探讨》，《人类学学报》2012 年第 1 期。

⑧　赵海龙：《石叶及细石叶剥制实验研究》，硕士学位论文，吉林大学，2005 年，第 6 页。

态、尺寸多方面结合才能实现研究的客观性。

通过从技术、形态、腹面、侧边、背面和测量六个方面的讨论，李锋对石叶概念的探讨中指出：石叶是从预制有平直脊的石核上剥制而成的石片，其两侧的中上部平行或近平行，背面有平直的脊，长度一般为宽度的两倍或以上，宽度超过 12 毫米①。以此为参照并结合石制品观测数据，水洞沟第 12 地点的细石叶是从预制细石核上剥制而成的一种特殊石片，两侧平行或近平行，背面有平直的脊，大多数宽度不超过 12 毫米。此处不仅强调了细石叶的尺寸层面，更强调了其技术属性，例如细石核台面、剥片面的预制、背面的脊等技术特征，这样，就可以将一些长宽比达到 2:1 及以上、尺寸近似石叶的长石片排除在外。

据细石叶的完整程度、台面及背面特征，将水洞沟第 12 地点的细石叶分为以下类型：

完整细石叶

Ⅰ型细石叶：自然台面，自然背面

Ⅱ型细石叶：自然台面，部分人工背面和部分自然背面

Ⅲ型细石叶：自然台面，人工背面

Ⅳ型细石叶：人工台面，自然背面

Ⅴ型细石叶：人工台面，部分人工背面和部分自然背面

Ⅵ型细石叶：人工台面，人工背面

不完整细石叶

包括裂片（左裂片、右裂片），断片（近端、中段、远端）。

（4）修型石片

修型石片是在细石核预制中产生的一种长、薄石片，是对核体整形、修薄、修理楔状缘等过程中产生的。从形制上看，多数修型石片较符合李锋对石叶的定义，但与真正意义上的石叶生产技术产品并不完全相同。部分修型石片的宽度在 12 毫米以下，然而，从其背面、台面上看，修型石片又不似细石叶般形态规整，背疤方向多向、两刃平行度较细石叶低、部分修型石片弯曲度高或厚度大，从台面外缘、唇、打击泡等特征

---

① 李锋：《石叶概念探讨》，《人类学学报》2012 年第 1 期。

上看，有些修型石片显示出近似软锤直接剥片的特征。此类标本是运用操作链理念分析细石叶技术的重点石制品，蕴含了特殊的技术信息，故而将之单列一类。

据修型石片完整程度、台面及背面特征，将之分为以下类型：

完整石片

Ⅰ型石片：自然台面，自然背面

Ⅱ型石片：自然台面，部分人工背面和部分自然背面

Ⅲ型石片：自然台面，人工背面

Ⅳ型石片：人工台面，自然背面

Ⅴ型石片：人工台面，部分人工背面和部分自然背面

Ⅵ型石片：人工台面，人工背面

不完整石片

包括裂片（左裂片、右裂片），断片（近端、中段、远端）

3. 工具类

本文的研究将打制石器分为第一类工具和第二类工具两类。其中，第一类工具是指直接用来生产、加工其他石制品的工具，如石锤等；第二类工具是指经过修理以方便使用的工具，例如刮削器、凹缺器、雕刻器等。

水洞沟第 12 地点还有非打制类工具出土，根据其外形特征将之命名为磨石、磨棒等。另有少量磨制工具的残片及形制特殊、性质尚不明确的圆饼形器等器物，也归入工具类。

4. 特殊器物

少量个体小，分别有磨光、钻孔、装饰等现象的遗物，功能尚待讨论，故将之归为特殊器物。

5. 残片、断块、碎屑及微片

如今的旧石器时代考古学研究已经不能仅停留在对标准器物的研究上，石器生产中的各类副产品中也同样蕴含了大量技术信息，这就要求我们将之纳入研究对象①。

---

① 陈淳：《旧石器时代考古学的昨天与今天》，《第四纪研究》1999 年第 2 期。

残片是石制品生产、使用过程中产生的片状石制品，与天然岩块相异，但无法将之归入上述任何类别。

断块是在剥片时断裂的石块，多按照自然节理破裂，是石制品加工过程中的副产品，形状不规则，个体差异大。部分断块上保留一定人工打击痕迹，但是不能将之归入石核、石片等石制品类型中。

碎屑是在石制品预制、生产、加工过程中产生的小碎片，其尺寸非常小，平均重量不足 0.2g，石制品特征不易用肉眼观察，与微片有显著区别。

微片也是在石制品预制、生产、加工过程中产生的尺寸较小的石片，属于完整石片。这类石制品与细石叶技术的采用不无关系，其尺寸小[①]，数量巨大，但是石片特征往往保留得比较全。

（二）石制品定位及其观察项目

参考研究人员对甘肃省庄浪县徐家城遗址石制品的观测项目[②]，本研究对水洞沟第 12 地点的锤击石核、砸击石核、工具类石制品进行观测。在锤击石片、砸击石片的观测中，观察项目亦与徐家城遗址的研究相同，此处皆不赘述。对石片的定位采取中国学者常用的台面朝上，腹面朝向观测者，其左为左侧，其右为右侧的定位方式[③]。对残片、断块、碎屑、微片仅进行了尺寸、重量的统计。

楔形石核的楔状缘包括底缘和后缘两部分。本文对楔形石核的定位和观测参考朱之勇[④]和梅惠杰[⑤]的研究，针对水洞沟第 12 地点的标本特征，将其定位为：石核基础台面（basic platform）朝上、有效台面（effective platform）水平，底缘朝下，观测

① 根据水洞沟第 12 地点的微片统计数据，最大石片长 15.61 毫米，最大石片宽 18.26 毫米，最大重 0.61克，最小重仅不足 0.01 克，平均重量仅 0.21 克。

② 甘肃省文物考古研究所、中国科学院古脊椎动物与古人类研究所：《甘肃徐家城旧石器时代遗址 2009年发掘与研究》，北京：科学出版社，2020 年，第 36 ~ 38 页。

③ 张森水：《中国旧石器文化》，天津：天津科学技术出版社，1987 年，第 83 页。

④ 朱之勇：《虎头梁遗址石制品研究》，博士学位论文，中国科学院研究生院，2006 年，第 26 页。

⑤ 梅惠杰：《泥河湾盆地旧、新石器时代的过渡——阳原于家沟遗址的发现与研究》，博士学位论文，北京大学，2007 年，第 10 页。梅惠杰：《楔形石核系统分类的相关认识》，北京大学考古文博学院：《考古学研究（七）——庆祝吕遵谔先生八十寿辰暨从事考古教学与研究五十五年论文集》，北京：科学出版社，2008 年。

者正对剥片面（fluted surface），近于观测者一面为前端，反之为后端即楔状缘（keel edge）的后缘，观测者左右两侧分别对应石核的左右两侧；台面的周边称为台面缘，包括台面前缘、左侧缘、右侧缘；预制的细石核毛坯上部称为上缘，前端为前缘（图 0.2）；台面与剥片面之间的夹角称为台面角（platform angle）。

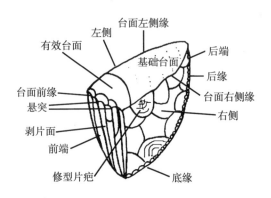

图 0.2　楔形石核定位及各部位名称

　　与楔形石核基本类似，对其他细石核的定位采取台面向上，观测者正对细石核剥片面，分别对应前、后端和左、右侧的方式。

　　对细石叶的观测项目及定位与徐家城遗址石片的定位相同。在利用块状玻璃和黑曜岩进行细石叶剥制实验中，研究者发现不同的剥片方法能够产生不同形态特征的台面，并将之划分为三种类型：A 型（平坦台面，台面外缘无细碎疤型）、B 型（平坦台面，台面外缘有细碎疤型）、C 型（刃状台面，台面外缘有细碎疤型），并根据实验结果总结出 A 型对应间接法和压制法，C 型对应直接法，B 型可能对应了三种方法[1]。李锋在其研究中对"切线法"锤击石片的特性进行了详细介绍，指出该方法以面对线的方式使软锤与石核台面的外缘接触，以劈裂的方式剥离石片[2]。因此，石片特征并不完全符合赫兹锥体原理，打击泡较平；且软锤接触的是石核的台面外缘，故需对台面外缘进行琢磨修理（abrasion），增加台面外缘的坚固性，使之不至于过于锐利而导致剥片失败。这种"切线法"剥片产生的石片台面外缘形态，与 B 型和

① 赵海龙：《细石叶剥制实验研究》，《人类学学报》2011 年第 1 期。
② 李锋：《"文化传播"与"生态适应"——水洞沟第 2 地点考古学观察》，博士学位论文，中国科学院大学，2012 年，第 96～97 页。

C 型细石叶台面特征相似，说明用软锤直接剥制该类型石片具有可行性。本次观测涉及台面形态，以期实现对水洞沟第12地点剥片方式的推测。

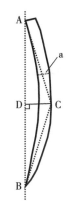

完整细石叶因石核体的弧度而有一定程度的弯曲，为统计其弯曲程度，本次实验室观测中对完整细石叶的长度及弧高、中间点厚度（如图0.3，分别对应 AB、CD 和 a）分别测量，并根据细石叶弧度公式计算完整细石叶的弧度。

细石叶弧度计算公式：$\dfrac{CD - a}{AB} \times 100\%$

图0.3 细石叶弧度计算所需数据示意图

（三）技术 – 类型学与操作链

分类能够从杂乱无章的遗存中发现其内在的规律和方法，是衡量文化关系的尺度，从而追溯文化的起源、传播与迁移。尽管由于原料可塑性、人类技术水平差异等因素的影响，在石制品分类研究中有时会存在较大的主观性，存在"考古学家为了解决不同的问题而确立不同的分类标准"的现象[1]，但毋庸置疑的是，直到今天，器物类型学仍然是旧石器时代考古学的基本方法之一。正如博尔德所言"类型学是旧石器工业研究的基础，……肯定的是，如果有人想要比较两个工业，首先必须有清楚的工具类型知识"[2]。卫奇也指出"石制品观察是旧石器研究的基础"[3]。随着诸多学者对分类过程中的具体问题提出不同见解，这种研究模式日渐规范起来。本文参考屠尼克[4]、卫奇[5]、朱之勇[6]、梅惠杰[7]等人的划分体系，首先对石制品进行基本的分类与统计，是技术与功能分析和论证的基础。

---

① 陈淳：《谈旧石器类型学》，《人类学学报》1994 年第 4 期。

② Bordes F. *The Old Stone Age.* New York：McGraw – Hill Book Company，1968.

③ 卫奇：《石制品观察格式探讨》，邓涛、王原：《第八届中国古脊椎动物学学术年会论文集》，北京：海洋出版社，2001 年。

④ Toth N. The Oldowan reassessed：a close look at early stone artifacts. *Journal of Archaeological Science*，1985，12.

⑤ 卫奇：《石制品观察格式探讨》，邓涛、王原：《第八届中国古脊椎动物学学术年会论文集》，北京：海洋出版社，2001 年。

⑥ 朱之勇：《虎头梁遗址石制品研究》，博士学位论文，中国科学院研究生院，2006 年。

⑦ 梅惠杰：《泥河湾盆地旧、新石器时代的过渡——阳原于家沟遗址的发现与研究》，博士学位论文，北京大学，2007 年。

　　石器的生产是通过缩减原料达到工匠的预设形态，这是一种动态的"离心过程"①。石制品原料的尺寸与质量、人类的剥片程序、技术水平及加工方法决定了石器工业的类型和组合，某一类型的石制品可能是人类生产、生活中系列产品的某一个环节，并没有"典型标本"与"非典型标本"的区别②，在考古研究中已经证实了依靠传统的类型学静态地观察石制品的类型与特征存在其弊端。以阳原虎头梁遗址楔形石核的观察为例，"静态类型学无法确定分类的界限应该划在何处，也提不出足够的理由论证分类的依据"，"静态类型学不仅给楔形石核的研究造成许多困难，而且也给石器的研究造成了额外的麻烦，进而由此而引申出来的关于文化性质的各种推论便不可能是正确的"，因此，"工艺程序复原是确定工艺类型的基础"，通过工艺复原获得楔形石核的全部工艺过程，以之进行不同地区的材料对比，客观地说明不同地区的文化异同③。

　　认识到静态类型学的不足以后，学者们开始反思并转变研究理念，上述以"动态类型学"观察虎头梁楔形石核就是一个例子，但仅关注某些特殊器物类型仍然是不够的。随着对石制品中蕴含的古人类行为、思维模式及技术程序研究的日渐重视，"操作链"理念逐渐引领类型学分析的潮流。从其内涵上讲，"技术学不是类型学，它是考虑到全部石制品材料而非首先武断地选择'工具'类石制品；技术学可以将所有石制品置于技术行为序列中"④。操作链研究从原料采办，工具生产，工具使用、维护与废弃三个亚系统出发，分析石制品的剥片程序及器物加工、废弃和使用的过程，涵盖从原料获取到工具废弃各个环节的信息，强调石器动态生产系统的技术表现、思维运作这两个行为流程⑤，剖析特定原料经过的全部文化改造⑥，从而揭示石

① 陈淳：《考古学理论》，上海：复旦大学出版社，2004年，第165页。

② 高星：《中国旧石器时代考古学的昨天、今天与明天》，高星、侯亚梅：《中国科学院古脊椎动物与古人类研究所20世纪旧石器时代考古学研究》，北京：文物出版社，2002年。

③ 盖培：《阳原石核的动态类型学研究及其工艺思想分析》，《人类学学报》1984年第3期。

④ Bar - Yosef O，Van Peer P. The chaîne opératoire approach in Middle Paleolithic archaeology. *Current Anthropology*，2009，50（1）.

⑤ Collins MA. *Functional Analysis of Lithic Technology among Prehistoric Hunter - Gatherers of Southwestern France and WesternTexas*. Tucson：University of Arizona，1974. 陈虹、沈辰：《石器研究中"操作链"的概念、内涵及应用》，《人类学学报》2009年第2期。彭菲：《再议操作链》，《人类学学报》2015第1期。

⑥ Sellet F. Chaine Operatoire：the concept and its applications. *Lithic Technology*，1993，18（1&2）.

器生产技术的生命过程，复原古人类的适应生存行为。操作链分析能够兼顾器物的设计理念、所需材料、器物生产及废弃的全部流程，其全局性和整体性不同于静态类型学对加工工具或某一器物类型的偏重，在解读石制品的生命史方面弥补了传统类型学的不足①。笔者先后多次参与水洞沟地区的原料调查工作，对该地区的石料有较清楚的了解，通过实验室观察与分析，对遗址中石制品的打片、加工、使用、修护、废弃等过程认识深刻，将在此基础上利用操作链方法分析细石叶技术与生产流程，完成技术－类型学研究。

① 彭菲：《中国北方旧石器时代石叶遗存研究——以水洞沟与新疆材料为例》，博士学位论文，中国科学院研究生院，2012 年，第 27～36 页。

第一章　流动策略：狩猎采集群体的生存法则

考古出土的石制品、动物化石等遗存是客观的静态存在，经过了上万年的埋藏，到达考古学家的手上时已经是残缺不堪的拼图碎片，仅仅依靠考古发掘出土的材料并不足以完成遗存蕴含的"故事阅读"。随着新考古学的兴起，民族学材料被广泛运用到考古学推理中。在史前考古研究中，基于民族学数据建立起来的狩猎采集者流动策略分析已经构成举足轻重的一部分。本章是对流动性及其分析中常用的最优觅食模式的介绍，此部分内容是后文关于细石叶技术及其共生遗存反映的人群适应策略分析的理论依据。

一　流动性与资源、环境

在漫长的演化中，人类有99%以上的时间以狩猎采集群体的形式生存[1]，到目前为止，仍有一些狩猎采集人口零散地分布在世界上的少数区域。从投入和产出的时间比值来看，人类获取食物的方式大体上可区分为即时收益和延迟收益两种模式[2]，在固定地点持续性劳动投入能够获得丰富的延迟性食物产出，保障人类的生存需求。狩猎采集社会可能兼有两种收益方式，但农业起源之前的觅食者主要采用即时收益

---

①　Lee RB, Devore I. Problems in the study of hunters and gatherers, In Lee RB, Devore I (eds.), *Man the Hunter*. Edison, NJ：Aldine Transaction, 2009, pp. 3 – 12.

②　Woodburn J. Hunters and gatherers today and reconstruction of the past, In Gellner E (ed.), *Soviet and Western Anthropology*. London：Duckworth. 1980, pp. 95 – 117.

方式追逐资源而动，由于一定范围内的资源经过一段时间的开发即消耗殆尽[1]，不断游走成为古人类的常态。《人，狩猎者》（*Man the Hunter*）一书概括了狩猎采集者的两个基本特征：小群体共同生活、经常流动[2]。流动性是狩猎采集者对某个环境中特定阶段资源分布状况的定位策略，根据环境中的资源分布状况调整营地选址及相关的生计活动范围[3]。流动的意义首先在于满足当下的生存所需，同时也使觅食者了解更大范围内的资源状况，积累足够的信息以便应对将来可能的突发状况[4]。狩猎采集者通过流动可以获得非本地的物品，如石器原料、装饰品等[5]，有利于建立和保持广泛的社会联系，形成风险共担的互惠系统，在自身遭遇资源短缺等困难时可以向系统内部其他成员求助，以确保有稳定可靠的生计来源[6]。

　　不同的狩猎采集群体之间在组织方式、食谱等方面都具有很大的差异性（表1.1），但在流动性上却有一定规律性。比亚兹莱从流动性出发讨论社区模式，指出从自由流动、有边界的流动、中心地流动到半定居、定居，随着流动性不断降低，社会和文化的复杂程度随之提高[7]。从长时段来看，气候环境变迁导致资源状况变

① Binford LR. Long – term land use patterns: some implications for archaeology, In Binford LR. *Working at Archaeology.* New York: Academic, 1983.

② Lee RB, Devore I (eds.), *Man the Hunter.* Edison, NJ: Aldine Transaction, 2009.

③ Binford LR. Willow smoke and dogs'tails: Hunter – gatherer settlement systems and archaeological site formation. *American Antiquity*, 1980, 45. Binford LR. The archaeology of place. *Journal of Anthropological Archaeology*, 1982, 1 (1).

④ ［美］路易斯·宾福德：《追寻人类的过去》，上海：三联书店，2009 年，第 95 ~ 136 页。

⑤ Eriksen BV. Fossil mollusks and exotic raw materials in late glacial and early postglacial find contexts – a complement to lithic studies, In Fischer LE, Eriksen BV (eds.). *Lithic Raw Material Economy in Late Glacial and Postglacial Western Europe*, BAR International Series 1093. Oxford: Archaeopress, 2002, pp. 27 – 52.

⑥ Wiessner P. Beyond willow smoke and dogs'tails: a comment on Binford's analysis of hunter – gatherer settlement systems. *American Antiquity*, 1982, 47 (1). Wiessner P. Measuring the impact of social ties on nutritional status among the ! Kung San. *Social Science Information*, 1981, 20. Wiessner P. Risk, reciprocity and social influences on ! Kung San economics, In Leacock E, Lee RB (eds.). *Politics and History in Band Societies*. Cambridge: Cambridge University Press, 1982, pp. 61 – 84. Lee RB. ! Kung spatial organization: an ecological and hstorical perspective, In Lee RB, Devore I (eds.). *Kalahari Hunter Gatherers*. Cambridge: Harvard University Press, 1976, pp. 73 – 97.

⑦ Beardsley RK, Holder P, Krieger A, et al. Functional and evolutionary implications of community patterning, *Memoirs of the Society for American Archaeology*, *Seminars in Archaeology*, 1955, *No.* 11. 1956.

表 1.1　狩猎采集群体食谱中主要食物资源比重的纬度变化①

纬度位置	采集	狩猎	捕捞	总计
>60°	—	6	2	8
50°~59°	—	1	9	10
40°~49°	4	3	5	12
30°~39°	9	—	—	9
20°~29°	7	—	1	8
10°~19°	5	—	1	6
0°~9°	4	1	—	5
总计	29	11	18	58
百分比（%）	50	18.97	31.03	100

化，所以即使是同一狩猎采集群体，他们的流动策略也会适时而变②。流动和定居并非两个非此即彼的状态，两者之间存在多样的流动变体，而且在一个相对定居的群体内，也允许群体中的部分成员可以有一定的灵活性和流动性③。讨论狩猎采集人群的流动性要从个体流动和群体流动两个方面着手，在以往的研究中，不同学者的表述存在令人困惑之处④，究其主因是未将个体流动和群体流动区分表述。在本节的论述中，笔者将尝试理清二者的关系。

　　根据聚落形态的不同，默多克按照流动性将 168 个民族学数据中的狩猎采集者划分为四种群体：（1）完全的流动群体；（2）半流动性群体：其成员每年有大半的

① Lee RB. What hunters do for a living, or, how to make out on scarce resources, In Lee RB, Devore I (eds.). *Man the Hunter*. Edison, NJ：Aldine Transaction, 2009, pp. 30 – 43.

② Kelly RL. Hunter – gatherer mobility strategies. *Journal of Anthropological Resaerch*, 1983, 39 (3).

③ Rice G. *A Systemic Explanation of a Change in Mogollon Settlement Patterns*. Ph. D. dissertation. Seattle：Anthropology Department, University of Washington, 1975. Eder JF. The impact of subsistence change on mobility and settlement pattern in a tropical forest foraging economy：some implications for archaeology. *American Anthropologist*, 1984, 86. Rafferty J. The archaeological record on sedentariness：Recognition, development, and implications, In Schiffer M (ed.). *Advances in Archaeological Method and Theory*, Vol. 8. New York：Academic Press, 1985, pp. 113 – 156.

④ 例如：Binford LR. Willow smoke and dogs'tails：Hunter – gatherer settlement systems and archaeological site formation. *American Antiquity*, 1980, 45. Kelly RL. *The foraging spectrum：Diversity in hunter – gatherer lifeways*. Washington, D. C.：Smithsonian Institution Press, 1995.

时间处于游动状态，但是在某些特定时间或季节会占据相对固定的居址；（3）半定居群体：其成员随季节变化而使用不同居址，或当群体中的部分成员季节性地开发新的营地时，其他成员相对持续地使用某一固定居址；（4）相对的定居群体①。有效温度（Effective Temperature，ET）是某一地区的年平均气温，是衡量生长季节（growing season）长度和生长季节内太阳能强度的指标，贝利以 ET 这一指标衡量某地域太阳辐射总量和年内分配，并将 8℃ 作为生长季节开始和终止的常数②。宾福德运用不同群体所处地域的 ET 值为参数进一步研究默多克的民族学数据，发现狩猎采集者的流动性与环境、资源状况关系密切③，此处的"流动性"指的是群体流动性。据表 1.2 的统计，热带和寒带地区的 ET 值虽然差别显著，但其狩猎采集者都具有较高的群体流动性，而温带等地区的人群更多采用了相对稳定的群体流动方式。热带和寒带地区虽然在温度和食物资源总量上差异显著，但是其食物资源状况维持稳定，地域上分布较为均一，季节差别较小，年度起伏非常小；温带等地区虽然植物生长季节的可食用资源丰富，然而随时间、季节变化出现较大的起伏，具有较为明显的季

表 1.2　ET 值与 Murdock 聚落类型对应表④

地区	ET 范围（℃）	聚落类型（数量/百分比）			
		流动	半流动	半定居	定居
热带森林	26～21	9/75	2/16.7	1/8.3	0/0
热带/亚热带沙漠	20～16	9/64.2	4/28.5	1/7.1	0/0
温带沙漠	15～14	3/9.3	21/65.6	3/9.3	5/15.6
温带森林	13～12	4/7.5	32/60.3	12/22.6	5/9.4
北方针叶林	11～10	5/11.1	21/46.4	12/26.6	7/15.4
北极	9～8	5/41.6	4/33.3	2/16.6	1/8.3

① Murdock GP. Ethnographic atlas: a summary. *Ethnology*, 1967, p.6.

② Bailey HP. A method of determining the warmth and temperateness of climate. *Geografiska Annaler*, 1960, 43 (1).

③ Binford LR. Willow smoke and dogs'tails: Hunter – gatherer settlement systems and archaeological site formation. *American Antiquity*, 1980, p.45.

④ Binford LR. Willow smoke and dogs'tails: Hunter – gatherer settlement systems and archaeological site formation. *American Antiquity*, 1980, p.45. Kelly RL. *The foraging spectrum: Diversity in hunter – gatherer lifeways*. Washington, D. C.: Smithsonian Institution Press, 1995, p.117.

节性，资源状况在时间尺度上不均一。因而，资源在时间、空间上的稳定性较明显地影响人群的流动性策略选择。

宾福德按照不同环境、资源条件下的狩猎采集者的生存策略，将之以采食者（forager）－集食者（collector）模型概述（表 1.3），在这两种极端状态之间，狩猎采集者的生存策略呈现多种变体。

表 1.3　采集者与集食者特征对比[①]

	采食者	集食者
环境	非季节性、均一	季节性、斑块状
聚落	营地居址、野外活动地点	营地居址、野外活动地点、临时营地、消息站、窖藏
群体流动性	迁居式	后勤式
技术	一般化、权宜型	专门化、精致型
觅食模式	低收入	高收入
狩猎	机会狩猎	计划狩猎

采食者群体规模小，通过不断迁徙的方式发现新的资源，居无定所，资源斑块（patch）的质量在时间和空间上比较均一，觅食风险小；而集食者多生活在气候变化显著区域，他们有一定固定营地，派出任务小组采集及捕猎食物，资源斑块的质量在时间和空间上有很大起伏，觅食中有不可预测的风险。一般来讲，采食者并不储存食物及资源，而是通过日常的流动获取，遗址的使用时间短，遗留下来的遗物有限，其遗址类型包括营地居址（residential base）和野外活动地点（location）两种，其中营地居址是狩猎采集群体活动的中心，是工具的加工、修理和维护，食物的加工与处理，火的使用等多项活动发生的集中地，其大小与狩猎采集群体的大小密切相关；野外活动地点是狩猎采集群体为某一特殊目的而使用的地点，例如获得某种食物或者石料等，其使用时间短暂，狩猎采集者在这里进行的活动非常少，故而留

① Binford LR. Willow smoke and dogs'tails：Hunter－gatherer settlement systems and archaeological site formation. *American Antiquity*，1980，45. Bettinger RL. *Hunter－gathers：archaeological and evolutionary theory*. New York：Plenum，1991，p. 67.

下的遗存少。集食者在一年的某个阶段中储存食物，任务小组在一些特殊的野外营地或消息站获得资源及相关信息，其遗址类型除营地居址和野外活动地点外，还可能有临时营地（field camp）、消息站（station）和窖藏（cache）。临时营地是狩猎采集群体派出的工作小组的临时运转中心，是这些工作小组离开营地居址之后休息、进食、维护工具的地方；消息站主要是特殊工作小组收集动物或其他人群移动信息的地方，也可能成为狩猎中的潜伏点；储备是集食者的一个基本特征①，窖藏应运而生。

随着采食者向集食者的转变，文化的复杂性、石器技术的精致性逐渐加强。集食者的群体流动频率低，工具较规范、精致（curation）、易携带；而简陋、形态多变的权宜工具（expediency）则对应资源稳定、均衡的环境下高群体流动人群，即采食者。人类社会的结构具有多元性，考古遗址遗留下来的信息是有限的，旧石器时代遗址以石制品占主体，如何解读石制品蕴含的人类行为是史前场景重建的关键。采食者 – 集食者模型中人群流动模式与精致工具（curated – tool）、权宜工具（expedient – tool）的论述为从物质遗存入手研究流动性，进而探讨人类社会的发展提供了一种途径。

不过，精致与权宜二元论简单对应人类流动的高与低存在问题。例如具有易携带、多功能、便于维护修理等优点的两面器被认为与高流动性有关，而权宜石片工具和两极法与较低的流动性有关②。另外，具有规范、精致、易携带等特点的细石叶技术被认为与人群的高流动性相适应③，却在一些新石器时代聚落遗址中大量出土细石器，与陶器、研磨器等不易携带的工具共生。这样矛盾的现象表明，不能将采食者、集食者的技术差异简化为"权宜化"（expediency）和"精致化"（curation）的

---

① 陈胜前：《中国狩猎采集者的模拟研究》，《人类学学报》2006 年第 1 期。

② Parry WA, Kelly RL. Expedient core technology and sedentism, In Johnson JK, Morrow CA (eds.). *The organization of core technology*. Colorado：Westview Press，1987，pp. 285 – 304. Kelly RL. The three sides of a biface. *American Antiquity*，1988，p. 53.

③ Elston RG, Brantingham PJ. Microlithic technology in Northeast Asia：A Risk Minimizing Strategy of the Late Pleistocene and Early Holocene, In Elston RG, Kuhn S (eds.). *Thinking Small：Global Perspectives on Microlithization*, *Archaeological Papers of the American Anthropological Association*. Vol. 12. Washington, D. C：American Anthropological Association，2002，pp. 103 – 116.

区别，因为这两个概念本身所指并不十分明确，仍需要加以梳理。

采食者-集食者模型中"精致化"这一词汇实际有多种含义，包括提前预备工具以备将来之需、设计多功能工具、不同地点间工具的运输、工具的维护与再利用等①，在不同语境中各有所指，因此不能笼统地将某种流动方式与工具精致与否简单对应，需要指明精致化在不同语境的具体含义。以工具的多功能为例，对于流动性较高的群体而言，流动作为一种常态，需要尽量减少负重，能够携带的工具有限，因此一器多用应该是较为常见的，工具的专门化程度低②；而对于流动性低，乃至定居的群体而言，对于工具便携性的要求较低，可以发展出满足不同功能的专门化工具。工具的多样性也可视为精致化的一个表现，流动性提高，工具技术多样性降低③，并且它常常是和专门化联系在一起的，专业化程度高的，工具的多样性也相应增强。当然，同一类工具也可能同时体现精致化的多个方面，比如两面器，它属于多功能的、便于维护和再利用的工具。与精致化相比，权宜化这一概念则相对简单，一般指随打随用、没有大量的加工和劳动投入的简单工具，例如石片。权宜工具在不同历史时期、不同情境下都有使用，与流动性高低的关联性较弱。如果在遗址中发现权宜工具很难推测其反映的是一种高流动性还是低流动性；而如果在遗址中发现专门化的工具，如磨制石斧，则大概率反映了低流动性。

既然权宜化和精致化的二分过于简单，那么应该如何理解集食者和采食者的技术差异呢？采食者具有较高的群体流动性，工具多为多功能的，多样性较低，石片等简单的权宜工具也是其技术体系的组成部分。集食者的策略应该分成两部分理解，高流动的任务小组，携带的工具更可能是多功能的，多样性低。而在中心营地遗址中工具构成更加复杂，一方面有与低群体流动性相适应的工具专门化、多样化；另一方面也有为任务小组提供的多功能工具，而且为了防范外出风险、保证任务有效完成，需要在营地中对工具进行检查和修补，因此这类工具的废弃也多发生在营地

① Bamforth D. Technological efficiency and tool curation. *American Antiquity*. 1986, p. 51.

② Torrence R. Time budgeting and hunter – gatherer technology, In Bailey G (ed.). *Hunter – Gatherer Economy in Prehistory: A European Perspective*. Cambridge: Cambridge University Press, 1983, pp. 11 – 22.

③ Shott M. Technological organization and settlement mobility: an ethnographic examination. *Journal of Anthropological Research*, 1986, 42 (1).

当中①；此外，权宜石器仍然是必不可少的。

采食者和集食者的工具技术特征是与其流动方式相适应的，但同时也受到生存环境中其他因素的影响，因而流动性的差异并不是总能通过工具技术很好地反映出来，有时也会出现一些异常例子，例如，托马斯在北美大盆地的相关研究中发现，分别为采食者、集食者的群体虽然流动方式不同，但他们在打制石器技术上并没有明显差别②。这是因为，除了流动性之外，石料的丰度、质量及距离也对工具技术有显著影响。如果缺乏合适的石料，需要通过远距离运输获取石料，一些群体会使用两面器这类便携、耐用的工具，从而提高原料使用效益③。班福思认为工具的维护和再利用与原料短缺也有紧密关联，因为当原料充足时，制作新的工具比维护和再利用旧工具要有效得多④。凯利系统讨论了石器工具、原料和流动性的关系——对于那些群体流动性高、偏向迁居式流动的群体，在石料充足的情况下，生产权宜石片，较少使用两面器；石器原料稀少、普遍质量差、优质原料稀少的情况下，则在石器制作上投入更多，两面器更可能充当石核或多功能工具，且经过反复的维护和利用。在群体流动性低、偏向后勤式流动的情况下，两面器由于易携带、便于维护、多功能、可以有效预防缺乏石料的风险等优势而经常被使用⑤。因此，应明确石器原料对工具特征可能造成的影响，才能更好地研究不同流动方式对应的石器遗存差异。

狩猎采集群体由不等量的个体组成，此处所谓"个体"，可指代一个生物学个体，也可指代一个为完成特定任务而由三五个人组成的任务小组。从民族学资料来看，不同性别、不同男性个体、不同年龄的人采取的觅食策略是有差异的⑥，体现在

---

①　Binford LR. Organization and formation processes：looking at curated technologies. *Journal of Anthropological Research*，1979，35（3）.

②　Thomas DH. *The archaeology of Monitor Valley* 1：*Epistemology. Anthropological Papers of the American Museum of Natural History*，*v.* 58，*pt.* 1. New York：American Museum of Natural History，1983.

③　Kelly RL，Todd LC. Coming into the country：early paleoindian mobility and hunting. *American Antiquity*，1988，53. Boldurian AT. Folsom mobility and organization of lithic technology：a view from Blackwater Draw，New Mexico. *Plains Anthropology*，1991，p. 36.

④　Bamforth D. Technological efficiency and tool curation. *American Antiquity*. 1986，p. 51.

⑤　Kelly RL. The three sides of a biface. *American Antiquity*，1988，p. 53.

⑥　Hill K，Hillard K，Hawkes K，Hurtado M. Foraging decisions among Ache hunter – gatherers：new data and implications for optimal foraging models. *Ethology and Sociobiology*，1987，8（1）.

流动频率、流动距离等方面①。女性在社会中兼营生计和生育的双重角色②使其流动与男性有别，凯利指出在区域范围一定的前提下，植物资源采集的回报率相较于狩猎动物会更快地下降，更易耗尽，而男性主要负责狩猎，女性负责采集，因此女性从事的经济活动很大程度上决定了营地何时搬迁③。相对个体而言，一个狩猎采集群体的规模在考古遗址中留下的遗存数量相对丰富，尤其是一些营地性质的区域，由于人类生活时间长而遗存更多文化信息，考古工作者更可能在调查和发掘中识别出相关信息。个体流动往往为完成特定任务而发生，其时间短、遗存少，识别和解读的难度大。

　　狩猎采集者通过不断流动获得食物等资源，每次更换大本营的平均移动距离与食物资源的分布情况也是密切相关的：随着 ET 的下降，食物资源的空间分布变得分散，大本营迁居的平均距离也相应逐渐增长（图1.1）④。图1.1 椭圆中的民族学例

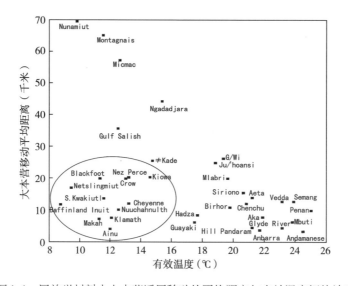

图1.1　民族学材料中大本营迁居移动的平均距离与有效温度间的关系

①　Kelly RL. Mobility/sedentism - concepts, archaeological measures, and effects. *Annual Review of Anthropology*, 1992, p. 21.

②　Lee RB. Population Growth and the Beginnings of Sedentary Life among the ! Kung Bushmen, In Spooner B (ed.). *Population Growth: Anthropological Implications*. Cambridge, MA: MIT Press, 1972, pp. 329 - 342.

③　Kelly RL. Mobility/sedentism - concepts, archaeological measures, and effects. *Annual Review of Anthropology*, 1992, p. 21.

④　Kelly RL. *The foraging spectrum: Diversity in hunter - gatherer lifeways*. Washington, D. C.: Smithsonian Institution Press, 1995, p. 128.

子与上述规律不同，因为这些群体有其特殊性，分别是：极端的北极群体、骑马的野牛狩猎者、近海捕鱼者。从数据可见，ET 对原始狩猎采集者的平均移动距离有极大的影响。民族学统计中，低纬度地区（<30°）的资源季节性不明显，较为均一稳定，狩猎采集者全年性地通过迁居式流动获取资源，其采用的觅食工具以权宜型为主；中纬度地区（多在 30°~60°之间）季节性明显，狩猎采集者更倾向于后勤式流动策略，以储存食物的方式（窖藏等）应对冬季资源的不足，使用的工具较精致。以上两种情况之外，对高纬度地区（>60°）人类而言，天气寒冷是一种常态，资源不足的时间更为长久，无法通过储存食物的方式解决此问题，应对策略是采用精致的工具和频繁的迁居式移动（图 1.2：A、B），随着纬度的增加，人类的流动增强（图 1.2：C）①。

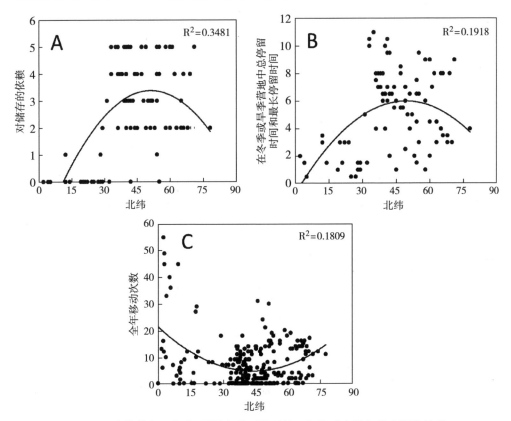

图 1.2　食物储存、寒冷/干旱条件下流动性、年流动次数与纬度间的关系

---

① Keeley LH. Proto – agricultural practices by hunter – gatherers, In Price TD, Gerbrauer A（eds.）. *Last Hunters, First Farmers*. Santa Fe: School of American Research Press, 1995, pp. 95 – 126.

　　根据以上对民族学材料中流动性的分析，宾福德同时将人类的流动策略分类，采食者采用群体流动较高频率的迁居式流动（residential mobility）策略，而集食者采用的是群体流动频率相对低的后勤式流动（logistical mobility）策略。所谓迁居式流动，即无固定营地、通过群体的不断迁徙以获得足够生活资源的流动策略，是一种人类向生存资料靠拢的生活方式，采用该策略的人群多能够在营地范围内获得所有的生活必需品，个体流动性低；后勤式流动是有一定固定营地的狩猎采集者采用的流动策略，在其生活区域内，人类无法获得所有生存资料，故而将固定营地建立在需求量最大的资源附近，通过派出特殊的工作小组获得其他资源，降低生活成本，个体流动性高。在这两种极端情况之间，不同民族学群体的流动性表现出不同的变体，体现了对不同环境的适应性。温带地区的人群面临解决食物资源的季节性问题、需要应对寒冬的食物匮乏状况，主要采取三种应对方法：开发冬季可获取的动植物资源；在植物生长季储存植物资源；在动物群丰富的季节储存动物资源。随着生长季节的缩短，人类对储存的依赖性增强，相应也会出现后勤式流动的加强。

　　在宾福德论述的采食者-集食者模型中，还有一个特殊的生存群体——系列专业化人群（Serial Specialist），研究中很少被人提及，实际却广泛存在。他们根据不同食物资源在不同季节的供给情况选择居址流动方式，采用采食者的高流动性和集食者的技术精致化的混合适应策略。采用此策略的人群需求精致的工具以减少狩猎失败带来的生存风险，保证食物的供应；还需要精致的生存装备以满足在寒冷气候等特殊条件下的流动需求。与定居人群的烤火取暖不同，在寒冷天气保持流动性，首先需要的御寒措施即服饰，故制作衣服是系列专业化人群生存策略的重要内容之一。

　　相对于采食者-集食者模型从短时段和长时段两个维度讨论资源均衡性与流动策略、社会组织方式之间的对应关系，白金格和鲍姆霍夫提出旅行者（traveler）-加工者（processor）模型[①]，阐释用于资源获取和加工活动的时间分配与资源、人口的关系。此模型中，在高质量的资源充足、人口密度低的条件下，觅食者在不同资

---

① Bettinger RL, Baumhoff M. The Numic spread: Great Basin cultures in competition. *American Antiquity*, 1982, p. 47. Bettinger RL. From traveler to processor: Regional trajectories of hunter - gatherer sedentism in the Inyo - Mono region, California, In Billman BR, Feinman GM (eds.). *Settlement Pattern Studies in the Americas: Fifty Years since Vira*. Washington, D. C.: Smithsonian Institution Press, 1999, pp. 39 - 55.

源斑块间游走，在资源的获取和加工方面耗费的时间和精力少，当一地的资源减少即迁徙到其他有资源的地方，这就是旅行者的策略。随着人口的增加，资源竞争压力增大，营地间流动的机会减少，人们转而在有限的地理范围内扩大觅食对象，花费更多的时间获取和加工低产出率的资源，这就是加工者的策略。白金格运用旅行者－加工者模型来解释 Inyo－Mono 地区的定居现象，他根据遗址原料、植物遗存、工具构成等信息来研究早中晚期的变化，指出人口的持续增加导致资源压力不断增大，群体流动性降低，人们不得不在有限范围内开发更多资源，进行深度加工，发生了从旅行者到加工者、再到定居的加工者的转变。

　　相对于采食者－集食者模型将资源环境作为影响流动性的主要因素，旅行者－加工者模型突出了人口密度对狩猎采集者如何利用时间、空间和获取资源等方面的影响。按照采食者－集食者模型，在人口增加的情况下，群体流动性相应降低，转而后勤流动提高，但问题在于人口增加导致的资源竞争压力最终将使后勤流动也不复有效[1]。因此，由旅行者向加工者转变、在有限的空间内开发低档资源，进行深度加工，是一个更加合理的解释。不过在面临资源和人口压力时，人们可能并不会拘泥于一种应对方式[2]，扩大后勤流动的范围、提高资源获取的技术水平、进行资源的深加工、拓宽食谱、有意栽培植物和驯养动物、寻求其他群体的帮助、迁徙、控制人口等都是可能的选项，策略的选择取决于其解决危机的有效性及其在当时的条件下是否具备实施的可能性，比如寒冷地区的居民在遭到环境压力时就难以通过作物栽培来解决。因而在面对民族学或考古学材料时，应该立足于材料本身，分析其工具构成、遗址组织结构、技术水平、资源加工方式、食谱构成等方面的特征，选取合适的理论模型加以解释。

　　上述流动性模型从资源、环境、时间与技术投入等不同层面解释狩猎采集者的流动策略，互为补充，是理解旧石器时代晚期中国北方细石叶技术人群适应生存方

① Bettinger RL. *Hunter － Gatherers: Archaeological and Evolutionary Theory*. New York: Plenum, 1991, pp. 100 － 103.

② Rafferty J. The archaeological record on sedentariness: Recognition, development, and implications, In Schiffer M (ed.). *Advances in Archaeological Method and Theory*, Vol. 8. New York: Academic Press, 1985, pp. 113 －156.

式及其转变过程不可或缺的理论依据。影响流动性的因素多种多样，资源环境是最为重要的因素，其他因素与资源环境存在或多或少的关联，例如，人口增长带来资源压力，社会互动的目的在于为将来储备潜在的资源，宗教仪式是为了祈求资源保障，交通工具的改善则扩大了资源获取范围等。我们还应清楚，狩猎采集者的食谱选择、聚落位置、流动策略等决策行为并非仅考虑经济效益的最大化，仅从资源出发研究流动性是不够的，例如美洲土著克里人（Cree）在冬季食物短缺的情况下，仍然会举行宗教盛宴，以期获得狩猎的保障①。因而，有必要认识到除了资源环境之外，人口、社会互动、性别、宗教文化、社会等级、交通等多种因素的作用使得狩猎采集者的流动性更加复杂多样，每一个人群所处的地理位置、社会环境、文化传统、技术水平等都是具体的，有其特殊性，因而在研究流动性时，尽可能综合考虑其方方面面的背景，回到当时的情境中。

二　边缘价值理论

（一）传统的边缘价值理论

资源的丰富程度在时间和空间上都是复杂的，往往以斑块的形式存于自然界，受资源条件的影响，同一地区不同环境条件下狩猎采集者的流动性并不相同。立足于时间投入、产出效率等指标，边缘价值理论是分析人类流动策略的经典理论模式。

在边缘价值理论模型中，狩猎采集者在某一斑块中的觅食时间是受该斑块的资源质量、数量、消耗程度及斑块所在的整体环境所能提供的资源总量影响而决定的②。如图1.3所示，在某一斑块中，总的资源获取量（Y轴）与觅食者在该斑块觅

---

① Aldenderfer M. Explaining changes in settlement dynamics across transformations of modes of production: from hunting to herding in the South – Central Andes, In Habu J (ed.). *Beyond Foraging and Collecting*: *Evolutionary Change in Hunter – gatherer Settlement Systems*. New York: Kluwer/Plenum, 2002, pp. 387 –412.

② Bettinger RL. *Hunter – gathers*: *archaeological and evolutionary theory*. New York: Plenum, 1991, pp. 90 – 93. Charnov EL. Optimal Foraging, the Marginal Value Theorem. *Theoretical Population Biology*, 1976, 9. McNair JN. Optimal giving – up times and the Marginal Value Theorem. *The American Naturalist*, 1982, 119 (4).

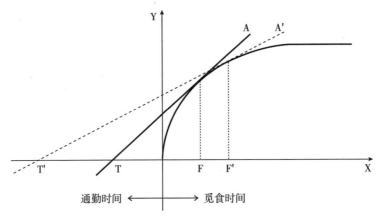

图 1.3　传统的边缘价值理论

食花费的时间（X 轴）之间呈渐变关系。斑块的能量产出率在觅食初始阶段呈现较快的变化，说明该阶段的资源丰富，易于获得，觅食活动对斑块资源状况的影响较大。随着觅食活动的持续，资源逐渐被消耗，最终耗竭，此时斑块的产出率曲线与 X 轴平行。狩猎采集者并不是在某一资源斑块完全耗竭之后才选择离开，因为在觅食的最后阶段，所能获得的资源量是十分有限的。什么时间放弃该资源斑块呢？基于多个斑块的资源获取量推算出这些斑块所在的整体环境的能量产出率（即所获取能量与觅食、通勤等活动所消耗时间的比值），以该能量产出率为斜率，与已知曲线画切线 A，切点对应的 X 轴（F 点）即觅食者所能在该斑块中花费的最大觅食时间，超出这段时间的觅食活动将得不偿失。切线 A 与 X 轴相交的点为觅食者抵达此斑块所花费的通勤时间最大值，距离营地居址太远的优质斑块使觅食者耗费太长通勤时间，也会因觅食活动的入不敷出而并不被人青睐。随着高档资源斑块的消费加剧，整体环境的能量产出率下降，为维持资源的获取，一些中档、低档的资源斑块会逐渐被纳入觅食范围。

（二）理论的修正

传统的边缘价值理论中，随着整体环境能量产出率的下降，切线的斜率下降，A 变为 A'，狩猎采集者在某一斑块中的觅食时间变长为 F'，在此情况下，斑块的能量产出率却没有发生改变（图 1.3）。发生这种状况仅有一种特殊的可能性，即：大环境中的竞争者和资源需求上升，而单一斑块的质量和数量并未改变；对某一群体而言，可开发的斑块质量虽未下降，但数量减少，斑块间的通勤时间增长，导致整体环境的能量产出率下降。

整体环境产出率是基于该环境中所有斑块的资源获得量得出的，意味着：单一斑块的能量产出率恒定时，即使人口增加造成可开发斑块的人均数量下降，但整体环境产出率并不会有根本性的改变。旧石器时代人口数量的增加并没有达到质变的程度，而环境却处于不断波动中。当环境条件恶化时，单一斑块的质量显然会下降，造成整体环境产出率相应降低。此时，传统的边缘价值理论中斑块的能量产出率恒定是无法成立的，故需对之修正。

环境是影响人类行为的关键，其中最重要的因素是资源条件，资源的多样性、稳定性、产出量等影响人类的应对策略。海登引入生态学上的 K -/r - 选择资源概念解答资源对人类文化的影响①。

资源的稳定性在两个极端状况之间有不同表现：一为低稳定性环境，气候变化显著，物种个体较小、生长和繁殖期短，繁殖能力强，群体规模低于环境载能（carrying capacity），被称为 r - 选择资源（例如贝类、橡子等坚果类，老鼠、兔子等小型动物），其所处环境往往只有少数物种能够存活，故资源多样性低，在资源不稳定地区的狩猎采集者采用 r - 选择资源②；二为高稳定性环境，气候条件稳定，食物资源不会出现因气候变化造成的波动，资源多体型大，寿命长，繁殖的速度慢，个体数量与环境的载能大致相当，这些资源被称为 K - 选择资源（例如野牛、鹿等大型动物），这种环境能保证多个物种生存，资源多样性较高。

显而易见，K - 选择资源（例如鹿）相对难以获得，而 r - 选择资源（例如老鼠）容易得多，但是一只鹿的产出量大大高于一只老鼠。为了在单位时间内获得满足需求的能量产出，使用 r - 选择资源的狩猎采集者最终会发明出更为有效开拓这些资源的技术，改进社会组织结构，以提高生产和获食效率，更新世末期开始的细石器技术、磨制石器、磨盘、磨棒等技术发明及动植物的驯化多与 r - 选择资源的利用有关。

---

① Hayden B. Research and development in the Stone Ages: Technological transitions among hunter - gatherers. *Current Anthropology*, 1981, 22 (5).

② Yellen J. Long term hunter - gatherer adaptation to desert environments: a biogeographical approach. *World Archaeology*, 1978, 8 (3).

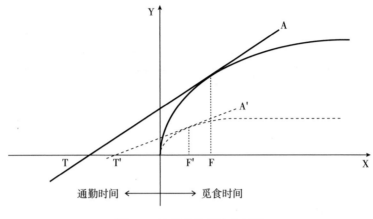

图 1.4　边缘价值理论修正图

　　K–/r–选择资源对环境有不同的适应能力，环境恶化对不同资源的影响不一致，不同斑块能量产出率的下降也非一致。伴随整体环境能量产出率的下降，高档资源斑块的优势不再明显，一些能量产出率下降幅度小于整体环境下降均值的中、低档资源斑块吸引了觅食者，斑块数量的增多使得斑块间的距离变小，即群体流动距离缩小，但是单一斑块中的觅食时间减少，觅食者的群体流动频率提高，综合二者的变化幅度，前者小于后者（图 1.4）。故，同一地区随着环境的恶化，狩猎采集者的流动性提高。

第二章　关键概念：梳理与厘定

本章是对细石叶技术相关概念的系统梳理，特别针对一些有不同称谓和表述方式的名词，以期建立起规范的体系，达到术语统一的目标。

根据形态特征和地理分布，细石器可分为两大类：一类是几何形细石器（geometric microlith），它是将圆体石核上剥取的窄长石叶加工成规整的三角形、半月形、梯形、菱形等复合工具的配件，该类细石器主要分布于北非、欧洲、近东及大洋洲等地区；另一种是细石叶细石器（microblade core/microblade），其核心产品是扁体或圆体细石核上剥取的窄长细石叶，将之用于复合工具上，它主要分布于东亚、北亚、北美地区[1]。本书所讨论的细石器属于后者。

英国学者克拉克将石器技术划分为六个前后递进演化的模式（Mode），从模式 I 到模式 VI 依次为奥杜威模式、阿舍利模式、莫斯特模式、石叶技术模式、细石器技术模式和磨制技术模式[2]。能够在漫长旧石器时代的石器技术演化链条中占有一席之地，说明细石器技术在石器发展史上有独特的时间和空间意义。尽管与欧洲相比，中国旧石器时代的石制品在技术、类型及形态上演进的阶段性特征并不明显[3]，总体

---

① 安志敏：《中国细石器研究的开拓和成果——纪念裴文中教授逝世 20 周年》，《第四纪研究》2002 年第 1 期。

② Clark G. *World Prehistory*：*A New Outline*（2nd edition）. Cambridge：Cambridge University Press，1969. Clark G. *World Prehistory*：*In New Perspective*（3rd edition）. Cambridge：Cambridge University Press，1977.

③ 高星、裴树文：《中国古人类石器技术与生存模式的考古学阐释》，《第四纪研究》2006 年第 4 期。

上呈现缓慢发展、继承多于创新的特点①，但到旧石器时代晚期，模式 V 在华北地区得到广泛使用，细石器在中国的旧石器文化体系中挥写了浓墨重彩的一笔。深入、系统地研究这一技术体系，对学界探讨中国古人类石器技术发展脉络与人类生存模式具有特殊的意义。

从最早阶段西方学者在西北地区的调查（例如斯文赫定在新疆地区的探险活动）算起，中国的细石器研究历史已经超过了 100 年。然而，关于"细石器"的内涵，学术界尚无明确的认识，在使用中不乏同一词汇不同所指这种现象的出现。之所以产生该状况，既与漫长研究史的逐渐积累、认识日渐深入、与国外的交流增多有关，又与研究者对概念的理解互有偏差相关，同时也不排除研究人员对概念模糊而造成谬误。为避免研究中的不便，明确研究的对象及概念所指，有必要厘清一些术语的内涵。综合前人的成果，细石器研究中内涵不清的几个名词包括：细石器、细石叶技术、细石叶技术产品、细石器组合、细石器时代等，有必要梳理前人对以上术语的界定，从技术和逻辑等层面厘定这些关键概念的中文涵义，以便于从类型学、石器技术的角度深入探讨东亚、北亚、北美地区的相关问题。

一 细石器

诸多文献中出现的"细石器"，有时是一种具体化的指代，即细石核、细石叶等，有时是一种时间、空间或技术上的所指，相当于"细石器技术""细石器技术产品""细石器组合"等②。笔者以为，"细石器"是与"石器""石制品"等词汇具有类似指代意义的专用名词，是对某一类石制品的特定称谓。关于该名词的包含内容，贾兰坡等认为除细石核、细石叶及其制品等核心产品之外，细石器还包括刮削器、尖状器等，这些石制品的特征是细小化，其中周口店第 1 地点 - 峙峪系的细小

---

① 张森水：《中国北方旧石器工业的区域渐进与文化交流》，《人类学学报》1990 年第 4 期。

② 王益人：《关于下川文化的几个问题》，陕西省文物局、陕西省考古研究所、西安半坡博物馆：《中国史前考古学研究——祝贺石兴邦先生考古半世纪暨八秩华诞文集》，西安：三秦出版社，2004 年，第 109 ~ 131 页。

石器属广义的细石器，新石器时代的细石器属发达的细石器①，言外之意即细石器可分为"广义细石器"和"发达细石器"。尽管没有得到学术界的普遍认可，但这种说法仍在中国的旧石器时代考古学中产生了　定影响，甚至出现"某些不见细石叶和细石核的遗存也被统称为细石器或细石器文化"②的现象。举例来说，考古工作者在整理1980年发掘出土的宁夏水洞沟第1地点的材料时就采用了这一观点，将一些下文化层中细小的石制品划分为细石器制品③。早期对该文化层的年代测定达到了34000±2000～38000±2000a BP④，近年来发表的加速器碳十四测年数据是36200±140a BP（未校正）⑤，若在年代如此之早，且伴生石叶技术产品的层位出现细石器，势必将对细石叶技术起源问题的讨论起到举足轻重的作用。然而，笔者在阅读1980年水洞沟遗址发掘报告之后却发现，水洞沟第1地点下文化层中的所谓"细石器"并非细石叶技术所产生的，而仅为一些细小的石制品。彭菲在对该地点石制品的再研究⑥同样印证了笔者的观点。与水洞沟第1地点石制品研究相似的情形并不少见，例如《黑龙江神泉旧石器时代晚期遗址石制品初步研究》⑦《山东汶、泗流域发现的一批细石器》⑧ 和《河北黄骅发现的细石器》⑨ 等文中同样存在。通过对文中的文字内容、石制品线图比对可知，报导的神泉遗址及汶、泗流域、黄骅的石制品均非细石叶技术产品，而是采用直接锤击法打制而成的产品，因其器型小巧而被划分为"细石器"。

① 贾兰坡、盖培、尤玉柱：《山西峙峪旧石器时代遗址发掘报告》，《考古学报》1972年第1期。

② 安志敏：《中国细石器研究的开拓和成果——纪念裴文中教授逝世20周年》，《第四纪研究》2002年第1期。

③ 宁夏文物考古研究所：《水洞沟——1980年发掘报告》，北京：科学出版社，2003年，第93～105页。

④ 陈铁梅、原思训、高世君：《铀子系法测定骨化石年龄的可靠性研究及华北地区主要旧石器地点的铀子系年代序列》，《人类学学报》1984年第3期。

⑤ Peng F, Gao X, Wang HM, et al. An engraved artifact from Shuidonggou, an Early Late Paleolithic site in Northwest China. *Chinese Science Bulletin*, 2012, 57（35）.

⑥ 彭菲：《中国北方旧石器时代石叶遗存研究——以水洞沟与新疆材料为例》，博士学位论文，中国科学院研究生院，2012年，第87页。

⑦ 于汇历、田禾：《黑龙江神泉旧石器时代晚期遗址石制品初步研究》，北京大学考古文博学院：《考古学研究（七）——庆祝吕遵谔先生八十寿辰暨从事考古教学与研究五十五年论文集》，北京：科学出版社，2008年，第167～182页。

⑧ 中国社会科学院考古研究所山东队：《山东汶、泗流域发现的一批细石器》，《考古》1993年第8期。

⑨ 黄骅细石器调查小组：《河北黄骅发现的细石器》，《考古》1989年第6期。

　　与贾兰坡等人的观点相对，安志敏指出，"细石器是一种用特殊的技术工艺所产生的石制品，原则上是以间接打法所剥下的细石叶、细石核以及用细石叶加工的石制品为代表。它们一般是为了装配骨、木等复合工具而专门制作的石刃。严格地讲，细石器的涵义，应以上述细石叶、细石核以及有关的石制品为限"[①]。这一论断强调了细石叶技术的特殊性，提醒我们对细石器的界定，更多的应从其技术层面出发，正如王益人所强调的那样："石器的'细小'不是细石器的本质，用压制技术或间接打击法打制细石叶的技术才是'细石器'的根本所在"[②]。从 20 世纪80～90 年代起，多数研究者的注意力已从器型的大小转移到加工技术和工艺程序方面[③]。综合地看，上述研究者认为细石器是基于特殊的石制品生产技术而产生的，这种技术是细石器区别于简单直接法打制石器的根本所在。而部分以石片为毛坯的细小石器，尽管加工精致，但在技术上与细石器有显著的不同，故不应将之包含在"细石器"中。

　　在沈辰的论述中，细石器是一种特殊技术工艺产生的石制品的总称，除细石核、细石叶、细石叶加工工具外，还有大量副产品[④]。这同样是从技术的角度对细石器加以划分的，然而，在实际的考古学研究中，如何区分这种特殊技术工艺的副产品却是一个难题。同时包含细石器和打制石器的遗址不胜枚举。细石器预制、生产、修理过程中会产生大量副产品，其中与锤击法直接剥片产品特征相似的副产品不在少数，二者的界定存在很大困难。因此，笔者不建议将副产品包括到细石器中。同时，为避免类似水洞沟 1980 年出土材料研究情形的出现，防止后续研究中以讹传讹造成混乱，笔者赞成将"细石器"概念具体化，更多地从生产技术的角度划分：细石器（microlithic）是一个总的称谓，其构成包括以间接剥片法、压制法为主要方法、采用特定的细石叶生产技术产生的细石核（microblade core）、细石叶（microblade）及用细石叶加工的工具类石制品。

---

① 安志敏：《中国细石器研究的开拓和成果——纪念裴文中教授逝世 20 周年》，《第四纪研究》2002 年第 1 期。

② 王益人：《关于下川文化的几个问题》。

③ 盖培：《谈谈细石器一词的涵义》，高星、侯亚梅：《20 世纪旧石器时代考古学研究》，北京：文物出版社，2002 年，第 11～12 页。

④ 沈辰：《细石器工艺、细石器传统及山东细石器研究的初步认识》，陈星灿、邓聪：《桃李成蹊集——庆祝安志敏教授八十年寿辰》，香港：香港中文大学中国考古艺术研究中心，2004 年，第 45～56 页。

二　细石叶技术

　　以往学者采用了多种不同称谓用于生产细石器的技术，例如"细石器技术""细石叶工艺""细石器技法""细石器工业"等。如前文所述，在国际上，"细石器"可划分为几何形细石器和细石叶细石器两类，其中分布于东亚、北亚及北美的为后者，其终极产品是两边刃平行、高度标准化的细石叶（microblade），因而，细石叶是该区域区别于其他地区细石器的关键。所以，笔者认为在讨论东北亚、北美生产细石器的技术时，采用细石叶技术一词更利于避免混淆。

　　为什么笔者主张采用"技术"，而非"工艺""技法""工业""传统"等词汇呢？首先，在旧石器时代考古学研究中，"锤击石片""石叶"等多与"技术"组合，出现"锤击石片技术""石叶技术"等概念，与后四者的组合较少，细石叶技术与锤击石片技术、石叶技术等并列，指代一种特殊的石制品生产方法，采用"技术"一词具有合理性。其次，某些概念在使用中存在不同的理解。以"细石器传统"为例，有时被认为是一种遗存的组合关系，有时又是一种纯粹的技术指代，这种理解的偏差也会造成行文的不便。

　　根据不同遗址中的细石器特征，细石叶技术又可以划分出不同的技术类型，例如楔形石核技术类型、柱形石核技术类型、船形石核技术类型、锥形石核技术类型、半锥形石核技术类型等，分别对应不同的细石核类型。某一技术类型在不同遗址中有不同的技术表现，据不同遗址名称可具体命名，例如楔形石核虎头梁技术类型、楔形石核下川技术类型等，为行文方便，可分别简称为虎头梁类型、下川类型等，这些技术类型各由不同的技法生产而成。

　　综合上述内容，细石叶技术（microblade technology）是一项以生产细石叶为终极目标的技术，而非用来加工、修理工具的技术，于旧石器时代晚期在东亚、北亚及北美地区广泛存在，以压制法、间接剥片法为主要特征，存在对细石核的一系列预制过程，以达到规整其形制的目标，从而利于连续、成功剥片，其最终目的是生产两边刃平行、厚薄较均一、形制规范、便于携带的细石叶（microblade），与几何形细石器中的小石叶（bladelet）生产区别显著。

　　在不同的细石核技术类型中，楔形石核与船形石核是形态特征上具有相似性的两种类型。王幼平认为，"从华北地区石核－石片技术传统的工艺特点来看，选用块状毛坯，单台面平行剥片技术存在已久，在此基础上过渡到宽台面的船型细石核技术并没有很大障碍。尤其是在如晋南塔水河及邻近地区以燧石为原料的石片石器工业中，很容易见到以厚石片的腹面为台面平行剥片的标本。这当是华北地区船型细石器技术的产生基础。"他进一步指出，船形石核最早在晋西南柿子滩等地发展起来，进而向周边扩散至泥河湾盆地、陇东地区等。在其分类体系中，将石峡口遗址、水洞沟第12地点的细石核均被列为与船形石核同类型的宽台面细石核①。

　　梁思永在研究热河等地发现的幺石器（即细石器）时将细石核分为了四种类型：椭圆锥形、桃圆锥形、断尖圆锥形和断椭圆柱形，其中对桃圆锥形细石核的描述为"底作桃圆形，项脊与底之长径平行，但一头不断下行接于桃尖成一弧线，由这弧线向底之宽头为两斜面与底之宽头之剥脱面会"②。从线图上看，这类石核就是楔形石核的毛坯。"楔状石核"一词最早出现于盖培报道虎头梁细石器的文章中，从形态上"总的特征是呈楔状，好像两个楔状体结合在一起：上端（台面所在的一端）宽，下端（与上端相对的一端）窄；前端（石叶印痕所在的一端）宽，后端（与前端相对的一端）窄"，并根据台面的形态分为两个类型③。后来，在海拉尔遗址、下川遗址以及藏北申扎、双湖等地的材料报道中都划分出了楔形（状）石核④，分类的依据主要是石核的形态，没有从技术属性做界定，有些研究者甚至将包括楔形石核在内的很多细石核划分在工具中。陈淳⑤、王建等⑥以下川遗址的细石核为主要依据提出了细石核的分类方案，在对楔形石核的界定上，强调楔状缘对于楔形石核的特殊意义，

①　王幼平：《华北细石器技术的出现与发展》，《人类学学报》2018年第4期。

②　梁思永：《热河查不干庙林西双井赤峰等处所采集之新石器时代石器与陶片》，梁思永：《梁思永考古文集》，北京：科学出版社，1959年，第107～144页。

③　盖培、卫奇：《虎头梁旧石器时代晚期遗址的发现》，《古脊椎动物与古人类》1978年第2期。

④　安志敏：《海拉尔的中石器遗存——兼论细石器的起源与传统》，《考古学报》1978年第3期。王建、王向前、陈哲英：《下川文化——山西下川遗址调查报告》，《考古学报》1978年第3期。

⑤　陈淳：《中国细石核类型和工艺初探——兼谈与东北亚、西北美的文化联系》，《人类学学报》1983年第4期。

⑥　王建、王益人：《下川细石核形制研究》，《人类学学报》1991年第1期。

进一步根据楔状缘与台面之间的结构组合，划分出宽型楔形（状）石核和窄型楔形（状）石核，而非简单尺寸大小，这成为后来学者研究的范本。

此外，还可以根据细石核的底部形态特征作出区分：楔形石核底部为刃缘、多数由下而上预制而成，船形石核底部相对圆滑、底部不做由下而上的预制。这种界定石制品类型的方式，在实践中有时出现模棱两可的状况，在"操作链"理念下尚有进一步优化的空间。

近年来，由于"操作链"和动态类型学的观念深入人心，目前研究细石叶技术的学者已经少有仅根据石核的形态来判断石核技术的差异，而是基于细石核预制、剥片的整个流程来判断和分析。船形石核与楔形石核两种技术类型在某些方面有相通之处，但是不能将之混为一谈。从根本上来讲，制作楔形石核与船形石核的毛坯都是厚石片、扁平状的断块或石块，在剥片前均对石核体削减预制以达到特定的宽度，实现有控制地剥片。二者的差异主要有以下几个方面：第一，如果将一块石料放置在一个立体空间中，其三维长度分别为长＞宽＞厚，楔形石核的制作目标是利用石料的长或宽作为剥片面的高度，而船形石核开发石料的厚为剥片面的高度[1]。在这两种观念的影响下，两种技术有着不同的概念型版（Mental template），产生不同的操作序列，生产出形态有差异的产品。受此影响，对于同样尺寸的石料，楔形石核技术类型生产的细石叶长度大于船形石核技术类型的产品。从台面向下预制或从底部向台面的预制动作，均取决于概念型版的差异，便于更大程度地利用石料。第二，楔形石核的剥片面一般位于核体一端，相比之下，船形石核的剥片面相对要宽，且更可能形成在细石核体多角度同向剥片。船形石核的剥片面截面为倒梯形或宽三角形，而由于楔形石核的底缘更锐利，故其剥片面截面更趋近于窄三角形。

基于上述技术与理念层面的差异，笔者认为，不能将石峡口遗址、水洞沟第12地点等遗址的细石核列为与船形石核同类型的宽台面细石核，而应属于楔形石核系统，其生产技法导致其石核体相对宽，属于宽楔形石核，具体论述见下一节。

---

① 靳英帅、张晓凌、仪明洁：《楔形石核概念内涵与细石核分类初探》，《人类学学报》2021 年第 2 期。

三 楔形石核技术类型问题

在过去几十年有大量关于楔形石核的讨论，该类石核的称谓分别有楔状石核、楔形石核、楔型石核等多种。实际上，无论从尺寸、抑或形态出发，这些称谓的指代意义是基本一致的，本文使用"楔形石核"一词。尽管不同遗址的楔形石核形态上有差异，但是从根本上讲都属于楔形石核的概念，构成楔形石核技术不同类型的关键要素是楔状缘和台面。尤其是包括底缘和后缘两部分的楔状缘，是楔形石核区别于其他类型细石核最具标志性的特征。笔者认为，具有底缘或后缘或二者兼备的细石核均属楔形石核的范围，以台面作为楔形石核技术分析的重点，辅以细石核的形态研究，分析其工艺。

国内学术界对楔形石核的讨论主要集中在虎头梁遗址、下川遗址、薛关遗址等，对楔形石核的划分主要从三个角度展开：其一是按照细石核的尺寸，将之划分为宽型楔形石核和窄型楔形石核[1]；其二是按照台面形态，与细石核的形态及尺寸相结合，将之划分为不同类型[2]；其三是对楔形石核进行工艺程序复原，动态地分析其在剥片程序中的位置，包含选料、预制、剥片、废弃及再利用多个流程[3]。盖培和卫奇在对虎头梁出土标本的研究中，将楔形石核按其台面形态划分为楔形石核类型 I（河套技术）和楔形石核类型 II（虎头梁技术）[4]。在随后发表的《阳原石核的动态

---

[1] 王建、王向前、陈哲英：《下川文化——山西下川遗址调查报告》，《考古学报》1978 年第 3 期。王建、王益人：《下川细石核形制研究》，《人类学学报》1991 年第 1 期。

[2] 盖培、卫奇：《虎头梁旧石器时代晚期遗址的发现》，《古脊椎动物与古人类》1978 年第 2 期。陈淳：《中国细石核类型和工艺初探——兼谈与东北亚、西北美的文化联系》，《人类学学报》1983 年第 4 期。河北省文物研究所：《籍箕滩旧石器时代晚期细石器遗址》，《文物春秋》1993 年第 2 期。

[3] 盖培：《阳原石核的动态类型学研究及其工艺思想分析》，《人类学学报》1984 年第 3 期。Chen C, Wang XQ. Upper Palaeolithic microblade industries in North China and their relationships with northeast Asia and North America. *Arctic Anthropology*, 1989, 26（2）. 梅惠杰：《泥河湾盆地旧、新石器时代的过渡——阳原于家沟遗址的发现与研究》，博士学位论文，北京大学，2007 年。朱之勇：《虎头梁遗址石制品研究》，博士学位论文，中国科学院研究生院，2006 年。朱之勇、高星：《虎头梁遗址楔型细石核研究》，《人类学学报》2006 年第 2 期。

[4] 盖培、卫奇：《虎头梁旧石器时代晚期遗址的发现》，《古脊椎动物与古人类》1978 年第 2 期。

类型学研究及其工艺思想分析》一文中进一步指出，细石核的研究中存在过分强调石核体的外形、生搬硬套地移植一般石器研究的方法的现象，静态类型学的这种生硬运用造成楔形石核的研究走入了困境，而动态类型学则强调形态变化是细石核的固有特征，从工艺学的角度对石制品分类，将属于不同工艺程序的标本纳入不同的工艺分类中，成为摆脱静态类型学困境的一个有效途径，据此将阳原石核的工艺程序分为阳原工艺亚类型 1（即后来所称的"阳原技法"）及亚类型 2[①]。按此观点，宽型和窄型细石核实际上只是同一技术不同阶段的产品，代表了细石核工艺程序的某一个片段[②]。此后，邓聪和盖培在其研究中从虎头梁遗址出土标本中划分出三种技术类型：河套技法、桑干技法和虎头梁技法[③]。在此基础上，陈淳和王向前在对下川遗址细石核的分析中又解析出下川技法[④]。综合以上研究，楔形石核一共包括五个技术类型，分别由五种技法生产而成（图2.1），介绍如下。

下川技法：对断块或石片进行单面或双面加工，形成楔状缘；以天然平面或横向打片形成的平坦面为台面；剥片时根据楔状缘的角度从前向后对台面进行调整，获得有效台面；从石核的一侧剥制细石叶。海拉尔遗址中出土的部分楔形石核台面为向心修整所得，也可归入下川技法的行列。下川技法 1 类和 2 类的台面角为角度较小的锐角，3 类的台面角接近直角。

阳原技法：单面加工天然断块或厚石片，使其纵剖面为"D"形；在台面中部由平坦面向凸面打制一个制动缺口，随后纵向打掉一片止于制动缺口的削片，形成一个平整的台面后从此端开始剥片。

虎头梁技法：将核体单面加工，纵剖面呈"D"形；从平坦的一侧对石核台面进行横向击打产生有效台面，进而剥制细石叶；有效台面的调整随剥片而进行。

河套技法：预制石核体为两面器形态后，将其上段的刃缘纵击，打掉一至数片

①　盖培：《阳原石核的动态类型学研究及其工艺思想分析》，《人类学学报》1984 年第 3 期。

②　杜水生：《楔型石核的类型划分与细石器起源》，《人类学学报》2004 年第 23 期（增刊）。

③　Tang C, Gai P. Upper Palaeolithic Cultural Traditions in North China. *Advances in World Archaeology*, 1986, p. 5.

④　Chen C, Wang XQ. Upper Palaeolithic microblade industries in North China and their relationships with northeast Asia and North America. *Arctic Anthropology*, 1989, 26 (2).

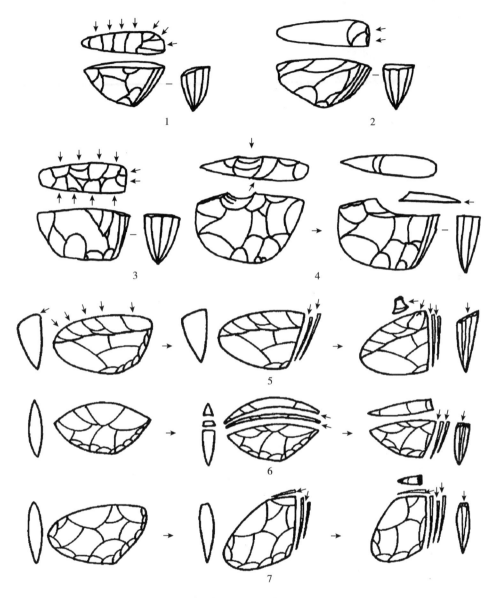

图2.1 楔形石核生产技法图示
1~3. 下川技法；4. 阳原技法；5. 虎头梁技法；6. 河套技法；7. 桑干技法

雪橇状石片，进而获得纵贯核体的平坦台面，剥片中不再调整台面；该工艺在日本被称为"涌别技法"。

桑干技法：首先将核体加工成两面器形态，将台面一端击打出窄小的有效台面后剥片；有效台面的调整随剥片而进行；虎头梁等遗址中出土的水滴状楔形石核也属此技法。

据各个遗址年代测定结果，上述研究者提出以上工艺的发展序列大致为：下川技法的出现年代最早，下川遗址为其典型代表；虎头梁技法、河套技法、桑干技法及阳原技法在年代相对晚的薛关和虎头梁遗址中出现。

根据细石核的预制操作流程差异，楔形石核工艺类型可分为下川、阳原、虎头梁、河套、桑干五种技法。后二者的特点为将石核先预制为两面器形态，后纵向打击、调整台面并剥片，其剥片面更窄。基于预制流程及剥片面高宽比的差异，可将楔形石核划分为两大类，即宽型和窄型，为行文方便，简称为宽楔形石核、窄楔形石核，前者包括下川技法、阳原技法，后者包括虎头梁技法、河套技法、桑干技法。

四　细石叶技术产品与细石器组合

克拉克划分的六种累进式发展的石器技术模式在实际应用中成为具有时间指代意义的多种石器类型、技术要素的组合：模式Ⅰ等同于奥杜威工业，以简单直接剥片的石核、石片、砍砸器为主；模式Ⅱ与阿舍利工业相对应，以两面器技术和手斧、手镐、薄刃斧等为标志，在晚阶段出现软锤法的应用和勒瓦娄哇技术；模式Ⅲ对应旧石器时代中期的勒瓦娄哇 – 莫斯特遗存，用石片作为毛坯加工刮削器、尖状器等为标识；模式Ⅳ又称旧石器时代晚期模式，以石叶技术为基础，涉及软锤、压制和间接剥片等，用石叶加工成端刮器、矛形尖状器、雕刻器等组合为特色；模式Ⅴ被称为中石器时代模式，包括细石器技术及其制品组合，以复合工具为特色，广泛运用软锤、压制、间接剥片方法；模式Ⅵ即磨制石器技术组合，包括磨制石斧、石锛等器物[①]。李锋指出，克拉克技术模式以石制品组合中最先进的技术元素确定，代表了技术线性累进式发展的思路，实际情况却并非如此，不同石器技术在某一模式下交叉出现的现象不胜枚举，技术模式说在某种程度上会导致学术界忽视史前石器技

① Clark G. *World Prehistory*：*A New Outline*（2nd edition）. Cambridge：Cambridge University Press，1969. Clark G. *World Prehistory*：*In New Perspective*（3rd edition）. Cambridge：Cambridge University Press，1977.

术演化的细节，低估技术的多样性和区域性等问题，他倡导立足于中国的材料，关注石器技术的特征，用"技术特征分析法"解释技术的演化过程①。

细石叶技术的出现，并不能完全取代锤击石片技术，在同一遗址中出现两者共存的局面具有普遍性②。根据目前发表的材料，出土细石器的遗址都伴生锤击法产生的石核、石片等，这些石制品中不乏小尺寸者，多名研究者指出应将该类石制品与细石核的预制相联系。细石器的产生经历复杂的生产过程，细石核或多或少会经过系统预制，生产中也会有相应的调整以保证细石核的连续开发。细石核的产生过程大致可归纳为：从较大石料上剥片，剥片的部位、方向、角度和石片尺寸都按照预先设计，向预制细石核的方向进行；待细石核毛坯预制完成后，再修理细部，加工成细石核成品。这些预制与调整过程有硬锤剥片、软锤剥片的运用，产生碎屑、削片（调整细石核台面过程中产生的一类特殊石片）、断块等相关的副产品。为配合细石核预制而剥片产生的石片，很大程度上是为了调整石核的形态，故其本身形态并不规范，尺寸大小不一，多具有软锤剥片特征，这种现象在马鞍山遗址的拼合研究中得到印证③，水洞沟第 12 地点的石制品也体现了相似的特征④。从技术上讲，此类石核、石片等石制品的产生是细石叶技术应用的必然结果，因此，笔者认为，细石叶技术产品（product of microblade technology）即运用细石叶技术过程中产生的石制品，不仅包括细石器，还有细石器生产中废弃的毛坯、修型石片等相关副产品。尽管在石制品分类中难以将预制产生的修型石片等副产品完全甄别出来，但作为细石叶生产过程的重要步骤，副产品的产生是细石叶技术运用过程中不可避免的，故在利用操作链进行技术分析时，副产品也属于细石叶技术产品的概念不应被忽略。

同一遗址中，与细石器伴生的不仅会有锤击石片技术产品、磨制石器、陶器等，更普遍存在着一些经过精制加工的、以非细石叶技术产生的石制品为毛坯的工具，

① 李锋：《克拉克的"技术模式"与中国旧石器技术演化研究》，《考古》2017 年第 9 期。

② 王益人：《关于下川文化的几个问题》。

③ 梅惠杰：《泥河湾盆地旧、新石器时代的过渡——阳原于家沟遗址的发现与研究》，博士学位论文，北京大学，2007 年，第 124～125 页。

④ Yi MJ, Gao X, Chen FY, et al. Combining sedentism and mobility in the Palaeolithic - Neolithic transition of northern China: the site of Shuidonggou locality 12. *Antiquity*, 2021, 95 (380).

例如刮削器、尖状器、雕刻器等，其修理精细，功能与细石叶复合工具并不相同①，它们也是遗址的有机组成部分，与细石器一起组合为古人类生存的必备工具。王益人认为，"细石器——更确切地说应当是细石器组合，它不仅仅包含细石叶技术的成分和石制品，也一定含有非细石器技术的成分和石制品"，"细石器应当由两部分内容组成，一部分是细石叶技术及其产品，另一部分就是以石片为坯打制的端刮器、石镞、背刀、雕刻器、小尖状器等石器类型"②。古人类生存仅靠细石叶是不够的，砍砸活动需要重型工具来完成，猎杀动物的活动需要用矛头尖状器、石镞等工具完成，这些相配套的工具类石制品与细石器构成一个有机组合，才能满足人类生存所需。不同时期、不同性质的遗址在人类不同的适应需求下会保留不同的石器组合，每一个组合成为某一遗址或文化区别于其他遗址或文化的基本特征。故而，细石器组合（microlithic assemblage）可以用于指代某遗址中的细石器及与细石器共存的石制品、工具组合等，一定程度上与新石器时代"文化"（如兴隆洼文化、红山文化、大汶口文化）的涵义有相似之处，具有技术、时间、空间上的指代意义，其用法如虎头梁细石器组合、下川细石器组合等。

五　细石器文化与细石器时代

"细石器文化"是在早期的细石器研究中提出的，指位于北方荒漠、草原地区的游牧文化，凡含有细石器的遗址均可列入这一范畴③。细石叶技术于旧石器时代晚期出现并盛行，到新石器时代，在中国北方地区的遗址中仍大量存在，其分布地域广，延续的时间长，在多个不同性质的考古学文化中均有出现，例如大地湾遗址从旧石器时代到大地湾二期不同阶段的堆积④、河南舞阳大岗遗址从旧石器时代到裴李岗文

① 沈辰：《细石器工艺、细石器传统及山东细石器研究的初步认识》，陈星灿、邓聪：《桃李成蹊集——庆祝安志敏教授八十年寿辰》，香港：香港中文大学中国考古艺术研究中心，2004 年，第 45～56 页。
② 王益人：《关于下川文化的几个问题》。
③ 裴文中：《中国细石器文化略说》，裴文中：《中国史前时期之研究》，上海：商务印书馆，1948 年，第 135～142 页。
④ Bettinger RL，Barton L，Morgan C，et al. The transition to agriculture at Dadiwan, People's Republic of China. Current Anthropology, 2010, 51（5）.

化晚期的堆积①、河南新密李家沟遗址从旧石器时代晚期到新石器时代早期的堆积②等，在某些区域甚至延续到金属器使用的时代。含有细石器的遗存属不同考古学文化，为避免概念上的混淆，安志敏建议搁置"细石器文化"一词③。正如上文所提，"细石器组合"具有技术、时间、空间的意义，以之取代"细石器文化"较为合理。

无独有偶，"细石器时代"一词同样有其不合理之处。史前考古学可根据石器的制作方法划分为旧石器时代和新石器时代，前者的石器类型基本为打制石器，后者则以磨制石器为主。细石器属于打制石器的一种，不能将之单独划分为一个时代。在新石器时代的考古遗址中，甚至一些历史时期的遗存中，仍可见到大量细石器的使用，同时伴生青铜器、铁器等，显然不能将之单独划分为一个时代。

近年来，学者们对细石器的关注增多，研究中偶见该类不严谨的应用，将"细石器文化""细石器时代"等词汇搁置是必要的。

六　小结

细石叶技术是旧石器时代晚期在东北亚地区广泛流行的一项技术，是该阶段环境剧烈变化背景下狩猎采集者转变社会组织关系及流动性策略、成功实现适应生存的一项特殊技术。该技术的运用，代表了人类石器生产技术水平的提高。本章的目的在于从技术、考古逻辑的角度重新厘定，实现关键术语的规范化，以利于相关探讨的开展。

细石叶技术的分布地域广，延续时间长，在多个不同性质的考古学文化中均有

---

① 张居中、李占扬：《河南舞阳大岗细石器地点发掘报告》，《人类学学报》1996 年第 2 期。

② 北京大学考古文博学院、郑州市文物考古研究院：《河南新密市李家沟遗址发掘简报》，《考古》2011 年第 4 期。郑州市文物考古研究院、北京大学考古文博学院：《新密李家沟遗址发掘的主要收获》，《中原文物》2011 年第 1 期。

③ 安志敏：《中国细石器研究的开拓和成果——纪念裴文中教授逝世 20 周年》，《第四纪研究》2002 年第 1 期。

出现，含有细石器的遗存属不同考古学文化，故"细石器文化"并不合理。同样的，"细石器时代"一词也存在不合理之处。史前考古学划分为旧石器时代和新石器时代，前者的石器类型基本为打制石器，后者则以磨制石器为主。细石器属于打制石器的一种，不能将之单独划分为一个时代。因此，"细石器文化""细石器时代"两个词汇并不具有特定的学术意义。

第三章　相关遗址：文化的多样性

一　古环境背景

受海洋与陆地位置及地形的影响，中国北方地区气候主要特征为夏季受东南季风的影响，冬季为西北季风所控制。旧石器时代晚期恰逢全球气候大变动时期，这个阶段经过多次冷期、暖期气候旋回（图3.1）[1]，包括深海氧同位素三阶段（Maritime Isotopic Stage 3）、末次盛冰期（Last Glacial Maximum）、博令（Bölling）－阿勒罗得（Allërod）事件、新仙女木事件（Younger Dryas Event）、全新世早期的升温期等，气候的多次起伏变化，与人类生存空间、生存方式的转变有极大相关性。

安杰对来自全球冰芯、陆地和海洋的深海氧同位素三阶段气候记录进行了分类和总结，全球183个气候记录表明这一末次冰期中气候相对温湿的时段具有全球性[2]。深海氧同位素三阶段在黄土、沙漠、湖泊、石笋、冰芯等多方面的记录中具有极大同步性[3]，暖湿气候条件使得中国北方地区的生态优势提升，其中水洞沟地区成为一个适宜人类生存的区域[4]。

我国北方地区广泛发育的黄土对第四纪气候变化有基本连续的记录，气候的周期性冷暖更替表现为黄土堆积与古土壤发育的更迭。深海氧同位素三阶段多项黄土

① Wünnemann B, Hartmann K, Janssen M, Zhang HC. Responses of Chinese desert lakes to climate instability during the past 45000 years, In Madsen DB, Chen FH, Gao X (eds.). *Late Quaternary Climate Change and Human Adaptation in Arid China*, VOL. 9. Amsterdam: Elsevier, 2007, pp. 11 – 24.

② Antje HLV. Global distribution of centennial – scale records for Marine Isotope Stage (MIS) 3: A database. *Quaternary Science Reviews*, 2002, 21 (10).

③ 刘东生、施雅风：《以气候变化为标志的中国第四纪地层对比表》，《第四纪研究》2000年第2期。

④ 高星、袁宝印、裴树文等：《水洞沟遗址沉积－地貌演化与古人类生存环境》，《科学通报》2008年第10期。

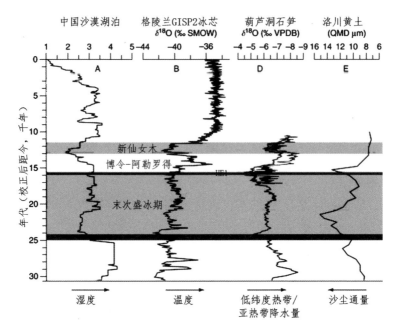

图 3.1　30ka BP 以来气候变化记录

沉积记录研究得出的结果具有一致性：西北地区的塬堡黄土、斋堂剖面等，均记录了可与全球曲线对比的氧同位素四阶段、三阶段和二阶段这三个阶段，塬堡剖面研究表明 31～25ka BP 是中等温湿时期，雨热条件适宜[①]。陕西泾阳南塬晚更新世黄土剖面地层结构、磁化率曲线和地球化学组分表明，36～23ka BP 该地区为暖温带半湿润 - 半干旱气候[②]。安芷生等人对洛川马兰黄土及下伏古土壤地层剖面的研究同样指出了这个阶段的湿润性[③]。在 AMS 碳十四数据支持下，甘肃静宁地区酸刺沟剖面高分辨率花粉记录显示出，在 44～25ka BP 的大部分时期，以云杉和松为主的针叶林生长在静宁地区，气候温凉湿润[④]。位于中国西北地区的水洞沟地区植被当前以干旱草

① 陈一萌、饶志国、张家武、陈兴盛：《中国黄土高原西部马兰黄土记录的 MIS3 气候特征与全球记录的对比研究》，《第四纪研究》2004 年第 3 期。陈一萌、曾宪光：《中国西北与华北地区末次冰期黄土气候记录的对比研究》，《中国沙漠》2009 年第 6 期。
② 雷祥义、岳乐平：《陕西关中晚更新世黄土 - 古土壤序列特征及其记录的古环境变迁》，《地质论评》1997 年第 5 期。
③ 安芷生、卢演俦：《华北晚更新世马兰期气候地层划分》，《科学通报》1984 年第 4 期。
④ 李春海、唐领余、冯兆东等：《甘肃静宁地区晚更新世晚期高分辨率的孢粉记录及其反映的气候变化》，《中国科学：地球科学》2006 年第 5 期。

原类型植物为主，但是氧同位素三阶段这里的生态环境大致为阔叶疏林草原①，具有适宜动植物生存的自然条件。在氧同位素三阶段的后半段，青藏高原的气候表现得异常温暖、湿润，达到间冰期的程度，施雅风等称之为"特强夏季风事件"或"高温大降水事件"②。根据柴达木盆地察尔汗盐湖钻孔岩心中的原生石盐包体水 δD 和 $\delta^{18}O$ 测定推算，50～30ka BP 的年平均温度比现代高约 2 摄氏度，暖湿气候使青藏高原的湖泊水面升高、湖面增大③。末次冰期以来，我国季风区西北边缘的沙漠经历了万年尺度和千年尺度的冷干－暖湿波动，其中在 35～22ka BP 期间，腾格里古湖泊出现最高水位且居高波动，形成腾格里大湖期，腾格里沙漠的温度和湿度均大于现在的数值④。贵州七星洞石笋记录的氧同位素在末次冰期氧同位素三阶段全球相对暖湿的间冰阶阶段出现大幅度的高频振动⑤。同样的气候事件在广西、重庆、南京洞穴石笋中也有相关记录⑥。

　　末次盛冰期的黄土土质均一、疏松，富含大孔隙，显示出寒冷干旱的气候特征⑦，

①　高星、袁宝印、裴树文等：《水洞沟遗址沉积－地貌演化与古人类生存环境》，《科学通报》2008 年第 10 期。

②　施雅风、刘晓东、李炳元、姚檀栋：《距今 40～30ka 青藏高原特强夏季风事件及其与岁差周期关系》，《科学通报》1999 年第 14 期。施雅风、贾玉连、于革等：《30～40ka BP 青藏高原高温大降水事件的特征、影响及原因探讨》，《湖泊科学》2002 年第 1 期。

③　张彭熹、张保珍、洛温斯坦、斯潘塞：《古代异常钾盐蒸发岩的成因——以柴达木盆地察尔汗盐湖钾盐的形成为例》，北京：科学出版社，1993 年，第 87～91 页。陈克造、Bowler JM、Kelts K：《四万年来青藏高原的气候变迁》，《第四纪研究》1990 年第 1 期。郑绵平、向军、魏新俊、郑元：《青藏高原盐湖》，北京：北京科学技术出版社，1989 年，第 15～33 页。李炳元、张青松、王富葆：《喀喇昆仑山－西昆仑山地区的湖泊演化》，《第四纪研究》1991 年第 1 期。

④　高尚玉、王贵勇、哈斯、苏志珠：《末次冰期以来中国季风区西北边缘的沙漠演化研究》，《第四纪研究》2001 年第 1 期。张虎才、马玉贞、彭金兰：《距今 42～18ka 腾格里沙漠古湖泊及古环境》，《科学通报》2002 年第 24 期。张虎才、Wünnemann B：《腾格里沙漠晚更新世以来湖相沉积年代及高湖面期的初步确定》，《兰州大学学报（自然科学版）》1997 年第 2 期。Zhang HC，Wünnemann B，Ma YZ，et al. Lake level and climate changes between 42000 and 18000 ^{14}C yr B. P. in the Tengger Desert，Northwestern China. *Quaternary Research*，2002，58（1）.

⑤　张美良、程海、袁道先等：《末次冰期贵州七星洞石笋高分辨率气候记录与 Heinrich 事件》，《地球学报》2004 年第 3 期。

⑥　覃嘉铭、袁道先、程海等：《新仙女木及全新世早中期气候突变事件：贵州茂兰石笋氧同位素记录》，《中国科学：地球科学》2004 年第 1 期。汪永进、吴江滢、吴金全等：《末次冰期南京石笋高分辨率气候记录与 GRIP 冰芯对比》，《中国科学：地球科学》2000 年第 5 期。

⑦　雷祥义：《黄土高原南部晚更新世黄土地层划分、显微结构及力学性质特征》，《第四纪研究》1992 年第 2 期。

渭南黄土剖面陆生蜗牛化石的迅速演替反映了气候快速的变化过程和温湿度的组合关系，冬季风的强化缩短了夏季风在黄土高原地区的滞留时间，加大了季节性差异①。孢粉记录显示，末次盛冰期干冷气候条件造成草原和沙漠带同时向南急速扩张②，在30°N出现稀树草原景观，分布一部分沙漠生物群③。甘肃静宁地区酸刺沟剖面高分辨率花粉显示，23ka BP之后，该地区气候冷干，植被以稀树草原为主，18ka BP左右甚至演化为荒漠草原④。此阶段的青藏高原广泛发育冰卷泥和沙楔，雨量减少，气温骤降，处于一个干冷气候期，青藏高原及北侧新疆区诸多湖泊的高湖面从40ka BP以前开始存在，持续到24ka BP，到20～15ka BP出现最低湖面⑤。末次盛冰期沙漠的扩张在全球也具有同步性，中国北方沙漠出现了向草原植被带大范围扩张的现象。腾格里沙漠古湖泊水面在22～20ka BP期间下降，中间虽然略有抬升，但是最终在18ka BP消失⑥。根据汪永进等人对南京汤山葫芦洞石笋灰度和年层厚度的研究发现，该阶段年平均气温和洞穴湿度逐步下降，末次盛冰期末期的迅速降温

①　吴乃琴、刘秀平、顾兆炎、裴云鹏：《末次盛冰期黄土高原蜗牛化石记录的气候快速变化及其影响机制》，《第四纪研究》2002年第3期。

②　中国第四纪孢粉数据库小组：《中国中全新世（6ka BP）末次盛冰期（18ka BP）生物群区的重建》，《植物学报》2000年第11期。

③　Sun XJ, Song CQ, Wang FY, Sun MR. Vegetation history of the Loess Plateau of China during the last 100000 years based on pollen data. *Quaternary International*, 1997, 37. Yu G, Chen X, Ni J, et al. Palaeovegetation of China：a pollen data – based synthesis for the mid – Holocene and last glacial maximum. *Journal of Biogeography*, 2000, 27（3）

④　李春海、唐领余、冯兆东等：《甘肃静宁地区晚更新世晚期高分辨率的孢粉记录及其反映的气候变化》，《中国科学：地球科学》2006年第5期。

⑤　潘保田、陈发虎：《青藏高原东北部15万年来的多年冻土演化》，《冰川冻土》1997年第2期。Derbyshire E, Shi YF, Li JJ, et al. Quaternary glaciation of Tibet：the geological evidence. *Quaternary Science Reviews*, 1991, p. 10. 贾玉连、施雅风、马春梅等：《40ka BP来亚非季风演化趋势及青藏高原泛湖》，《地理学报》2004年第6期。

⑥　Tchakerian V P. Palaeoclimatic interpretations from desert dunes and sediments, In Abrahams AD, Parsons AJ（eds.）. *Geomorphology of Desert Environments*. London：Chapman & Hall, 1994, pp. 631 – 643. Ding ZL, Sun JM, Rutter NW, et al. Changes in sand content of loess deposits along a North – South Transect of the Chinese Loess Plateau and the implications for desert variations. *Quaternary Research*, 1999, 52（1）. Zhou WJ, Dodson J, Head MJ, et al. Environmental variability within the Chinese desert – loess transition zone over the last 20000 years. *The Holocene*, 2002, 12（1）. 张虎才、马玉贞、彭金兰等：《距今42 – 18ka腾格里沙漠古湖泊及古环境》，《科学通报》2002年第24期。

现象与北大西洋海因里希特强寒冷事件（Heinrich event 1，HE1）对应，是由夏季风显著减弱造成的①。

末次盛冰期之后，北半球高纬度地区显著回暖②，主要气候事件是博令/阿勒罗得事件，格陵兰冰芯、我国的黄土、孢粉、石笋等各项研究结果较一致地显示该升温阶段历时短。中国北方的湖泊虽有扩张，但是并没有恢复到末次盛冰期之前的状态③。

黄土高原地区，在HE1之后形成了薄层的古土壤，指代了降雨量的增加和较好的土壤发育过程，李家塬剖面、姬塬剖面黄土记录的砂粒百分含量在约16ka BP呈现逐步变小的趋势，意味着由于气候的相对暖湿，16～13ka BP来自沙漠的砂粒在黄土中的百分含量减少，反映了沙漠的后退④。伴随这一过程，黄土高原西部地区的孢粉中木本植物的成分逐渐增加，呈现一个逐渐转变的过程：末次冰消期之初是花粉浓度低的荒漠草原和草原景观，博令－阿勒罗得时期气候条件好转，孢粉构成呈现暖湿气候特征的森林和草原景观的状态⑤。14.0～12.9cal ka BP期间植被由干旱草原迅速演化为森林，气候快速变湿，期间气候存在次一级的干湿波

① 汪永进、孔兴功、邵晓华、吴江滢：《末次盛冰期百年尺度气候变化的南京石笋记录》，《第四纪研究》2002年第3期。汪永进、吴江滢、刘殿兵等：《石笋记录的东亚季风气候H1事件突变型特征》，《中国科学：地球科学》2002年第3期。汪永进、吴江滢、吴金全等：《末次冰期南京石笋高分辨率气候记录与GRIP冰芯对比》，《中国科学：地球科学》2000年第5期。

② Jones GA, Keigwin LD. Evidence from Fram Strait (78°N) for early deglaciation. *Nature*, 1988, 336 (6194).

③ Groots PM, Stuiver M, White JWC, et al. Comparison of oxygen isotope records from the GISP2 and GRIP Greenland ice cores. *Nature*, 1993, 366 (6455). Dansgaard W, Johnsom SJ, Clausen HB, et al. Evidence for general instability of past climate from a 250 – kyr ice – core record. *Nature*, 1993, 364 (6434). 刘东生、施雅风：《以气候变化为标志的中国第四纪地层对比表》，《第四纪研究》2000年第2期。Wünnemann B, Hartmann K, Janssen M, Zhang HC. Responses of Chinese desert lakes to climate instability during the past 45000 years. 黄恩清、田军：《末次冰消期冰融水事件与气候突变》，《科学通报》2008年第12期。庞有智、张虎才、常凤琴等：《腾格里沙漠南缘末次冰消期气候不稳定性记录》，《第四纪研究》2010年第1期。

④ Chen FH, Blomendal J, Wang JM, et al. High resolution multi – proxy climate records from Chinese loess：evidence for rapid climatic changes over the last 75 kyr. *Palaeogeography*, *Palaeoclimatology*, *Palaeoecology*, 1997, p. 330. 丁仲礼、孙继敏、刘东生：《联系沙漠－黄土演变过程中耦合关系的沉积学指标》，《中国科学：地球科学》1999年第1期。

⑤ 李春海、唐领余、冯兆东等：《肃静宁地区晚更新世晚期高分辨率的孢粉记录及其反映的气候变化》，《中国科学：地球科学》2006年第5期。唐领余、李春海、安成邦、汪卫国：《黄土高原西部4万多年以来植被与环境变化的孢粉记录》，《古生物学报》2007年第1期。

动①。博令 - 阿勒罗得时期青藏高原夏季风及夏季太阳辐射均逐渐增强，古里雅冰芯详细记录了逐渐升温过程②。贾玉连等人的研究指出，14ka BP 以后，青藏高原一些湖泊存在冰融水与降水增加共同作用而形成的较高湖面③。南京葫芦洞的 $\delta^{18}O$ 结果显示，博令 - 阿勒罗得时期夏季风增强，降水量上升。贵州七星洞石笋的 $\delta^{18}O$ 在 15.5ka BP 以后向偏轻方向迅速转变，在 13.0 ~ 14.0ka BP 前后达到了最轻值，说明这时的夏季风有一个强劲的峰值，贵州凉风洞石笋、衙门洞石笋均有的同步记录④。

　　新仙女木事件是冰消期至早全新世的一次降温事件，其降温时间短，气候波动强，是全球气候变化的研究热点之一。周卫建通过近 100 个 AMS 碳十四数据和上千个有机碳 $\delta^{13}C$、有机碳百分含量、花粉、粒度和磁化率等多个气候代用指标数据的测试及相应时间序列的建立，揭示了沙漠/黄土过渡带及其林区的高分辨率泥炭、黄土 - 古土壤及风成沙 - 古土壤序列的新仙女木事件，指出在 11 ~ 10ka BP（未校正）之间的为干冷气候⑤。在宁夏贺兰山东南缘的鸽子山遗址剖面上，两层古土壤之间有因气候干冷而形成的风成沉积，其年代约为 13.5 ~ 11.6ka BP⑥。李家塬剖面沉积的沙漠环境不稳定性记录得出的沉积学指标变化曲线显示，约 13 ~ 11.5ka BP 黄土沉积

① 孙爱芝、马玉贞、冯兆东等：《宁夏南部 13.0 ~ 7.0ka BP 期间的孢粉记录及古气候演化》，《科学通报》2007 年第 3 期。

② Thompson IG, Yao T, Davis ME, et al. Tropical climate instability: the last glacial cycle from a Qinghai - Tibetan ice core. Science, 1997, 276 (5320). 王朋岭、贾玉连、朱诚、马春梅：《青藏高原末次冰消期气候演化特点及其与格陵兰、欧洲的异同》，《冰川冻土》2004 年第 1 期。

③ 贾玉连、施雅风、马春梅等：《40ka BP 来亚非季风演化趋势及青藏高原泛湖》，《地理学报》2004 年第 6 期。

④ Wang YJ, Cheng H, Edwards RL, et al. A high - resolution absolute - dated Late Pleistocene monsoon record from Hulu Cave, China. Science, 2001, 294 (5550). 刘启明：《贵州凉风洞石笋的古气候记录与古生态环境意义》，博士毕业论文，中国科学院研究生院，2003 年，第 68 ~ 79 页。张美良、程海、袁道先等：《末次冰期贵州七星洞石笋高分辨率气候记录与 Heinrich 事件》，《地球学报》2004 年第 3 期。杨琰、袁道先、程海等：《末次冰消期亚洲季风突变事件的精确定年：以贵州衙门洞石笋为例》，《中国科学：地球科学》2010 年第 2 期。

⑤ 周卫建：《最近 13000 年我国环境敏感带的季风气候变迁及 ^{14}C 年代学》，博士学位论文，西北大学 1995 年，第 68 ~ 69 页。

⑥ Madsen DB, Li JZ, Elston RG, et al. The Loess/Paleosol record and the nature of the Younger Dryas climate in Central China. Geoarchaeology, 1998, 13 (8).

中出现了砂粒增多的现象①，指代了寒冷的气候。黄土高原西部的海原剖面和会宁剖面的孢粉分析结果显示12.6～11.4cal ka BP孢粉总浓度下降，以蒿属、藜科和禾本科为主的灌木及草本花粉含量快速增加，此期间森林退化，荒漠草原发育，气候明显变干②。古里雅冰芯研究显示大约在13.2～11.8ka BP出现冷事件③，此阶段青海湖的孢粉也由木本向草本方向转变，气候变冷④。

石笋研究也获取了大量新仙女木时期的环境信息。贵州七星洞的 $\delta^{18}O$ 值在13ka BP之后出现了一个迅速变轻的现象，在12.5ka BP前后达到接近盛冰期低谷值的状态，指代了此阶段夏季风的减弱，董哥洞、衙门洞、葫芦洞的多个气候指标均显示了新仙女木时期的大幅度降温⑤。

进入早全新世，全球温度大幅度回升，其中高纬度的变化比较显著。格陵兰冰芯 $\delta^{18}O$ 记录的升温过程始于新仙女木事件之后，持续到约10cal ka BP，此过程中虽然有冷干事件的发生，出现气候的起伏变化，但是温度的下降幅度远低于末次冰期阶段⑥。

---

① 丁仲礼、孙继敏、刘东生：《联系沙漠－黄土演变过程中耦合关系的沉积学指标》，《中国科学：地球科学》，1999年第1期。

② 孙爱芝、马玉贞、冯兆东等：《宁夏南部13.0－7.0ka BP期间的孢粉记录及古气候演化》，《科学通报》2007年第3期。

③ Thompson IG, Yao T, Davis ME, et al. Tropical climate instability: the last glacial cycle from a Qinghai – Tibetan ice core. *Science*, 1997, 276 (5320).

④ 刘兴起、沈吉、王苏民等：《青海湖16ka以来的花粉记录及其古气候古环境演化》，《科学通报》2002年第17期。

⑤ 张美良、程海、袁道先等：《末次冰期贵州七星洞石笋高分辨率气候记录与 Heinrich 事件》，《地球学报》2004年第3期。杨琰、袁道先、程海等：《末次冰消期亚洲季风突变事件的精确定年：以贵州衙门洞石笋为例》，《中国科学：地球科学》2010年第2期。覃嘉铭、袁道先、程海等：《新仙女木及全新世早中期气候突变事件：贵州茂兰石笋氧同位素记录》，《中国科学：地球科学》2004年第1期。Wang YJ, Cheng H, Edwards RL, et al. A high – resolution absolute – dated Late Pleistocene monsoon record from Hulu Cave, China. *Science*, 2001, 294 (5550). Yuan DX, Cheng H, Edwards R L, et al. Timing, duration, and transitions of the last interglacial Asian monsoon. *Science*, 2004, 304 (5670).

⑥ Dansgaard W, Johnsom SJ, Clausen HB, et al. Evidence for general instability of past climate from a 250 – kyr ice – core record. *Nature*, 1993, 364 (6434). Jansen E, Overpeck J, Briffa KR, et al. Paleoclimate, In Solomon S, Qin D, Manning M, et al. (eds.). *Climate Change* 2007: *The Physical Science Basis. Contribution of Working Group 1 to the Fourth Assessment Report of the Intergovernmental Panel on Climate Change*. Cambridge, United Kingdom and New York, NY, USA: Cambridge University Press, 2007, pp. 433 – 497.

兰州附近塬堡等地区黄土沉积的磁化率、粒度分析及碳酸钙沉积显示，进入全新世以后，气温的逐渐攀升与格陵兰冰芯的曲线是一致的①。自 10.4ka BP（未校正）开始，进入全新世的青海湖孢粉浓度急剧增高，植被类型逐步向森林草原过渡，10.4 ~ 8.6ka BP（未校正）期间，乔木以温性阔叶树种桦占优势，湿生莎草明显增多，旱生白刺相对减少，气候温暖偏干②。若尔盖地区的孢粉分析结果显示该地区自 10ka BP（未校正）起气候明显好转，至 9.4ka BP（未校正）进入全新世大暖期③。在 9.8 ~ 9.6ka BP（未校正）期间，宁夏南部海原剖面的针叶树花粉含量和浓度快速上升，阔叶树和草本花粉浓度也有增加，植被快速过渡为以松和云杉为主的针叶林，气候温凉湿润；9.6 ~ 7.6ka BP（未校正）期间，气候有一定波动，孢粉总浓度和针叶树花粉浓度较低，阔叶树花粉浓度略有增加，森林草原发育，气候较温暖湿润④。早全新世的环境变化在石笋、沙漠沉积中也有体现。湖北神农架山宝洞的石笋氧同位素曲线与格陵兰冰芯一致，11.5 ~ 9.3ka BP 夏季风降水处于持续增长期⑤。毛乌素沙地、共和沙地在此阶段局部发育了古土壤，经历了生草成壤的过程，流沙面积缩小，是一个沙漠固定、缩小的阶段，说明冰后期气候的逐渐转暖，对我国季风区西北边缘的沙漠产生较大影响⑥。

更新世晚期到全新世初期的气候波动具有全球性，目前学者们已建立起具有精确时标的末次冰期气候波动过程。季风的变化导致干湿、冷暖的波动，给古人

① Chen FH, Blomendal J, Wang JM, et al. High resolution multi – proxy climate records from Chinese loess: evidence for rapid climatic changes over the last 75 kyr. *Palaeogeography*, *Palaeoclimatology*, *Palaeoecology*, 1997, 330.

② 刘兴起、沈吉、王苏民等：《青海湖16ka以来的花粉记录及其古气候古环境演化》，《科学通报》2002年第17期。

③ 阎革、王富葆、韩辉友：《青藏高原东北部30ka以来的古植被与古气候演变序列》，《中国科学：地球科学》1996年第2期。

④ 孙爱芝、马玉贞、冯兆东等：《宁夏南部13.0 ~ 7.0ka BP 期间的孢粉记录及古气候演化》，《科学通报》2007年第3期。

⑤ 邵晓华、汪永进、程海等：《全新世季风气候演化与干旱事件的湖北神农架石笋记录》，《科学通报》2006年第1期。

⑥ 高尚玉、王贵勇、哈斯、苏志珠：《末次冰期以来中国季风区西北边缘的沙漠演化研究》，《第四纪研究》2001第1期。林年丰、杨洁：《第四纪环境演变与中国北方的荒漠化》，《吉林大学学报（地球科学版）》2003年第2期。

类生存带来巨大挑战，此阶段恰逢旧石器时代晚期，是全球人类文化蓬勃发展的阶段。

二　相关遗址：文化的多样性

自20世纪70年代以来，考古工作者在中国北方地区陆续发现从大约距今3万以来延续到新石器时代初期的多个遗址（图3.2），其中广泛存在的细石叶技术是这些遗存的共同特点。由于不同地区的遗址存在侵蚀严重等问题，不少细石器材料为地表采集品。还有一些遗址虽然有地层沉积，但因未发现有机物而无法进行碳十四测年，且发掘年代较早，不具备光释光测年技术手段，无法获得年代数据。在缺乏年代支撑的情况下，有些材料因属地表采集品，有不同文化层、不同年代标本混杂的情况，甚至个别有地层的遗址存在发掘中标本未将标本按层位收集的情况，对我们

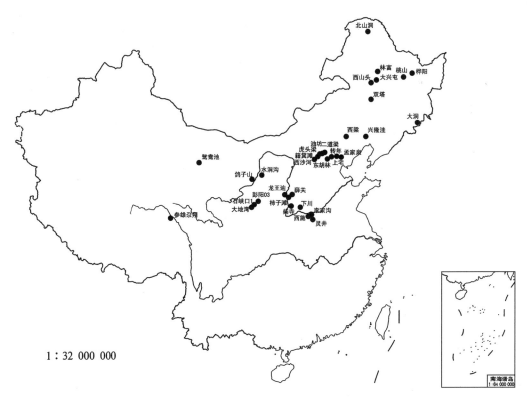

图3.2　本书涉及的主要遗址

分析和判断细石叶技术人群的适应策略反而形成负面干扰。因此，本节将择中国北方地区经系统发掘和测年的遗址介绍，在有年代框架和遗物信息支持的情况下，此类相关遗址有助于我们解读旧石器时代晚期的文化发展与人类活动特点、更全面地了解该阶段不同人群在中国北方地区的适应生存策略和模式。

（一）西山头遗址

西山头遗址位于黑龙江省龙江县杏山乡西山头村南绰尔河左岸的二级阶地上，距离嫩江约 40 公里，地理坐标为 46°43′46.25″N，123°00′40.32″E，海拔 184 米。2017 年 5 月，黑龙江省文物考古研究所发现该遗址，随后展开试掘，开东西长 3.6 米、南北宽 3.3 米的探沟，发掘 12 平方米，发现用火遗迹 1 处，出土石制品一万余件和少量动物化石。

发掘区地势呈东北高西南低的斜坡状，地层堆积北部较厚，南部较薄，可划分为三层。探沟西壁地层堆积情况为：

第①层：黑色粉砂质黏土，结构致密，土质较硬，内含大量植物根茎和少量碎石，厚 0.4 ~ 0.5 米。地表发现有塑料制品、青砖、玻璃以及大量石制品。

第②层：黄土状亚黏土，质地坚硬，细腻纯净，厚 0.8 ~ 1 米。出土极少量石制品。

第③层：黄色粉细砂砾石，土质疏松，砂性较强，厚 0.16 ~ 2 米。出土较多石制品和少量动物骨骼、木炭颗粒。

遗址第③层石制品分布密集，可拼合，有用火遗迹，可据此判断为原生堆积。石制品以来自遗址周边的凝灰岩和流纹岩为主，硬度高且细腻，但是节理发育，超过 86% 的石制品为断块和碎屑。石核仅 6 件，有石叶石核、细石核。石叶及细石叶类产品共 66 件，其中宽度 5 毫米以下的细石叶 5 件，宽度在 5 ~ 10 毫米之间的细石叶 22 件。工具 13 件，多为以石叶或细石叶制成的尖状器、刮削器等。发掘者认为遗址中存在细石叶技术但还不够成熟，更接近于石叶技术，或者是石叶技术的小型化。

根据对第③层两件动物骨骼的碳十四测定，其年代为 23680 ± 170a BP、23610 ± 80a BP（未校正），校正后年代均约为距今 28000 年（表 3.1）[1]。

---

[1] 吉林大学考古学院、黑龙江省文物考古研究所、中国科学院古脊椎动物与古人类研究所：《黑龙江龙江县西山头旧石器时代遗址试掘简报》，《考古》2019 年第 11 期。

表 3.1　中国北方早期细石叶技术遗存的碳十四年代

	遗址名称，取样位置	测年材料	编码	绝对年代（未校正）	参考文献
1	西山头	骨	17LXG：1	23680 ± 170	吉林大学考古学院等，2019
	西山头	骨	17LXF：1	23610 ± 80	吉林大学考古学院等，2019
2	西沙河，③A 层	炭	471485	22680 ± 80	Guan et al.，2020
	西沙河，③A 层	骨	397247	22800 ± 90	Guan et al.，2020
	西沙河，③A 层	骨	397241	22690 ± 90	Guan et al.，2020
	西沙河，③A 层	骨	377941	23070 ± 90	Guan et al.，2020
	西沙河，③B 层	骨	397255	24430 ± 100	Guan et al.，2020
	西沙河，③B 层	骨	471486	24200 ± 90	Guan et al.，2020
	西沙河，③B 层	鸵鸟蛋皮	377942	24830 ± 120	Guan et al.，2020
3	柿子滩遗址 S29 地点，第⑥层	炭	BA10487	20500 ± 100	宋艳花，2011
	柿子滩遗址 S29 地点，第⑥层	骨	BA10488	18090 ± 70	宋艳花，2011
	柿子滩遗址 S29 地点，第①层	骨	BA10129	11175 ± 60	宋艳花，2011
4	龙王辿，第④层	炭	BA06005	21405 ± 75	Zhang et al.，2011
	龙王辿，第④层	炭	BA06006	20915 ± 70	Zhang et al.，2011
	龙王辿，第④层	炭	BA06009	20995 ± 70	Zhang et al.，2011
	龙王辿，第④层	炭	BA091131	20710 ± 60	Zhang et al.，2011
	龙王辿，第⑤层	炭	BA06008	21920 ± 80	Zhang et al.，2011
	龙王辿，第⑤层	炭	BA06007	21740 ± 115	Zhang et al.，2011
	龙王辿，第⑤层	炭	BA091132	22105 ± 50	Zhang et al.，2011
	龙王辿，第⑤层	炭	BA091133	22200 ± 75	Zhang et al.，2011
	龙王辿，第⑥层	炭	BA091129	24145 ± 55	Zhang et al.，2011
	龙王辿，第⑥层	炭	BA091130	22230 ± 55	Zhang et al.，2011
5	下川	炭	ZK – 417	23900 ± 1000	社科院考古所，1978
	下川	炭	ZK – 393	20700 ± 600	社科院考古所，1978
	下川	炭	ZK – 384	21700 ± 1000	社科院考古所，1978
	下川	炭	ZK – 385	16400 ± 900	社科院考古所，1978
6	峙峪	骨	ZK – 109 – 0	28945 ± 1370	中科院考古所，1977
7	小南海	炭	ZK – 654	24100 ± 500	社科院考古所，1980
8	柴寺	贝壳	ZK – 635 – 1	26400 ± 800	社科院考古所，1980
	柴寺	炭	PV – 129	>40000	黎兴国等，1980

从目前公布的资料来看，西山头遗址的石叶石核仅有简单的预制，单一剥片面对向剥片。细石核也不经预制，形态似半锥形石核，剥片连续。根据现有材料和测年数据来看，西山头遗址对揭示细石叶技术的技术源头与扩散过程将有重要指示意义。

（二）西沙河遗址

西沙河遗址埋藏于河北省蔚县壶流河阶地堆积中，位于泥河湾盆地的边缘，地理坐标为 39°55′15.8″N，114°4.7′6.2″E，海拔 916.92 米。2013 年，由中国科学院古脊椎动物与古人类研究所、河北省文物研究所、蔚县博物馆组成的联合考古队开展发掘工作，获得石制品、动物骨骼、鸵鸟蛋皮等文化遗物，并提取了测年样品。

本次发掘面积约 30 平方米，区分出 8 个地质层位，文化遗物可划分为五个文化层。发掘过程中采用 5 厘米为一个水平层、有控制地发掘，用全站仪记录遗物三维坐标、用罗盘测量遗物产状，并采用 3 毫米筛子筛选土样，以全面获取信息。③A 层出土细石叶，伴生的动物骨骼风化严重，此外还发现一件鸵鸟蛋皮串珠。其下的③B 层则不含细石器，属华北地区传统的石核 – 石片技术体系。

西沙河遗址③A 层出土的石制品包括石核、细石核、石片、细石叶，此外还有端刮器等各类工具，其中端刮器多以长石片或似石叶石片为毛坯，制作规范。从 18 件细石核上可见顺序剥片的长直、平行阴疤，台面有明显预制特征。总体上，细石核的尺寸和形态并不十分规范。细石叶多为不完整者，残存近端、中段，宽度变异范围大。

研究者对西沙河遗址③A 和③B 两个层位进行了 AMS 碳十四测年（表 3.1），结果显示，古人类大约于距今 2.7 万年前生活于③A 层，而③B 层年代约为 2.8 ~ 2.9 万年[①]。

西沙河遗址是华北地区出土细石叶技术产品最早的遗址之一。细石核和细石叶形态均显示，该遗址的细石叶技术并不是发达的细石叶技术体系，标准化程度不高

---

① Guan Y，Wang XM. Wang FG，et al. Microblade remains from the Xishahe site，North China and their implications for the origin of microblade technology in Northeast Asia. *Quaternary International*，2020，p. 535.

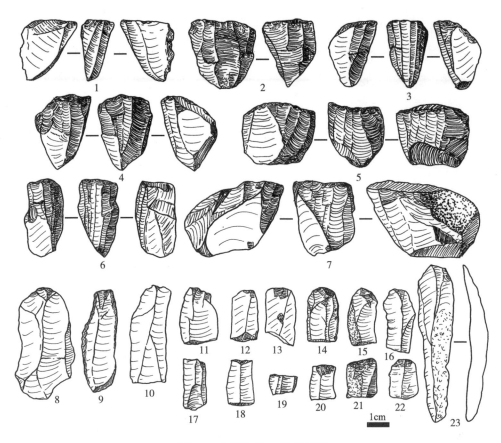

图 3.3　西沙河遗址的石制品

1~7. 第③A 层细石核；8~23. 第③A 层石叶－细石叶

（图 3.3）。旧石器时代晚期末段遗址出土的细石核多以压制法用以生产细石叶，但西沙河遗址的细石核阴疤形态不似压制产生，更似软锤技术产品。

（三）柿子滩遗址

柿子滩遗址位于山西省临汾市吉县清水河流域的中下游，1980 年发现后经过了多次调查与发掘，一共发现包括 S1、S9、S12、S14、S29 在内的六十多个地点，其中旧石器时代晚期的遗址年代从距今 2.9 万年一直延续到全新世之初，以 S29 地点的年代为最早。

2009 年 3 月至 2010 年 10 月，由山西大学历史文化学院和山西省考古研究所组成的柿子滩考古队对 S29 地点开展发掘。本次发掘总面积 1200 平方米，发掘深度 15 米，自上而下共发现八个文化层。第①~⑥文化层为河相沉积，厚度 0.3~1.8 米不等，文化层之间有 0.5～1.5 米不等的文化沉积间断。第⑦～⑧层属于黄土沉积，两层间没有明显地层界限。共清理出文化遗物 8 万余件，火塘 285 处，多数火塘周边分布石制品、化石、蚌壳和鸵鸟蛋壳穿孔装饰品、研磨石及磨盘等原生埋藏的文化遗物。这些火塘分布在第①～⑦文化层中，第⑧文化层不见用火迹象。第②～③层的火塘底面铺砂岩石板，底面略内凹，为精心铺造而成。

S29 地点共出土石制品 7 万多件，原料以燧石为主，其次为石英岩。第⑧文化层只见华北地区传统的硬锤直接剥片产生的石核、石片、断块、碎屑、研磨器及少量权宜加工、形态不规整的刮削器。但是从第⑦文化层开始，出现了明显的技术变化。该层出土 4 万余件石制品，包括 23 件细石核、石叶 31 件、细石叶 2489 件、磨石 3 件、磨盘 5 件，细石核技术形态有半锥形、半柱形、柱形，保留明显的细石叶阴疤。与第⑧文化层的工具相比，第⑦文化层的刮削器、端刮器等工具类型均表现出毛坯选择更优化、工具加工更规整、形态特征更规范等特征（图 3.4）。

第⑥文化层延续细石叶技术传统，但是石器技术较第⑦文化层有明显变化，主要表现为细石核技术形态为以船形石核为主、少量半锥形石核。第⑤～①文化层中则只见船形石核，不见其他细石核技术形态。这六个层位中出土的尖状器、端刮器等工具类型均表现为有挑选的毛坯选择、相对规整的修理、形态特征规范，展现了与中国北方地区传统石器技术遗存显著的不同。

研究者对 S29 地点各个文化层进行了详细、系统的年代测定，测年样品为木炭或骨头，共测得 41 个 AMS 碳十四数据。结果显示，文化堆积大致介于约距今 29000～13000 年（校正后年代）。第⑧文化层的年代可早至约距今 28524～27925 年，距今 26000～24000 年已逐渐进入到第⑦文化层。整体看，第⑦文化层至第②文化层的相邻文化层之间，年代互有交叉，呈现逐渐过渡状，总体年代介于距今 24500～18000 年，处于末次冰期最盛期。第①文化层为距今约 13152～12852 年，与第②文化层之间形成较长时间的文化堆积间断[1]。

---

[1]　山西大学历史文化学院、山西省考古研究所：《山西吉县柿子滩 S29 地点发掘简报》，《考古》2017 年第 2 期。宋艳花：《山西吉县柿子滩遗址石英岩石制品研究》，博士学位论文，中国科学院研究生院，2011 年，第 195 页。

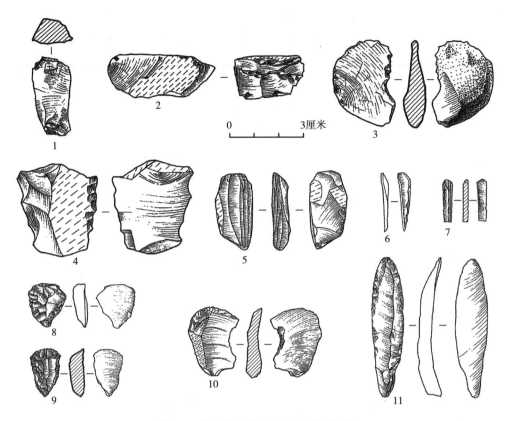

图 3.4　柿子滩遗址 S29 地点的石制品

1、2. 第⑧文化层石核；3、4. 第⑧文化层刮削器；5. 第⑦文化层细石核；6、7. 第⑦文化层细石叶；
8～11. 第⑦文化层端刮器

　　柿子滩遗址 S29 地点中国最早期的含细石器产品的遗址之一，保存了连续的地层堆积，不同文化层中有差异性的石器技术，从第⑧文化层华北地区传统的石核－石片技术，到第⑦文化层半锥形、半柱形、柱形石核多种形态并存的细石叶技术，到第⑥文化层船形石核为主、少量半锥形石核，到第⑤～①文化层中则只见船形石核、不见其他细石核技术形态，柿子滩遗址 S29 地点显示了清晰的细石叶技术萌生及发展过程，为解读中国细石叶技术的源流提供重要资料。由于该地点发掘面积大，在发掘过程中发掘者全面、精细地对遗址信息进行更为全面地提取，便于我们更全面了解该时段文化遗存面貌，解读不同文化层阶段的人类适应策略与差异。

　　S12 地点包括 A～G 共 7 处遗址点，在多个位置发现细石器遗存。S12A 共发掘

75 平方米，150 厘米的文化层厚度，出土动物化石、石制品、蚌质穿孔装饰品、赤铁矿颜料、用火遗迹等共五千余件，有典型的船形石核，碳十四年代为 16050 ± 160、18180 ± 270 年（未校正）。S12C 发掘面积 50 多平方米，出土动物骨骼、石制品共 483 件，船形石核典型，碳十四年代为 19375 ± 60 年（未校正）。A 和 C 两处遗址点仅相隔 2 米，根据地层和遗物产出情况，二者实际上是相连的同一处遗址[①]。

S14 地点是柿子滩遗址中另一个以细石叶技术为主导的地点。自上而下共有四个文化层，25 平方米的发掘面积中共出土用火遗迹 17 处，石制品、动物化石、烧石、烧骨、蚌片、磨盘等四千余件。多数火塘为一次性的，堆积薄。3 处火塘周边有砂岩石块分布，石块表面有火烧痕迹。其石制品组合有小型端刮器、刮削器、尖状器、琢背刀、研磨工具、细石核、细石叶等，大量存在的燧石碎屑是压剥技术的副产品。第①文化层出土遗物数量极少，无法从中解读详细文化信息。第②文化层有细石核 20 件，均为船形石核，还有 1 件磨盘。第③文化层有船形石核 4 件，磨盘 1 件。第④文化层 2 件船形石核、2 件磨盘。校正后的 AMS 碳十四数据显示，第②文化层为距今 18611 ~ 17901 年，第③文化层为距今 21150 ~ 19550 年，第④文化层为距今 23021 ~ 22353 年[②]。

柿子滩遗址 S5 地点有自上而下的四个文化层，约 800 平方米的发掘面积中清理出用火遗迹 3 处，石制品、化石等遗物 1813 件。处于最上部的第①文化层石制品 194 件，含 1 件漏斗状细石核。第②文化层出土石制品 797 件，主要分布于两处火塘周边。细石核均被划分为船形石核。第③文化层的 278 件石制品分布于火塘东南侧近 70 平方米范围内，无细石器。第④文化层的 377 件石制品集中分布于 15 平方米，包括船形石核 3 件、3 件制作精美的端刮器。发掘者对遗址分别进行了 AMS 碳十四年代测定，第①文化层为 9220 ± 50a BP，第②文化层为 16580 ± 50、16980 ± 70a BP，第

① 赵静芳：《柿子滩遗址 S12 地点发现综述》，北京大学考古文博学院：《考古学研究（七）——庆祝吕遵谔先生八十寿辰暨从事考古教学与研究五十五年论文集》，北京：科学出版社，2008 年，第 223 ~ 231 页。

② 柿子滩考古队：《山西吉县柿子滩旧石器时代遗址 S14 地点 2002 ~ 2005 年发掘简报》，《考古》2013 年第 2 期。

④文化层为 16300±60、17940±80a BP，校正后第①文化层约距今 10400 年，第②文化层约距今 20000 年上下，第④文化层约距今 20000～21500 年①。

该地点第②、④文化层的细石核均被划分为船形石核，但是两个层位的细石核特征有一定差异。出土于第②文化层的船形石核上可见楔形石核的技术特征，例如石核 S5：136，台面非砾石面、节理面或石片腹面，剥片面窄，石核体上有从底缘向台面预制核体的片疤，使石核底部形态呈刃状，这与一般船形石核从台面向下的修型预制不同。S5：185 细石核也显示了对台面、核体的似楔形石核般的预制。S5：196 的台面为节理面，对核体的预制以自上而下的修型为主，但底缘的特殊处理明显，有几个连续的自下而上的剥片使底部形成汇聚的底缘形态。上述现象在年代更早的第④文化层中不见。这种对石核核体、底缘处理方式的转变为探讨楔形石核技术类型的出现提供可能。

研究者将第③文化层中 2 件较为大型的石制品划分为砍砸器，但其尺寸与特征均与锛状器较为接近。此类材料的出现与识别，在探讨中国北方地区锛状器技术的适应意义中将发挥作用。

S1 地点分为两个文化层。下文化层出土粗大的打制石制品 12 件和 1 件性质不明的槽型砾石；上文化层包括细石器产品 755 件，打制石器 1020 件，磨盘及磨石等砾石石器 18 件，另有少量蚌饰、赤铁矿石等；发现十种动物骨骼化石，其中最多的是羚羊，共有数百枚羚羊牙齿。细石核以楔形石核和船形石核为主，另有部分锥形石核和漏斗形石核；楔形石核工艺类型属下川技法；打制类工具中有 49 件矛头类尖状器、12 件石镞，其中 8 件梭形双尖矛头类尖状器的两端锐尖、底面平坦、腹部隆突、两边对称，加工极为精致。打制石器的原料主要是黄河漫滩随处可见的石英岩；细石叶技术的原料则以燧石为主。磨盘的磨面平坦但无磨痕，中间留有一片砸击遗留的斑痕，磨面及上部边缘均被赤铁矿石染成暗红色，说明该磨盘可能是用于敲砸、研磨赤铁矿石之用。该地点的碳十四年代约为 18～11cal ka BP②。

---

① 柿子滩考古队：《山西吉县柿子滩旧石器时代遗址第五地点发掘简报》，《考古》2016 年第 4 期。

② 山西省临汾行署文化局：《山西吉县柿子滩中石器文化遗址》，《考古学报》1989 年第 3 期。宋艳花：《山西吉县柿子滩遗址石英岩石制品研究》，博士学位论文，中国科学院研究生院，2011 年，第 195 页。

S9 地点自上而下分为八个自然层，其中第①、③、④层有遗物出土，共有文化遗物 2359 件。第③、④层出土遗物在文化特征上没有明显区别。石制品原料以各色燧石为主，占 70%；石英岩次之，占 23%。出土石制品类型丰富，包括石核、石片、细石核、细石叶、工具类等共 1646 件，石磨盘和石磨棒各 2 件，颜料块和研磨石各 1 件。楔形石核工艺类型属于下川技法 3 型，台面角接近为直角。在 2001 年发掘中从第 2 层黑垆土下部发现临时性的小面积火塘。该地点的磨盘与 S1 地点用于敲砸、研磨赤铁矿石的磨盘的大小和形状相似，表面有集中的砸击坑，不排除研磨颜料的可能。沿长径的横截面呈马鞍形，有长时间大面积平行摩擦所致的痕迹，推测是与截面近三角形的磨棒配套使用加工植物资源所用，似预示着柿子滩遗址中原始农业的起源。碳十四测年显示遗址年代约 13.8 ~ 8.5cal ka BP[①]。

除细石核形态构成不同之外，S1 地点与下川遗址的文化内涵表现了较强的一致性。S1 地点的细石核以楔形石核为主，技术类型具有特色。S1 地点发现的动物骨骼中，羚羊占有绝对比重，与大量狩猎用的石镞、矛头类尖状器互为呼应。S9 地点楔形石核工艺类型接近为下川技法 3 型，未发现石镞、锛状器等器型，仅有 1 件疑似矛头类尖状器，打制类工具数量少且修理不尽精美。S1、S9、S29 地点发现颜料块、磨盘上残留赤铁矿粉等。以往的研究中，往往直接将磨盘、磨棒等器物与植物资源的利用相联系，这些残留说明磨盘、磨棒也可能用于研磨颜料。染色行为的广泛存在表明旧石器时代晚期人类行为已经有高度一致的现代性。

（四）龙王辿遗址

龙王辿遗址位于陕西省宜川县壶口镇龙王辿村北约 580 米处的黄河二级阶地上，地理坐标为 36°09′74″N，110°26′31″E，包括第 1 地点和第 2 地点两处地点。2005 ~ 2009 年，由中国社会科学院考古研究所和陕西省考古所组成的考古队先后 7 次对第 1 地点展开发掘工作，出土石制品、动物骨骼 30000 余件，并发现火塘及石制品密集分布区域 20 余处。

第 1 地点从上而下可以划分为六层，以西壁为例，地层沉积情况如下：

① 柿子滩考古队：《山西吉县柿子滩遗址第九地点发掘简报》，《考古》2010 年第 10 期。宋艳花：《山西吉县柿子滩遗址石英岩石制品研究》，博士学位论文，中国科学院研究生院，2011 年，第 195 页。

第①层：灰褐色土，质地松软，厚0.3～0.45米，包含有较多的草本、木本植物根系，为表土层；

第②层：灰黄色土，质地较松软，厚0.2～0.4米，包含有瓦片、铁钉和较多的大小不等的砾石块；

第③层：黄褐色土，质地松软，厚0.7～1.3米，包含有瓦片、铁钉等近代遗物和打制石器、细石器、烧骨、炭屑、石块等；

第④层：浅黄色土，质地细密，较硬，由致密的浅黄色粉砂组成，没有可辨别的层理，在剖面上该层的顶面界线清楚。厚0.8～1.1米，包含有石器、烧骨、炭屑、石块等；

第⑤层：黄色土，含砂量稍多，较松软，厚0.6～0.9米，包含有石器、烧骨、炭屑、石块等；

第⑥层：黄褐色土，质地细密，含砂量较多，较硬，厚1.1～1.4米，上部包含石器、烧骨、炭屑、石块等。

据上述地层情况可知，第④～⑥层为旧石器时代晚期文化层，这几个层位均发现因加工石器形成的石制品密集分布区。这三个文化层虽然有细微的沉积差异，但均属典型的马兰黄土堆积。石制品原料多为河滩砾石，包括燧石、石英、脉石英、页岩、硬质砂岩等，类型包括打制石器、细石核、细石叶、石器、数量较少的磨盘、研磨石和装饰品等。打制石器数量少、加工简单，以脉石英或硬质砂岩为原料；细石核的原料主要是燧石和石英，结合形状与技术两方面因素，龙王辿遗址第1地点的细石核主要可以分为锥形、半锥形、楔形、柱形、船底形等不同的类型形态，以锥形为最多，其次是半锥形和柱形石核，楔形石核的数量极少。磨盘平面呈长方形或不规则的圆形，周边琢打成形，中部有因研磨使用而形成的近圆形凹痕。

通过对遗址第④～⑥层的10个炭屑进行AMS碳十四测年，对比15个光释光测年数据，第一地点的第⑥、⑤和④层堆积物的堆积时间分别是29000～26000，26000～25000，25000～21000a BP（表3.1、3.2）。龙王辿遗址第1地点细石器遗存分布于第⑥层的上部和第⑤、④层，在遗址剖面上显示为沉积粒度从下而上逐渐变大。综合地层与测年数据，发掘者认为该遗址细石叶技术的绝对年代为26000～

21000a BP[①]。

表 3.2　中国北方早期细石叶技术遗存的光释光年代

	遗址名称，取样位置	测年材料	编码	年代（ka）	参考文献
1	龙王辿，第④层	细粒石英	L1387	21.4 ± 1.1	Zhang et al.，2011
	龙王辿，第④层	细粒石英	L1388	23.0 ± 1.0	Zhang et al.，2011
	龙王辿，第④层	细粒石英	L1389	26.8 ± 1.2	Zhang et al.，2011
	龙王辿，第⑤层	细粒石英	L1390	24.2 ± 1.0	Zhang et al.，2011
	龙王辿，第⑤层	细粒石英	L1391	22.6 ± 1.0	Zhang et al.，2011
	龙王辿，第⑤层	细粒石英	L1392	22.8 ± 1.1	Zhang et al.，2011
	龙王辿，第⑤层	细粒石英	L1393	23.1 ± 1.1	Zhang et al.，2011
	龙王辿，第⑤层	细粒石英	L1394	25.2 ± 1.3	Zhang et al.，2011
	龙王辿，第⑥层	细粒石英	L1395	25.6 ± 1.2	Zhang et al.，2011
	龙王辿，第⑥层	细粒石英	L1396	25.1 ± 1.2	Zhang et al.，2011
	龙王辿，第⑥层	细粒石英	L1397	25.8 ± 1.2	Zhang et al.，2011
	龙王辿，第⑥层	细粒石英	L1398	28.7 ± 1.4	Zhang et al.，2011
	龙王辿，第⑥层	细粒石英	L1399	27.7 ± 1.3	Zhang et al.，2011
	龙王辿，第⑥层	细粒石英	L1400	28.6 ± 1.3	Zhang et al.，2011
	龙王辿，第⑥层	细粒石英	L1401	28.8 ± 1.4	Zhang et al.，2011
2	油房，上文化层	细粒石英	不详	14 ± 4	长久恒人等，2009
	油房，上文化层	多矿物	不详	14 ± 3	长久恒人等，2009
	油房，下文化层	细粒石英	不详	16 ± 3	长久恒人等，2009
	油房，下文化层	多矿物	不详	16.2 ± 2	长久恒人等，2009
	油房，文化层（2.1m）	中粒石英	L2304	26.6 ± 2.1	Nian et al.，2014
	油房，文化层（2.5m）	中粒石英	L2305	25.1 ± 2.0	Nian et al.，2014
	油房，文化层（2.9m）	中粒石英	L2306	29.2 ± 2.0	Nian et al.，2014

---

① 王小庆、张家富：《龙王辿遗址第一地点细石器加工技术与年代——兼论华北地区细石器的起源》，《南方文物》2016 年第 4 期。中国社会科学院考古研究所、陕西省考古研究院：《陕西宜川县龙王辿旧石器时代遗址》，《考古》2007 年第 7 期。Zhang JF，Wang XQ，Qiu WL，et al. The Paleolithic site of Longwangchan in the middle Yellow River，China：chronology，paleoenvironment and implications. *Journal of Archaeological Science*，2011，38.

龙王辿遗址是目前中国发现的含典型细石叶技术产品年代最早的遗址之一，所处时段相当于氧同位素三阶段晚段到二阶段早段，是末次冰期的一个较为干冷的阶段，冬季风显著加强。研究者较笼统地介绍了龙王辿第 1 地点的细石核主要可以分为锥形、半锥形、楔形、柱形、船底形等不同的类型形态，却未能根据不同文化层做更详细的介绍，对我们更细致地了解细石核的技术类型变化有挑战，但是龙王辿遗址与柿子滩遗址直线距离不足 15 公里，二者年代上有大幅度重合，可互为参照。总体上，龙王辿遗址第 1 地点的石器生产技术成熟、稳定，暗示了细石叶技术的起源应该在年代更早的遗址中。该遗址仅有少量打制类工具，加工简单，少量修整刃部，细石核形态以锥形、半锥形和柱形石核为主，几乎不见楔形石核，又显示出其石器工业的总体结构与虎头梁遗址等旧石器时代晚期末段遗址存在差异。

（五）下川遗址

下川遗址位于山西省沁水县下川地区，包括富益河圪梁和水井背等 16 个地点。遗址出土数以万计的石制品，包括打制石器、细石叶技术产品、磨盘和磨棒等研磨工具等。总体上看，细石器产品主要是用燧石以间接法打制而成，粗大石器则主要用砂岩、石英岩等以直接法打制，这些原料在下川的河滩上俯拾皆是。

根据岩性，研究者将下川上更新统自上而下划分为五层，其中最上层的灰褐色亚黏土层属上文化层，含丰富的细石器产品、少量粗大石器、炭屑及动物骨骼残片；第②层为褐红色亚黏土层，第③层是微红色亚黏土层，二者皆属下文化层，本层中上部含打制的粗大石器和炭屑等[1]。

下川遗址的细石核以锥形石核、半锥形石核为主，楔形石核、柱形石核、漏斗形石核等数量相对少。楔形石核虽仅占 15.5%，但楔状缘及台面的预制理想，石核形态较一致，为连续、稳定剥片提供保障，显示了较高的预制技术。下川遗址的楔

---

[1] 王建：《关于下川遗址和丁村遗址群 7701 地点的时代、性质问题——与安志敏先生讨论》，《人类学学报》1986 年第 2 期。王建、王向前、陈哲英：《下川文化——山西下川遗址调查报告》，《考古学报》1978 年第 3 期。

形石核台面或由一侧向另一侧修理，或以天然面为台面，在核体较厚的一端剥片，台面角始终呈较小的锐角，其工艺类型属于下川技法 1 和 2 型。

下川遗址的 27 件磨盘均发现于上文化层，部分磨盘的形制与龙王辿遗址的出土物较相似，中间由于多次旋转式研磨而下凹成圆坑。另有一件磨盘上有浅而长的凹槽，吕烈丹根据澳大利亚的民族学材料推测，这类磨盘是用来加工植物资源的①。下川遗址的打制类工具制作精美，在多种式样的琢背小刀、雕刻器、刮削器之外，还有多件石镞、锛状器。圆底石镞的尖端向一边歪斜、通体压制、两边汇聚为锐尖，部分石镞的两面性、对称性极佳。两面加工的尖状器是由厚石片经两面修理而成，两边和两尖均较薄而中间厚，而扁底的三棱形矛头类尖状器尖部锐利，底边修薄，以便于装柄狩猎。这种底部修薄的形态是为了与木柄结合，应视之为狩猎枪头，其功能可能与虎头梁遗址的石矛头是一致的。

早年公布的该遗址上文化层的碳十四测年数据一共有四个，校正后为距今 28 ~ 19ka②（表 3.1）。由于所测定的年代跨度大、重合度小、误差大，遗址的地层也存在原生与否的争议，该年代结果引发学术界的一些争论③。由于目前公布的信息是把不同地点、不同层位的材料混合在一起，学术界对下川遗址的文化内涵和年代均存在很大争议。2014 ~ 2015 年，北京师范大学历史学院与山西省考古研究所组成联合考古队，对下川遗址重新做了一次发掘，其中在小白桦圪梁地点取得了较大收获。

小白桦圪梁地点的地层自上而下可分为四大层，第一层为表土层；第二层包括第②层和③A 层，年代为距今 27000 ~ 25000 年，以 26000 年最为集中；第三层包括③B 层和第④层，年代为距今 30000 年；第四层包括⑤ -1 和⑤ -2 层，红色黏土层，未见底。

---

① Lu TLD. *The transition from foraging to farming and the origin of agriculture in China*. Oxford：British Archaeological Reports，1999.

② 社科院考古所：《放射性碳素测定年代报告（五）》，《考古》1978 年第 4 期。

③ 安志敏：《中国晚期旧石器的碳 -14 断代和问题》，《人类学学报》1983 年第 4 期。王建：《关于下川遗址和丁村遗址群 7701 地点的时代、性质问题——与安志敏先生讨论》，《人类学学报》1986 年第 2期。

本次发掘小白桦圪梁地点共 90 平方米，出土石制品 2776 件，含第一层 1184 件、第二层 1166 件、第三层 426 件，原料均以黑色燧石为主。第一层包括细石核 42 件，技术形态有锥形、半锥形、船形、楔形等，船形石核有 26 件。此外还有锤击石核、石片、石叶、细石叶、圆头刮削器、边刮器、断块等。第二层出土细石核 32 件，包括锥形石核 5 件、半锥形石核 3 件、船形石核 14 件、楔形石核 6 件、双台面细石核 1 件、残细石核 3 件，楔形石核不甚典型。除细石核外，其他石制品构成与第一层相似，比例略有差异，但应是打片过程中的正常偏差。第三层与前两层有明显差异，表现在不见任何细石叶技术产品，石制品构成仅见华北地区传统的锤击石核、石片，工具的构成也显得单调，除少量刮削器外，其他工具类型为数不多①。本次发掘未发现锛状器、矛头尖状器、研磨类工具等器物，以往关于下川遗址报导的此类器物，可能为更晚阶段的产物，也可能是受遗址功能影响，发掘部位不包括此类器物。不过结合柿子滩 S29 地点的情况而言，属于更晚阶段的可能性更大。

总体而言，小白桦圪梁地点第一层和第二层石制品数量均很丰富，但由于第一层受晚期扰动较大，第二层的层位属原生层位，更能客观反映石器技术面貌。小白桦圪梁地点的地层、文化构成与遗址年代均与柿子滩 S29 地点有相似性，对揭示细石叶技术的起源将同样起到举足轻重的作用。

（六）油房遗址

油房遗址位于河北省阳原县大田洼乡油房村南 500 米，地理坐标为 40°14′N，114°41′E。1986 年，河北省文物研究所与阳原县文保所联合做了试掘工作，试掘面积 28 平方米，获得石制品 697 件，另有碎屑、废片等近三千件及少量哺乳动物化石。文化遗存出土于遗址第②层的中上部，该层厚达 6.5 米，是浅黄色粉砂质黄土，可见薄灰烬层、烧土块、烧骨等。石制品以普通锤击石核、石片数量占绝对比重，细石核仅 13 件、细石叶 92 件。细石核包括楔形石核 8 件、船形石核 2 件、柱形石核 3 件。工具多由石片、细石叶加工而成，制作小巧精致，修疤平整，刃缘平齐，类型

---

① 北京师范大学历史学院、山西省考古研究所：《山西沁水下川遗址小白桦圪梁地点 2015 年发掘报告》，《考古学报》2019 年第 3 期。

包括端刮器、边刃刮削器、尖状器、雕刻器、琢背小刀、石锤等[1]。

先后有两批关于油房遗址的光释光测年数据被公布（表 3.2）。长久恒人等利用地层中沉积的细粒石英和多矿物分别对上、下文化层测年，分别得到 14ka 和 16ka 的数据[2]。因特定环境下细粒石英信号存在过分衰减的可能性导致年代数据偏年轻，这一数据被质疑。年小美等人于 2014 年再次发表利用单片再生剂量法对中粒石英测定的数据，新数据将文化层指向 25～29ka[3]。

油房遗址的材料丰富，有成熟的细石叶技术体系，也有很好的测年序列。不过，美中不足的是，受当时发掘和记录方法的限制，未能在发掘中严格控制地层和记录遗物坐标，导致厚达 1.2 米文化层的遗物混杂在一起。根据细石核的技术特征，将所有石制品划分为一个文化层并不合适，特别是一些楔形石核，显示了发达、成熟的剥片程序，并不属于华北地区最早阶段的细石叶技术。后续的测年中，长久恒人等对所谓上、下文化层的取样是在野外对剖面的观察而划分的，并不具有实际的分层意义。年小美公布的测年数据则存在年代跨度大、不够精细的情况。近年来，河北师范大学等机构对油房遗址做了进一步发掘和年代测定，但遗憾的是目前尚未公布相关信息。参照柿子滩遗址 S29 地点、下川遗址和龙王辿遗址，笔者认为将油房遗址细石器遗存的最早年代定在 2.6～2.7 万年上下较为稳妥。

（七）西施遗址

西施旧石器遗址位于河南省郑州市登封大冶镇西施村村南，地理坐标为 34°26.388′N，113°13.202E′，根据地理位置划分为东、西二区，二者相距 150 米。2010年夏季，北京大学考古文博学院与郑州市文物考古研究院对西区联合开展考古发掘，揭露面积近 50 平方米，出土石制品八千余件，地层剖面自上而下划分为：

第①层：灰黑色现代耕土层，含近现代陶片、瓷片等；

第②层：粉砂质黏土，根据土质土色和包含物可进一步分为三个亚层：

---

[1]　谢飞、成胜泉：《河北阳原油房细石器发掘报告》，《人类学学报》1989 年第 1 期。

[2]　长久恒人、下冈顺直、波冈久惠等：《泥河湾盆地几处旧石器时代文化遗址光释光测年》，《人类学学报》2009 年第 3 期。

[3]　Nian XM, Gao X, Xie F, Zhou LP. Chronology of the Youfang site and its implications for the emergence of microblade technology in North China. *Quaternary International*, 2014, 347.

②a：偏棕红色粉砂质黏土，不见文化遗物；

②b：灰黄色粉砂质黏土，含零星燧石制品；

②c：灰黄色粉砂质黏土，距地表 250～280 厘米深度出土大量石制品，分布密集；

第③层：灰黄色黏土质粉砂，不见文化遗物。

石制品长轴和倾向均较分散，基本无风化或模式迹象，可拼合的几组石制品水平深度差异小，应属原地埋藏。石制品种类包括石锤、普通锤击石核、石叶石核、细石核、石片、石叶、细石叶、工具、断块、碎屑及人工搬运的燧石原料等，综合来看，遗址属于石器加工场的特点。石制品原料以燧石占比超过 95%。石叶石核共 62 件，多呈柱状或板状，一个固定台面连续剥片。石叶共有两百余件，发现为数不少的鸡冠状石叶，是解析石叶生产流程的关键证据。细石核也呈柱状，仅有 3 件。由于石叶与细石叶产品特征上难以区分，研究者从尺寸上作出区分，共有 82 件标本被界定为细石叶，其保存情况与石叶相同，多是带厚背脊或曲度较大。

从西区第②c 层采集的三个碳样用于碳十四测年，研究者较笼统地公布为距今 22000 年左右，校正后 25000 年，且与同层光释光测年数据相仿[1]。

2017 年，上述单位再次对西施遗址东区开展考古发掘，此次发掘面积约 40 平方米，共有编号标本 245 件，除从上部的石叶遗存相应层位获得一批石叶、细石叶技术产品外，还在第③层上部发现数量较多的非石叶技术产品。东区上部文化层与西区第②c 层可对应，第③层出土的简单石核–石片技术产品则弥补了西区的文化层缺失，这些发现使西施遗址的文化序列更为清晰、完整。东区石叶–细石叶技术层位的原料构成与西区不同，石英、燧石、砂岩的比重分别为 57%、20%、10%，石叶–细石叶技术产品均为燧石原料，没有利用石英的现象。东区下文化层石英、砂岩占比近 80%[2]。

总体来看，从西施遗址东区上文化层发现的石叶石核、细石核均不典型，这可

[1]　王幼平、汪松枝：《MIS3 阶段嵩山东麓旧石器发现与问题》，《人类学学报》2014 年第 3 期。

[2]　北京大学考古文博学院、郑州市文物考古研究院：《2017 年河南登封西施东区旧石器晚期遗址发掘简报》，《中原文物》2018 年第 6 期。

能受发掘区域的限制。结合西区的发掘成果，西施遗址显示了由简单石核－石片技术体系到石叶、细石叶技术体系的转变，这一转变过程是突发的。石叶技术与细石叶技术共生的现象，对于了解答细石叶技术起源将发挥重要作用。

（八）大地湾遗址

大地湾遗址位于甘肃省秦安县五营乡邵店村，地理坐标为 105°54′E，35°01′N，早期的工作发现了大地湾一至五期文化遗存，均属新石器时代：距今 7800 ~ 7300a 的大地湾一期，是原始旱作农业的代表，该层发现 1 件骨针残件；大地湾二至四期相当于仰韶文化早中晚期，有大量粟和黍[①]。2004 ~ 2006 年，考古工作者在对大地湾遗址的发掘中发现了从旧石器时代晚期延续到新石器时代的连续地层，遗址的年代扩展到距今 6 万年前，较完整地揭示了大地湾地区人类依次经历了原始采集狩猎、先进采集狩猎、早期农作物栽培和成熟农业 4 个不同的经济发展阶段，建立了中国北方人类由采集狩猎经济到旱作农业经济发展的基本过程。

白金格等人在其报道中将新发掘的大地湾遗址地层自下而上划分为六个文化层（表 3.3），情况如下。

第①文化层为距今 60 ~ 42ka，遗物均为中国北方传统的石器打制方法产生的石制品；

第②文化层距今 42 ~ 33ka，与第①文化层相同，该阶段遗物均为中国北方传统的石器打制方法产生的石制品；

第③文化层的年代为 33 ~ 20cal ka BP，发现极少量石制品，无细石叶技术产品，是人类活动的一个低潮期，很可能是由于末次盛冰期环境条件的恶化造成食物匮乏而导致人口减少或迁徙的；

第④文化层的年代为 20 ~ 13cal ka BP，遗物数量增加，暗示着该区域重新为人

---

① 甘肃省博物馆、秦安县文化馆大地湾发掘小组：《甘肃秦安大地湾新石器时代早期遗存》，《文物》1981 年第 4 期。甘肃省博物馆文物工作队：《1980 年秦安大地湾一期文化遗存发掘简报》，《考古与文物》1982 年第 2 期。甘肃省博物馆文物工作队：《甘肃秦安大地湾遗址 1978 至 1982 年发掘的主要收获》，《文物》1983 年第 11 期。甘肃省文物考古研究所：《甘肃秦安大地湾遗址仰韶文化早期聚落发掘简报》，《考古》2003 年第 6 期。甘肃省文物考古研究所：《秦安大地湾新石器时代遗址发掘报告》，北京：文物出版社，2006 年。郎树德：《甘肃秦安县大地湾遗址聚落形态及其演变》，《考古》2003 年第 6 期。

利用。该阶段的石制品仍以锤击法剥片技术为主，但细石器产品大量出现，在石制品中所占比重达到16%；

第⑤文化层年代是13～7cal ka BP，该阶段细石叶技术产品的比重一跃达到38%，同时新石器时代早期的陶器也有一定数量的发现，该层仅发现少量植物遗存；

第⑥文化层已经完全进入了新石器时代，年代为7～5.7cal ka BP，随着陶器产品的增多，细石叶技术已经淡出①。

表3.3　大地湾遗址遗物构成

文化层	①	②	③	④	⑤	⑥	
年代（cal ka BP）	60.0～42.0	42.0～33.0	33.0～20.0	20.0～13.0	13.0～7.0	7.0～5.7	合计
仰韶晚期陶片	*	*	*	*	5▲	117	122
半坡晚期陶片	*	*	*	4▲	25	325	354
大地湾期陶片	*	*	*	6▲	78	75	159
细石叶技术产品	*	*	3▲	43	291	10	347
打制石器	30	72	25	208	365	107	804
标本数量	30	72	25	261	764	634	1786
标本数/m³	10.2	36.2	8.1	54.9	124.3	273.7	

▲地层存疑，可能从地层裂隙或鼠洞中混入

大地湾遗址出土的细石器产品的尺寸极小，细石核的尺寸甚至不足中国其他地区所发现细石核尺寸的一半，均高10.6毫米，细石叶均长也仅有9毫米。该遗址古人类采用玉髓等优质的隐晶质原料为细石核，细石核周身布满细石叶疤，显示了古人类对该类原料的充分利用。这种优质原料尺寸小，在大地湾及周边的六盘山地区极为罕见；对河滩上广泛分布的石英砾石所采用的开发策略是传统的简单石核－石片打制技术。鉴于不同原料的不同开发策略，发掘者认为隐晶质原料可能是外来原料，正是因其稀缺性才导致人类在利用中的珍惜。研究者还推测大地湾的细石叶技

① Bettinger RL, Barton L, Morgan C. The origins of food production in North China: a different kind of Agricultural Revolution. *Evolutionary Anthropology*, 2010, 19. Bettinger RL, Barton L, Morgan C, et al. The transition to agriculture at Dadiwan, People's Republic of China. *Current Anthropology*, 2010, 51 (5).

术可能来自北方的宁夏和内蒙古地区，是伴随极端干旱和寒冷事件中人群的南迁而来的[①]。

在 2006 年的发掘报告中，研究者报道了在相当于人地湾遗址第⑥文化层的位置发现 12 件有刻槽的骨柄，其中 11 件为单边刻槽、能够镶嵌细石叶（图 3.5），是形制规整的骨柄石刃刀，仅有 1 件是双边刻槽的骨柄。骨柄由兽骨作为原材料，骨体侧缘刻出刃槽，刃槽内镶嵌细石叶为刃部，出土时大多数石刃已脱落。经鉴定的 7 件骨柄中，除 1 件为绵羊属胫骨外，其余均为马鹿与狍的掌骨或跖骨。骨柄的表面磨光，有些还刻有等距离的浅窝小圆点，边缘部位有等距离刻划的小锯齿，研究者推测大多骨柄可作为处理兽肉的刀具。该文化层出土的骨质工具中还包括 63 件骨针和 231 件骨镞。

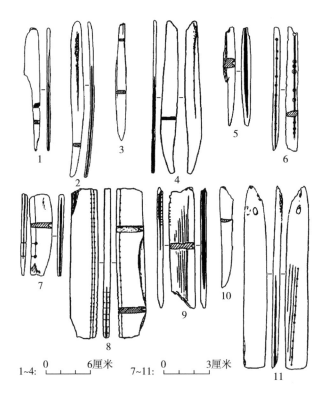

图 3.5 大地湾遗址第⑥文化层出土的骨柄

（采自甘肃省文物考古研究所：《秦安大地湾新石器时代遗址发掘报告》，2006 年，第 236、237 页）

---

① 张东菊、陈发虎、Bettinger RL 等：《甘肃大地湾遗址距今 6 万年来的考古记录与旱作农业起源》，《科学通报》2010 年第 10 期。

大地湾遗址的细石核数量少，因而目前并不能全面分析其工艺类型。遗址开发的延续时间长，清晰地展示了旧石器时代晚期由传统打制石器技术到细石叶技术萌芽、发展、衰落并进入新石器时代的全过程，骨柄石刃刀等工具类型的数量多，为讨论不同环境下人类的适应策略、细石叶技术的适应性及功能、早期农业起源等学术问题提供良好佐证。

（九）彭阳 03 地点

彭阳 03 地点位于宁夏回族自治区南部彭阳县白阳镇姚河村岭儿队，地理坐标为 106.64°E，35.83°N，发现于 2002 年。该地点地层剖面可划分为五个自然层，其中第③层为黄褐色马兰黄土层，文化遗存位于该层的底部。从石制品旁边获得的炭屑样品 AMS 测年数据为 18350 ± 70a BP，校正后约为距今 2.2 万年。该地点并未经过系统的发掘，仅从暴露的文化层中采集到 1 件细石核和 2 件细石叶，细石叶技术面貌上具有一定的原始性[①]。

（十）二道梁遗址

二道梁遗址位于河北省阳原县大田洼乡岑家湾村西南方约 2 公里处，地理坐标为 114°39′09″E，40°13′28″N，海拔 832 米，发现并发掘于 2002 年，发掘面积 31 平方米。

二道梁遗址的地层剖面自上而下划分为七层，其中第③层黄灰色粉砂层为文化层，含大量细石器、木炭和动物骨骼，厚 15～20 厘米。发掘共揭露出 A、B 两个文化遗物分布区，A 区中心密集区明显，发现 0.7 米×0.7 米的近圆形火塘一处，底部经反复烘烤已成烧土，灰烬层较厚，周围散布大量烧骨、石片、烧石、炭屑等。B 区与 A 区情况大致相同，但东部因地层被剥蚀而出露不完整。出土普通石核、石片、细石核、细石叶及碎屑等石制品共 1915 件，有很高的拼合率。原料主要是质地优良、品质细腻的燧石，古人类在选择石料时有目的地从节理发育的基岩石块中精选出高品质部分，小尺寸原料造成石制品的尺寸较小。细石核均为船形石核，以厚石片或带有石片疤的板状石块为毛坯，选择平坦面为台面，不对台面做修整预制，自台面向下周身调整预制，石核底端多不经处理，呈锐棱或小平面状，剥片时选择较宽阔

---

① 吉笃学、陈发虎、Bettinger RL 等：《末次盛冰期环境恶化对中国北方旧石器文化的影响》，《人类学学报》2005 年第 4 期。

的一端，也有两端剥片，甚至周边剥片的现象。船形石核台面宽阔平坦，剥片面呈倒三角形或梯形，由于其核体低矮，故而剥取的细石叶细矮、薄锐，该情况与柿子滩遗址 S29 地点的船形石核相似。近一半细石叶仅存近端和中段，可能是为了方便镶嵌复合工具。工具数量不多，仅 11 件，类型以雕刻器为主，按刃口形态及打法可分为斜刃、横刃和交叉刃角三类，修边斜刃雕刻器与相距不远的油房遗址、山西下川遗址的大量同类标本极其相似，暗示了这些遗址有一定的亲近关系。打制类工具虽然数量不多，但加工精致，修疤规整，排列密集有序。除此以外，还出土了一件残长 15.7 厘米、最大直径 1.5 厘米的磨制骨锥，为大型动物肋骨制作而成。出土的动物骨骼破碎，可鉴定的种属包括黄羊、鹿科和鸟类。二道梁遗址中未发现铤状器、矛头、石镞等类型，可能是由遗址的功能造成的。

该遗址位于东沟三级阶地上部，早于虎头梁文化，利用动物骨骼进行碳十四测得的年代为 18085±235a BP（未校正），属于旧石器时代晚期①。

（十一）孟家泉遗址

孟家泉遗址位于河北省玉田县城以东 3 公里的石庄村北，坐落在燕山南麓山前冲积扇南缘，因泉流而得名，泉水汇入荣辉河。地理坐标为 117°47′E，39°52′N，海拔 13 米左右。1990 年河北省文物研究所等文物部门组成发掘队展开正式发掘，发掘面积 151 平方米。

遗址自上而下可划分为五层，其中第③层富含石制品和动物化石、并有晚期遗物混入，第④层为出产石制品和动物化石的原生层位，第⑤层含少量动物化石。发掘出石制品总计 2.3 万余件，残片、断块、碎屑等占比达 64.7%，锤击石核不定型且长度变异范围在 20～153 毫米，砸击技法产品典型且有一定比例，细石核与细石叶数量较少。石质工具中，除常见的刮削器、尖状器等，较有特色的是几件呈梯形或三角形的铤状器②。目前仅有一个该遗址的绝对年代测定数值，为 17500±250a BP

① 李罡、任雪岩、李珺：《泥河湾盆地二道梁旧石器时代晚期遗址发掘简报》，《人类学学报》2016 年第 4 期。

② 河北省文物研究所、唐山市文物管理所、玉田县文保所：《河北玉田县孟家泉旧石器遗址发掘简报》，《文物春秋》1991 年第 1 期。

（未校正）①。

孟家泉遗址出土的细石器数量不多，从公布的器物线图特征看，有典型船形石核的特征，同时也有锥形－半锥形石核的特征。

（十二）石峡口第 1 地点

石峡口第 1 地点位于甘肃省张家川回族自治县川王乡石峡口村南侧，地理坐标为 106°10′31″E，35°07′58″N，海拔 1784 米。2015 年，中国科学院古脊椎动物与古人类研究所与甘肃省文物考古研究所开展试掘工作，清理剖面，揭露面积约 2 平方米，获石制品 406 件、动物化石 201 件、人类牙齿 1 件、串珠饰品 1 件及碎屑、碎骨等遗物，发现用火遗迹 2 处。

遗址所处剖面自上而下可分为六层，从第④层底部开始零星出土石制品和动物碎骨，第⑤、⑥层遗物丰富。研究者将之划分为两个文化层，分别称之为第一、二文化层。第一文化层包含锤击石核 3 件、细石核 9 件、细石叶 15 件、两面尖状器 6 件。细石核以楔形石核为主，两面尖状器加工精制，有的通体加工。第二文化层有锤击石核 4 件、细石核 14 件、细石叶 33 件、两面尖状器 1 件。虽然细石核形态上不乏不规则者，但楔形石核具特色②。无论从石器技术特征还是从遗物三维坐标在剖面投影的连续性来看，两个文化层的界限并不明显。

研究者从位于第一文化层的火塘中获取的木炭用于碳十四测年，四个数值分别为 15310 ± 55、14190 ± 80、14660 ± 60③、14410 ± 60④ a BP（未校正），校正后年代约为 17.2 ~ 18.5ka BP。

与中国北方其他细石叶技术为主导的遗址出土石制品的原料构成显著不同，石峡口第 1 地点的细石叶技术被大量运用到石英上，第一文化层 9 件细石核有 6 件为石英质地、第二文化层的 14 件细石核有 10 件为石英质地。石英硬度高、脆性大、节理

① 唐山市文物管理处：《唐山地区发现的旧石器文化》，《文物春秋》1993 年第 4 期。

② 任进成、周静、李锋等：《甘肃石峡口旧石器遗址第 1 地点发掘报告》，《人类学学报》2017 年第 1 期。

③ 李锋、陈福友、高星等：《甘肃省水洛河、清水河流域 2009 年旧石器考古调查》，《人类学学报》2011 年第 2 期。

④ Morgan C，Barton L，Bettinger RL，et al. Glacial cycles and Palaeolithic adaptive variability on China's Western Loess Plateau. *Antiquity*，2011，85（328）.

发育，与燧石、玛瑙相比并不是优质原料。从细石叶的原料构成来看，第一文化层1件石英质、10件燧石质，第二文化层8件石英、16件燧石。细石核与细石叶的原料构成发生颠倒，且石英质细石核的剥片面往往存在多个剥片失败所致的断坎，有些剥片很少甚至没有剥片即被废弃，说明石英的确不是适合细石叶技术的原料。究其原因，当由本地缺乏燧石、玛瑙等优质原料所致，古人类在区域间大范围流动过程中迫于无奈，对石英类原料尝试性剥制细石叶。

（十三）桃山遗址

桃山遗址位于黑龙江省伊春市小兴安岭南麓呼兰河畔桃山上，属小兴安岭和松嫩平原过渡地带。地理坐标为 128°12.643′E，46°54.765′N，海拔 241 米。2013~2014 年中国科学院古脊椎动物与古人类研究所与黑龙江省文物考古研究所联合发掘，揭露 36 平方米。研究者将桃山遗址自上而下划分为四层：第①层，耕土层，黑色腐殖土，含少量石制品，厚 10~20 厘米；第②层，棕黄色黏土质粉砂层夹少量细砂，含大量石制品、少量陶片和装饰品，厚 4~25 厘米；第③层，黑色含砂黏土质粉砂层，夹风化岩块，含大量石制品和少量陶片，厚 10~20 厘米；第④层，灰褐色含砂粘土质粉土层，大量夹杂风化岩块，少量石制品出土，厚 20~30 厘米。碳十四数据显示，第②层年代为 4535±35、4680±30、4760±30a BP，第③层为 12275±30、12580±50a BP，第④层 13860±40、13990±50、15750±50a BP（未校正），校正后分别约为距今 5500 年、1.4~1.5 万年、1.7~1.9 万年。光释光测年则将三个层位分别指向 8~7ka、11~9ka、13~12ka[1]。考虑到遗址地层较浅，且所处时段为更新世到全新世过渡期，碳十四测年方法可能更为可靠，故而本文采用碳十四数据。

第③层有锤击石核 2 件、细石核 8 件、锤击石片 1485 件、细石叶 59 件、鸡冠状石叶 19 件、斧形器与镈状器等各类工具 26 件，细石核均为楔形石核。第④层未发现石核类石制品，有 140 件石片、18 件细石叶、1 件鸡冠状石叶、2 件工具。研究者划分出的 1 件刮削器，从特征上看似为两面器。石制品未经风化，边缘锋利，以小型

---

① 常阳：《黑龙江省桃山遗址 2013 年发掘石制品初步研究》，硕士学位论文，中国科学院大学，2015 年，第 7 页。

和微型为主，第③、④层分别有 12、7 个拼合组①。

（十四）桦阳遗址

桦阳遗址位于黑龙江省伊春市南岔区，松花江一级支流汤旺河左岸二级阶地上，地理坐标为 129°29′80″E，47°3′52″N，海拔约 180 米，高出现今当地河面约 20 米。2012 年，黑龙江省文物考古研究所进行抢救性发掘，揭露面积 998 平方米。主发掘区位于遗址核心部位，发掘面积 555 平方米，自上而下可分为六层：第①层，耕土层，厚约 10 ~ 20 厘米；第②层，黄褐色砂质黏土层，含极少量粗砂，含大量石制品，厚约 10 ~ 20 厘米；第③层，褐色砂质黏土；第④层，黑色黏土，含大量石制品；第⑤层，粗砂夹黏土，上部土质疏松，呈深灰黄色，下部呈浅灰黄色；第⑥层，青灰色黏土，含大量石块。总体上，第③、④层和第⑤层上部出土大量石制品和少量陶片，分布连续且文化特征较为一致，第⑤层底部和第⑥层连续出土少量石制品。

从第②层、第④层采集木炭用于碳十四测年，数据为 5200 ± 25、12265 ± 35a BP（未校正）。第⑤层底部获取的木炭显示为 15170 ± 60、14857 ± 60a BP（未校正）。根据上述年代、地层分布和文化特征将该遗址自上而下划分为三个文化层位，第 2、3 文化层的校正年代分别约为距今 1.4 万年、1.8 万年，属本文讨论的材料。

主发掘区第 2 文化层有 25090 件石制品和少量陶片，其中包括 42 件锤击石核、2 件砸击石核、33 件石叶石核、2 件细石核、12209 件锤击石片、433 件石叶、12 件细石叶、138 件两面尖状器、43 件刮削器、3 件锛状器、2 件局部或通体磨光的石凿等。石叶石核是该遗址很重要的遗物类型，包括 14 件楔形者、8 件棱柱形者、1 件宽面者，细石叶石核则均为楔形石核。石制品未经磨蚀，有 68 组可拼合标本。第 3 文化层仅有 40 件石制品，包括 1 件锤击石核、2 件似楔形细石核、16 件锤击石片、9 件

---

① 常阳、侯亚梅、杨石霞等：《黑龙江省伊春市桃山遗址 2013 年发掘报告》，《人类学学报》2016 年第 2 期。岳健平：《小兴安岭南麓更新世末期石器技术与人类环境适应研究》，博士学位论文，中国科学院大学，2019 年，第 16 ~ 17 页。Yue JP, Li YQ, Yang SX. Neolithisation in the southern Lesser Khingan Mountains：lithic technologies and ecological adaptation. *Antiquity*，2019，93（371）. 岳健平、侯亚梅、杨石霞等：《黑龙江省桃山遗址 2014 年度发掘报告》，《人类学学报》2017 年第 2 期。

石叶及工具等①。

（十五）薛关遗址

薛关遗址位于山西省蒲县薛关村西 1000 米昕水河左岸，地理坐标为 111°E，36°27′N。1979～1980 年，山西省考古研究所和临汾地区丁村文化工作站联合开展发掘工作，获得石制品 4777 件和部分哺乳动物化石。

遗址位于昕水河左岸黄土中，地层总厚度 14.8 米，自上而下可将地层划分为四层，其中第②层的灰黄色粉砂土是文化层所在，该层厚度达 5.9 米，石制品和化石主要出于其上部，但是研究者未交代文化层的具体厚度。石制品以黑色燧石为主要原料，包括石核、石片、细石器产品、工具、断块、残片等。细石核中船形石核占绝对比重，其次为楔形石核，也有部分半锥形石核、漏斗形石核等。船形石核台面为劈裂面或自然面，多不修理，轮廓呈椭圆形。石核底端则多向两面修理呈刃状，台面尾端平凸不修理，与楔形石核的弧刃状尾端显著不同。楔形石核的工艺类型为下川技法 1 型，台面修理成斜坡状。

薛关遗址的工具加工精致，工艺一致，主要类型有刮削器、尖状器、雕刻器等，其中有部分矛头状尖状器通体加工，尖部锐利、端正，两侧缘锐利，总体呈三棱状、桂叶状，也有单尖者底部有修薄现象。遗址中不见石镞、锛状器等石器。

薛关遗址碳十四年代测定为 13550±150a BP（未校正）②。校正后达到距今 1.6～1.7 万年。

（十六）虎头梁遗址群

虎头梁遗址群包括一批旧石器时代晚期的遗址，经过多次调查、发掘。本节简要介绍于家沟遗址和马鞍山遗址。

1. 于家沟遗址

于家沟遗址，即虎头梁 65039 地点，位于河北省阳原县东城乡虎头梁村西南 500 米的于家沟内，地理坐标是 114°28′47″E，40°09′49″N，海拔 865 米，从 1965 年开始

---

① 岳健平：《小兴安岭南麓更新世末期石器技术与人类环境适应研究》，博士学位论文，中国科学院大学，2019 年，第 10～13 页。

② 王向前、丁建平、陶富海：《山西蒲县薛关旧石器》，《人类学学报》1983 年第 2 期。

进行了多次发掘。1995～1997 年发掘 120 平方米，其地层自上而下可划分为七层。

第①层：现代扰土层，厚 0.55 米。

第②层：灰黑色粘土质粉砂，出土细石核、打制和磨光石镞、磨光石斧、磨盘、磨棒、纺轮、骨锥、装饰品及陶片，厚 1.45 米。

第③层：黄褐色黏土质粉砂土，按照土质土色及包含物可划分为 a、b 两层：

第③a 层：深黄褐色，出土细石器产品、动物骨骼、蚌片、炭屑等，另外还有少量磨制石器、疑似骨器、陶片等，厚 1.35 米。

第③b 层：浅黄褐色，大量楔形石核出现，端刮器、雕刻器、矛头等器型增多，另有陶片、局部磨制的石器、磨制骨管、钻孔石珠、钻孔螺等人工制品，厚 1.05 米。

第④层：灰黄色黏质粉砂层，大量细石叶技术产品、动物化石、烧骨和炭屑，少量陶片、装饰品和砾石等，厚 0.65 米。

第⑤层：棕黄色钙质细粉砂，多铁锈，下部石制品和动物化石较多，出土钻孔小石环饰品、管饰品、红色泥岩和赤铁矿石，厚 0.4 米。

第⑥层：灰绿色粉砂质土和棕黄色中粗砂相间分布，仅分布于探方西部，局部夹杂小砾石。遗物中化石较多，石制品少，楔形石核、细石叶、刮削器为主，厚 0.4 米。

第⑦层：砂砾层，具有斜层理。以灰岩为主，磨圆度高，无分选。探方西侧下部出露泥河湾层。石制品丰富，有楔形石核、矛头等，极少装饰品和红色泥岩团块。厚 1.15 米。

于家沟遗址的石制品有 4 万多件，原料主要是石英岩，其次是燧石、玛瑙、凝灰岩、泥岩等，石制品类型有石核、石片、细石核、细石叶、打制类工具、磨制石器等。工具类型有砍砸器、尖状器、刮削器、雕刻器、石矛头、石镞、锛状器、磨光石斧、磨盘、磨棒等。细石核中楔形石核占有绝对比重，其工艺稳定规范、制作精美，剥片过程中各个阶段的标本都可以找到，能够复原剥片工艺流程。部分细石叶也存在将近端和远端截去、只保留中段的现象，研究者推测这是为了制作复合工具之用。

该遗址的剥片技法主要是压制技法和锤击技法，砸击法很少使用。石器加工修理多采用软锤和压制技法，石器形态规则，刃口锐利，器表平整，工艺水平达到了旧石器时代的高峰期①。

对虎头梁遗址以往出土的动物骨骼的碳十四测年获得的绝对年代约距今为11ka②。北京大学环境学院对遗址剖面的系统采样和热释光测定，于家沟遗址的年龄约为13.7～6.6ka BP③。第③a层出土的陶片热释光年龄为11.7ka BP，显示了与剖面年代的吻合④。2018年和2019年先后公布的一批新的碳十四和光释光显示，第②层和第③a层的年代校正后为距今8406～10373年，第③b层、第④层和第⑤层年代校正后约为距今13855～16023年，从第③b层到第③a层中间存在一个年代约11.5～12.9ka的沉积间歇⑤。

从文化内涵上看，于家沟遗址有多层文化沉积，不同层位文化遗存呈现多样化、复杂化的特点，石器的制作精致、规范，早期陶片的发现暗示了定居化程度的提升和可能的早期农业萌芽。

2. 马鞍山遗址

马鞍山遗址，最早命名73104地点，位于河北省阳原县西水地村西南方一个形似马鞍的土岗西南150米的祁家湾西，地理坐标为114°27′39″E，40°09′35″N，1997～1998年由河北省文物研究所与北京大学考古文博学院发掘，发掘面积约50平方米，发现大量遗存。

---

① 谢飞、李珺、刘连强：《泥河湾旧石器文化》，石家庄：花山文艺出版社，2006年，第162～169页。

② 卫奇：《泥河湾盆地考古地质学框架》，童永生、张银运、吴文裕：《演化的实证——纪念杨钟健教授百年诞辰论文集》，北京：海洋出版社，1997年，第193～207页。

③ 夏正楷、陈福友、陈戈等：《我国北方泥河湾盆地新－旧石器文化过渡的环境背景》，《中国科学：地球科学》2001年第5期。

④ 梅惠杰：《泥河湾盆地旧、新石器时代的过渡——阳原于家沟遗址的发现与研究》，博士学位论文，北京大学，2007年，第25页。

⑤ Wang XM, Xie F, Mei HJ, Gao X. Intensive exploitation of animal resources during Deglacial times in North China: a case study from the Yujiagou site. *Archaeological and Anthropological Sciences*, 2019, 11 (9). Rui X, Guo YJ, Zhang JF, et al. Luminescence chronology of the Palaeolithic – Neolithic transition in the Yujiagou site at the Nihewan Basin, northern China. *Journal of Quaternary Sciences*, 2019, 34 (2). 林杉、敖红、程鹏等：《泥河湾盆地于家沟遗址AMS-¹⁴C年代学研究及其考古学意义》，《地球环境学报》2018年第2期。

马鞍山遗址地层剖面自上而下可划分为四个自然层，依次为：

第①层：表土层，厚 0.24~0.35 米。

第②层：灰黄色砂质层，包含较多小砾石，出土辽金时期的遗物，厚 1.7~1.74 米。

第③层：灰黄色砂质层，文化堆积厚，中下部出土细石核、细石叶、哺乳动物化石、骨器、钻孔装饰品等共计 46557 件。发掘出由大砾石或石块围摆成的圆形、近圆形火塘等用火遗迹 30 多处和石制品异常密集区多处。厚 2.3~2.96 米。

第④层：黄褐色砂砾石层，灰岩为主，磨圆好，分选不明显，由北向南倾斜，几乎无文化遗物。未见底。

马鞍山遗址的火塘中可见烧过的残骨和灰烬，在其外侧发现多处石制品密集区，包括大量石料、碎片、细石核、细石叶，还有许多工具毛坯、半毛坯及成品，石制品最丰富处的堆积厚达 20 余厘米，说明此处是人类加工、制作石器和消费食物的场所。

石制品的原料中，流纹岩占绝对比重，另有少量燧石、脉石英、玛瑙、泥岩、凝灰岩等。石制品类型有石核、石片、细石核、细石叶、石器等，其原料、制作技术、形态特征、器物组合等与于家沟遗址相近。出土的 300 多件细石核均为楔形石核，完整地展示了细石核的预制毛坯、剥片、废弃过程。工具类型以刮削器为主，另有端刮器、凹缺刮器、尖状器、雕刻器及锛状器等。尖状器中完整者不多，可能是打制矛头尖状器的废品。通过 AMS 碳十四方法对用火遗迹测年显示，马鞍山遗址的年代为 13080±120a BP（未校正），该结果与地层及文化特征相符合[①]。

中国科学院古脊椎动物与古人类研究所再次对马鞍山遗址 Ⅱ 区开展发掘，此次发掘区地层剖面被划分为六层，自上而下依次描述如下。

第①层：现代耕土层，深黄褐色，植物根系发达，大量瓷片、陶片等晚期遗物，厚约 0.2~0.25 米。

第②层：灰黄色砂质土，宋辽时期的陶片、瓷片等，厚约 0.2~0.3 米。

第③层：红褐色砂质土，全新世堆积，含蚌壳、石制品，无陶片，厚约0.5~0.7 米。

第④层：浅灰褐色粉砂，晚更新世晚期堆积，含大量细石叶技术产品、少量动物碎骨，厚约0.3~0.6 米。

第⑤层：灰白色粉砂，上部局部夹灰绿色条带，堆积时代为晚更新世晚期，含大量石制品、少量动物碎骨，厚约0.45 米。

第⑥层：灰褐色粉细砂，晚更新世晚期堆积，含少量动物碎骨与石制品，厚约0.4 米。下部为泥河湾层。

新一轮发掘过程中采集了一系列碳十四测年样品，其中第③层数据为5060 ±30a BP，第④层数据为13340 ±50、13590 ±40、11770 ±50a BP，以上数值均未校正。研究者指出，最后一个样品采用了与其他样品不同的实验室前处理方法，可能导致结果偏年轻①。

（十七）籍箕滩遗址

籍箕滩遗址位于河北省阳原县籍箕滩村北约100 米处桑干河南岸，地理坐标为114°26′E，40°06′N，与直线距离7.5 公里的虎头梁遗址群隔河相望。1987~1989 年，河北省文物研究所对之发掘，在不同区域发掘T1、T2、T3 三个探方，获得数以万计的石制品和动物化石，自上而下可划分为五层：

第①层：耕土层，厚0.2 米；

第②层：灰黑色砂质黏土，厚2 米；

第③层：灰黄色砂质黏土夹红黄色细砂，水平层理发育，含石制品和动物化石，厚1.5 米；

第④层：杂色砂砾，砾石大小不一，磨圆度中等，含石制品和动物化石，厚0.5 米；

第⑤层：灰白色砂，不见底。

石制品原料以石英岩为主，一定数量的黑色角岩和极少的玛瑙、燧石，均可在

---

① 高磊：《河北阳原马鞍山遗址Ⅱ区第3、4 层石制品分析》，硕士学位论文，西北大学，2016 年，第19~20 页。

河床的砂砾层及南部山区找到。剥片方法主要是压制法，少量锤击法剥片，砸击法很少见。石器加工方法主要是软锤技法，少量压制法。石制品类型有石核、石片、细石核、细石叶、石器、断块、残片等。121 件细石核中有 117 件楔形石核。工具类型主要为凹缺刮器、刮削器和锛状器，锛状器底宽顶窄呈梯形或三角形，腹面平、背面凸，底缘和两边精致加工，底缘陡，顶端作减薄处理，看起来是一种能安装木柄的复合工具可能用于砍伐、刨平木料。端刮器、尖状器、雕刻器、石镞、石矛头等数量虽少，但器型规整，显示了较高的工艺水平。遗址中未见磨盘、磨棒等研磨类工具①。

从地层及文化特征上推测，籍箕滩遗址的年代与于家沟遗址、马鞍山遗址的年代较为接近，都属于旧石器时代晚期末段。

2017 年 6 月，中国科学院古脊椎动物与古人类研究所、中国社会科学院考古研究所、河北省文物研究所及阳原县文管所等机构联合对籍箕滩遗址周边做系统调查，在第 1、3 地点采集土壤堆积物、哺乳动物碎骨和炭屑作为年代检测样品。新清理的剖面显示，第 1 地点可划分为 13 层，其中第⑨层和第⑪层出土石制品，由于两个文化层都没有发现可供碳十四测年的材料，故各采集一个光释光测年样品，结果显示其沉积年代跨度不大，基本约为距今 12600～15370 年之间。第 3 地点可划分为 7 层，在⑤a、⑤b、⑥层出土石制品，各采集光释光样品一个，结果分别为距今 10.08～12.22、12.51～15.81、13.05～15.87ka BP。这些层位还采集到一组碳十四测年样品，第⑤a 层数据为 8290±30a BP，第⑤b 层数据为 12150±40、12470±40a BP，第⑥层数据为 12790±50、13330±40a BP，以上测年结果均未校正。结合两种方法，第⑤a 层处于更新世到全新世过渡期，而第⑤b 和⑥层年代比较接近，大体为距今 13000～16000 年②。

于家沟遗址、马鞍山遗址出土的普通锤击石核数量较少，上万件石制品中，锤击石核数量仅以个位数计。梅惠杰认为通过马鞍山遗址的锤击剥片工序拼合工作可

① 谢飞、李珺、刘连强：《泥河湾旧石器文化》，石家庄：花山文艺出版社，2006 年，第 176～184 页。
② 关莹、周振宇、王晓敏等：《河北阳原泥河湾盆地籍箕滩遗址发现的新材料》，《人类学学报》2021 年第 1 期。

以解释这个现象：马鞍山遗址的拼合中，发现在锤击剥片工具"拼合组中心或一侧部位，或者组中诸石片所依附的较大的块状制品多是楔形石核的毛坯、预制品或残块等"。楔形石核毛坯与拼合组中的锤击石核特征一致，故不能视后者为普通的锤击石核，而应将之与楔形石核生产系统联系起来考虑，锤击石核很可能为楔形石核的预制阶段。预制中的石片、残片等可作为工具毛坯或直接使用，较大者仍可进行楔形石核预制①。这种为配合楔形石核预制而进行的剥片产生的石片，很大程度上是为了调整石核的形态，故本身形态并不规范。在成熟的细石器生产技术下，规范的细石叶能够满足人类的多项需求，故而对形态规范的石片类产品需求不高。这种原料开发方式，在籍箕滩遗址中也有很好的体现，显示了旧石器时代晚期以细石叶技术为核心的剥片技术体系广泛存在于泥河湾盆地。

（十八）昂昂溪大兴屯地点

大兴屯地点的地理坐标为 123°53′E，47°02′N，文化遗物出土于一层黄色细砂夹灰绿色淤泥、亚黏土透镜体中，包括烧骨、灰烬及直接法打制石制品，另有一件石核形态较接近细石核，原料包括玉髓、玛瑙、燧石及火成岩等。工具毛坯不乏石叶者，但工具的制作规范程度低。化石和石制品均不见流水冲磨痕迹，应该是原地埋藏品。哺乳动物化石包括野兔、达乌尔鼠兔、蒙古黄鼠、普氏野马等，无肉食类，均残破，未见完整骨架。对化石的碳十四测定显示其年代为距今约 11800 ± 150a BP（未校正），校正值为距今 13500 ~ 14000 年②。

（十九）灵井遗址第 5 层

灵井遗址位于河南省许昌县灵井镇西，地理坐标为 113°41′E，34°04′N，海拔117 米。自上而下包括 11 个自然层：第④层及以上地层，为新石器仰韶文化至商周文化层；第⑤层至第⑪层为旧石器时代文化层，第⑤层为细石器所在层位。遗憾的是，第⑤层大部分堆积被破坏，仅有边缘部分的原生堆积残留，从残存的第⑤层中发现少量打制的脉石英石制品、细石器及早期陶片。早年破坏掉的第⑤层堆积被搬

---

① 梅惠杰：《泥河湾盆地旧、新石器时代的过渡——阳原于家沟遗址的发现与研究》，博士学位论文，北京大学，2007 年，第 124 ~ 125 页。

② 黄慰文、张镇洪、缪振棣等：《黑龙江昂昂溪的旧石器》，《人类学学报》1984 年第 3 期。

运到附近作为建筑地基之用，2008 年考古发掘时发现了这组被搬运的堆积。搬运后的粉细砂分布在距原地约 10 米的位置，被后建的贮水池占压，考古队从这一批二次堆积物中清理出一系列文化遗物。

这批堆积中出土直接法打制石器、细石器、装饰品、陶片、动物化石等，石制品以燧石为主要原料。细石核以锥形石核和柱形石核为多。工具类型丰富，制作精美。端刮器数量最多，此外还有不同类型的刮削器、琢背小刀、雕刻器、尖状器等，长宽比在 1.0 左右的稍厚石片是以端刮器为主的多种小型工具的毛坯。陶片有泥质和夹砂两种，壁较厚，烧造火候低。在清理二次堆积的文化遗物中，收集木炭、烧骨等共 20 个碳十四测年样品，其中有 17 个样品较集中地分布在 11450～12290a BP，校正后大体为 13000～13479a BP[1]。

（二十）水洞沟遗址

宁夏处于中国地貌三大阶梯中第一、二级阶梯过渡地带，是中国旧石器时代考古学的发源地之一。1923 年，德日进、桑志华在西北地区从事古生物学和考古学调查时在宁夏回族自治区灵武县发现了水洞沟遗址，随后开展发掘工作[2]。自此之后，水洞沟遗址在探讨中国北方旧石器时代石器技术的发展与演进、古人类迁徙扩散的过程与路径、旧大陆东西侧人群与技术的关系等方面均发挥了重要作用。新世纪以来，虽然有针对性地在宁夏开展旧石器时代考古调查[3]，并系统发掘了鸽子山遗址[4]，但仍以水洞沟遗址的文化连续性最强、研究最为系统和深入。

目前，水洞沟遗址群共有 12 个地点，经调查和系统发掘的地点一共有 9 处，即水洞沟第 1、2、3、4、5、7、8、9、12 地点，均为露天旷野遗址。虽然除第 12 地点

① 李占扬、李雅楠、加藤真二：《灵井许昌人遗址第 5 层细石核工艺》，《人类学学报》2014 年第 3 期。
杜春磊：《灵井许昌人遗址第 5 层出土石制品研究》，硕士学位论文，山东大学，2013 年，第 48 页。
河南省文物考古研究院、日本奈良文化财研究所：《灵井许昌人遗址第 5 层细石器 2008～2013 年发掘报告》，《华夏考古》2018 年第 2 期。
② Licent E，Teilhard de Chardin P. Le Paleolithique de la Chine. *L'Anthropologie*，1925，35（4）.
③ 高星、裴树文、王惠民、钟侃：《宁夏旧石器考古调查报告》，《人类学学报》2004 年第 4 期。
④ 彭菲、郭家龙、王惠民、高星：《宁夏鸽子山遗址再获重大发现》，《中国文物报》2017 年 2 月 10 日第 5 版。

外的其他地点均未发现细石器遗存，但是这些材料对后文的古人类生存模式构建有补充、参考意义，故在本章也做简要介绍。

水洞沟第 1 地点（SDG1）：地理坐标为 38°17′55.2″N、106°30′06.7″E，海拔1198 米。1923 年发现并发掘，此后又先后于 1960、1963、1980 年多次发掘。SDG1位于边沟河右岸断崖上，剖面总厚约 15 米，自上而下分为 10 层，其中：第⑦层为淡黄色粉砂及底砾层，厚约 2 米，底部发现磨光石斧和磨盘，称为上文化层，年代测定为 5900～8520a BP 之间；第⑥层为黄土状粉细砂层，厚达 7～8 米，其中发现旧石器时代石制品及披毛犀、普氏野马等动物化石，称为"水洞沟文化层"或下文化层，经多次测定、对比后，认为其年代为 29000～24000a BP[①]。近年来，随着发掘的开展，获得了一批新的测年样品，通过碳十四与光释光测年方法相结合、不同地点间地层序列与文化对比等，将最早的年代指向距今 41000 年[②]。该地点出土大量规范的石叶石核、勒瓦娄哇石核、石叶、尖状器、端刮器等，自发现伊始即因其独特文化内涵而引起中外学者的广泛关注，法国学者将之定位于发达的莫斯特文化和发展中的奥瑞娜文化之间[③]，有中国学者明确指出这是西方莫斯特和奥瑞娜技术传播到河套地区的结果[④]。

水洞沟第 2 地点（SDG2）：与第 1 地点隔河相望，地理坐标为 38°17′56″N、106°30′07″E，海拔 1200 米。1923 年发现，分别于 2003、2004、2005、2007、2014 年等多次发掘。根据剖面沉积性质，刘德成将 SDG2 北侧探方自上而下划分为 18 层[⑤]。

① 高星、李进增、Madsen DB、Branginghman PJ、Elston RG、Bettinger RL：《水洞沟的新年代测定及相关问题讨论》，《人类学学报》2002 年第 3 期。高星、袁宝印、裴树文等：《水洞沟遗址沉积－地貌演化与古人类生存环境》，《科学通报》2008 年第 10 期。黎兴国、刘光联、许国英等：《¹⁴C 年代测定报告（PV）》，中国第四纪研究委员会碳十四年代学组：《第四纪冰川与第四纪地质论文集（第 4 集）》，北京：地质出版社，1987 年，第 16～38 页。陈铁梅、原思训、高世君：《铀子系法测定骨化石年龄的可靠性研究及华北地区主要旧石器地点的铀子系年代序列》，《人类学学报》1984 年第 3 期。

② Li F, Kuhn SL, Bar－Yosef O, Chen FY, et al. History, chronology and techno－typology of the Upper Paleolithic sequence in the Shuidonggou area, northern China. *Journal of World Prehistory*, 2019, p. 32.

③ Boule M, Breuil H, Licent E. *Le Paleolithique la Chin*a. No. 4, Paris: Masson, Archives de l'Institut dePaléontologie Humaine, 1928.

④ 张森水：《管窥新中国旧石器考古学的重大发现》，《人类学学报》1999 年第 3 期。

⑤ 刘德成、王旭龙、高星等：《水洞沟遗址地层划分与年代测定新进展》，《科学通报》2009 年第 54 期。

根据地层和出土遗物，SDG2 分为 5 个文化层，出土打制石器、哺乳动物化石、灰烬、火塘等。SDG2 剖面下部出土少量似勒瓦娄哇石核①，有助于讨论该技术在中国北方地区的传播。综合遗址的 AMS 碳十四及光释光测年数据，SDG2 古人类活动时间集中于 41 ~ 27cal ka BP②，大体约相当于深海氧同位素三阶段的晚期。

水洞沟第 3 地点（SDG3）：位于 SDG1 西侧，地理坐标为 38°17′44.3″N，106°29′46.7″E，海拔 1200 米，与第 4、5 地点相邻。三个地点同时发现于 1923 年、发掘于 2004 年。经地层对比，SDG3 第⑥层堆积物的时代大体相当或略早于 SDG1 的②、③层，与水洞沟第 7 地点 2003 ~ 2005 年发掘的主要文化层所代表的年代大体相当③。

水洞沟第 4 地点（SDG4）：地理坐标为 38°17′45.5″N，106°29′44.9″E，海拔 1202 米。

水洞沟第 5 地点（SDG5）：地理坐标为 38°17′50.3″N，106°29′38.7″E，海拔 1201 米。

水洞沟第 7 地点（SDG7）：位于边沟河左岸、第 2 地点东侧约 300 米。地理坐标为 38°17′51.4″N，106°30′20.7″E，海拔 1200 米。

水洞沟第 8 地点（SDG8）：位于第 7 地点东侧约 1000 米，地理坐标为 38°17′29″N，106°31′03″E，海拔 1200 米。

水洞沟第 9 地点（SDG9）：即施家窑 3 号地点。地理坐标为 38°15′19″N，106°32′32″E，海拔 1223 米。

水洞沟第 12 地点（SDG12）：地理坐标为 38°19′40.0″N，106°29′49.0″E，海拔 1158 米，地处水洞沟第 1 地点以北约 4 公里处。2005 年水洞沟遗址研究的项目组成

---

① Li F，Kuhn SL，Gao X，Chen FY. Re – examination of the dates of large blade technology in China：A comparison of Shuidonggou Locality 1 and Locality 2. *Journal of Human Evolution*，2013，p. 64. Li F，Gao X，Chen FY，et al. The development of Upper Paleolithic China：New results from the Shuidonggou site. *Antiquity*，2013，p. 87.

② 陈福友、李锋、王惠民等：《宁夏水洞沟遗址第 2 地点发掘报告》，《人类学学报》2012 年第 4 期。Li F，Kuhn SL，Bar – Yosef O，Chen FY，et al. History，chronology and techno – typology of the Upper Paleolithic sequence in the Shuidonggou area，northern China. *Journal of World Prehistory*，2019，p. 32.

③ 王惠民、裴树文、马晓玲、冯兴无：《水洞沟遗址第 3、4、5 地点发掘简报》，《人类学学报》2007 年第 3 期。

员在野外调查中发现该地点，2007 年夏天中国科学院古脊椎动物与古人类研究所联合宁夏文物考古研究所对其进行了约 12 平方米的发掘，收获丰富的遗物，包括丰厚的灰烬、打制石器、细石叶技术产品、磨制石器、研磨类工具、烧石、动物骨骼材料、骨制品、装饰品等。此外，还系统采集了环境和年代测定样品，为多学科综合研究该地点提供了良好素材。

该遗址点的详细介绍和研究将在第四章展开，此不赘述。

（二十一）鸽子山遗址

鸽子山遗址位于宁夏回族自治区青铜峡市黄河西侧的鸽子山盆地，地理坐标为 105.85°E，38.04°N。该遗址是由一系列地点构成的地点群，1995～1996 年中美联合考古队对第 3、4 地点开展连续发掘。根据第 3、4 地点的发掘剖面，可分为上下两个文化层，中间过渡层为新仙女木事件干冷气候形成的风成沉积。两个文化层的文化面貌有显著区别：下文化层主体为石核 - 石片技术，细石器产品极少；上文化层细石器产品激增，成为主要技术构成（表 3.4）。该区域调查发现大量"贺兰山尖状器"和表面平坦的磨盘类工具，研究者推测前者的年代与下文化层相当，后者的使用期则为上文化层阶段[1]。

表 3.4　鸽子山遗址遗物构成[2]

	下文化层	过渡层	上文化层	总计
	15.0～13.5cal ka BP		12.0～11.6cal ka BP	
细石核（%）	2	2	2	2
细石叶（%）	5	2	35	22
细石器碎屑（%）	14	3	31	23
打制石器产品（%）	79	93	32	53
标本总数（件）	199	98	425	722

---

① Elston RG, Xu C, Madsen DB, et al. New Dates for the North China Mesolithic. *Antiquity*, 1997, 71 (274). Madsen DB, Li JZ, Elston RG, et al. The Loess/Paleosol record and the nature of the Younger Dryas climate in Central China. *Geoarchaeology*, 1998, 13 (8). Elston RG, Dong GH, Zhang DJ. Late Pleistocene intensification technologies in Northern China. *Quaternary International*, 2011, p. 242.

② Elston RG, Xu C, Madsen DB, et al. New Dates for the North China Mesolithic. *Antiquity*, 1997, 71 (274).

2014～2016 年，由中国科学院古脊椎动物与古人类研究所与宁夏回族自治区文物考古研究所组成联合考古队，对第 10 地点再次发掘。此次发掘深度超过 4 米，自上而下分为五层：第①层为扰土层，有大量烧石、磨制石器、研磨工具、细石器出土，还有少量以骨、鸵鸟蛋皮为原料的装饰品；第②层底部 1.2～1.3 米处出土石制品，该层光释光年代为 4.8～4.9ka；第③层下部出土较多石制品，少量火塘和灰烬，碳十四年代约为距今 1 万年；第④层有大量石制品、烧石、灰烬、动物骨骼和炭屑，碳十四年代约为距今 11～12ka；第⑤层未发现文化遗物。在原生地层中共计获得石制品及炭样标本 700 余件，还发现有一些疑似灰堆、火塘等遗迹现象。石制品以红色砂岩、石英岩为主，类型主要有石锤、石核、细石叶以及有磨制痕迹的石制品。尽管鸽子山遗址第 10 地点发现了两面器和细石叶技术产品，但石器的主要类型和构成发生了改变，类似矛头状的"贺兰尖状器"在第 10 地点基本不见，这些特征可能反映了晚更新世末期该地区古人类生计模式和生存方式的转变[①]。

（二十二）李家沟遗址

李家沟遗址位于河南省新密市岳村镇李家沟村西约 100 米处，地理坐标为 113°31′25″E，34°33′55″N，2009～2010 年由北京大学考古文博学院与郑州市文物考古研究院合作发掘，发掘面积大约 100 平方米。此处地形为低山丘陵区，海拔 205 米，地势从东北向西南倾斜，黄土堆积发育，属淮河水系溱水河上游的椿板河流经遗址西侧。李家沟遗址所在位置属椿板河东岸马兰黄土为基座的二级阶地的上部。

遗址地层堆积跨越旧石器时代晚期到新石器时代早期。发掘区北区自上而下划分了七层，大体可做如下层位划分：第①～③层为近代及晚期堆积；第④～⑥层是新石器时代早期堆积，发现数量较多的陶片、石制品及动物骨骼的碎片等；第⑦层是仅出土打制石器的旧石器文化层。发掘区南区也可划分为七层，自上而下为：第①层，扰土层；第②层，棕褐色含碳酸钙胶结物层，含少量裴李岗文化

---

① 彭菲、郭家龙、王惠民、高星：《宁夏鸽子山遗址再获重大发现》，《中国文物报》2017 年 2 月 10 日第 5 版。

陶片；第③层，灰白色砂砾层，含零星陶片；第④层，棕黄色砂质黏土，无文化遗物；第⑤层，砂质黏土，上部灰黑色，向下渐变棕黄色，包含与北区⑤～⑥层相同的夹砂压印纹陶片；第⑥层，有丰富的船形、柱形石核及细石叶等，还出土人工搬运的石块、粗大石制品、局部磨光的石锛和素面夹砂陶片；第⑦层，次生马兰黄土层。

李家沟南北二区的第⑦层发现少量石片石器，仅 17 件，主要以石英为原料。根据地层对比，这一层位当属于深海氧同位素三阶段。

李家沟遗址的旧石器时代文化遗存主要发现在南区第⑥层，北区第⑦层也有发现。石核数量较多，有 74 件，多半使用石英为原料。锤击石核 50 件、砸击石核 24 件、石片 208 件。细石器的数量多，技术特征明显。细石核共 22 件，均为燧石原料，有船形与扁柱形两大类，分别有处于不同剥片阶段的两种类型的细石核。细石叶的数量不多，仅 38 件，且多是剥片初期阶段产品或形状不太适宜用作加工复合工具者。李家沟居民有精湛的石器加工技术，生产的工具类型有端刮器、琢背刀、石镞、雕刻器。动物骨骼中，牛、马与鹿类等大型哺乳动物的比例在半数以上。在细石器为典型的文化层位发现烧制火候低、表面无装饰的夹粗砂陶片 2 片，还有 1 件磨制石锛及数量较多的人工搬运石块。

该遗址新石器时代的文化层明显增厚，研究者推测其使用规模和稳定性大于细石器为主导的文化阶段。在李家沟文化阶段，细石器数量剧减，仅发现 7 件细石核、12 件细石叶，说明该技术已经衰落。精致修理的工具类型也不复见，权宜型工具增多，磨盘类工具多见。动物种属与早期相比呈现明显变化，数量较多的是中小型的鹿类，另有少量羊、猪及食肉类骨骼遗存，而大型食草类动物仅发现零星的牛、马类的骨骼碎片。研究者指出，动物构成的变化与本阶段石器组合的变化是吻合的。大量陶器的出现，暗示人类的生计方式由专业化的狩猎经济转变为采集植物资源与狩猎并重的方式。

对采自南区第⑥层的木炭样品进行加速器碳十四年代测定，数值为 9180 ± 35、9160 ± 35a BP（未校正），校正后的结果为距今 10300～10500 年。采自北区的木炭样品的测年结果的树轮校正值分别是：第⑥层，10000 年；第⑤层，9000 年；

第④层，8600 年①。

李家沟遗址的年代恰好处于旧 – 新石器过渡阶段，有从利用打制石器为主体到大量使用陶器的连续文化遗存，有助于我们理解华北南部旧 – 新石器时代过渡阶段的石器工业发展演变，并为探讨人类行为及经济形态变化的历史进程提供有力证据。

（二十三）东胡林遗址

东胡林遗址位于北京市门头沟区斋堂镇东胡林村西清水河北岸三级阶地上，地理坐标为 115°43′36″E，39°58′48″N，海拔约 390 ~ 400 米。1966 年发现以来，先后进行了多次调查和发掘工作。2001 ~ 2006 年的 4 次发掘揭露逾 270 平方米，发现灰堆 14 座，灰坑 9 座，火塘 10 余处，疑似房址 2 座，石制品 14000 余件，陶片 60 余片，动物骨骼 15000 件左右。自上而下可将地层划分为 9 层：第④、⑥、⑦层为自然堆积；第②、③、⑤、⑧、⑨层为人类活动层位，均为新石器时代早期文化层。发掘者对东胡林遗址进行了碳十四年代测定，第⑦层的数据为 9110 ± 110、8920 ± 80、8905 ±145a BP，对位于第⑧层的人骨测定结果为 9570 ±70a BP，遗址上文化层的数据则为 8775 ±50、8675 ±40a BP（均未校正）。综合上述数据，东胡林遗址的年代为距今 11000 ~ 9000 年。

石制品以简单锤击打制类为多，多数加工简单，仅少量经两面加工方法精致制作的石器。细石器产品所占比重不足 5%，细石核以柱形和楔形为主。磨制石器数量少，多为局部磨光的小型斧、锛状器，出土石臼、石研磨器等器物。发现的骨器包括骨锥、骨鱼镖、骨柄石刃刀等。残断的骨柄石刃刀残长 11.4 厘米，骨柄上部刻有花纹，发现时尚有一枚石刃片嵌在槽中②。

（二十四）转年遗址

转年遗址位于北京怀柔区宝山寺乡转年村，残存的遗址面积约 5000 平方米。

① 北京大学考古文博学院、郑州市文物考古研究院：《河南新密市李家沟遗址发掘简报》，《考古》2011年第 4 期。郑州市文物考古研究院、北京大学考古文博学院：《新密李家沟遗址发掘的主要收获》，《中原文物》2011 年第 1 期。王幼平、张松林、顾万发等：《李家沟遗址的石器工业》，《人类学学报》2013 年第 4 期。Wang YP，Zhang SL，Gu WF，et al. Lijiagou and the earliest pottery in Henan Province，China. Antiquity，2015，p. 89.

② 北京大学考古文博学院、北京大学考古学研究中心、北京市文物研究所：《北京市门头沟区东胡林史前遗址》，《考古》2006 年第 7 期。

1995～1996 年，北京市文物研究所与中国科学院古脊椎动物与古人类研究所联合开展发掘工作，揭露 500 余平方米。文化层自上而下分为四层：耕土层、含少量商周时期陶器的灰色上层、黄色上、新石器时代的灰黑色土。其文化内涵与与东胡林遗址基本一致，遗物包括直接法打制石器、细石器、磨制石器、研磨器、陶器等。细石核类型有楔形石核、锥形石核，陶器以夹砂褐陶为主，火候不均、质地疏松、硬度低、陶土中夹有大量石英颗粒，陶片内表面粗糙，外表面经打磨，较光滑，以素面为主。碳十四年代为 9820±120a BP（未校正），校正后大约为距今 1.1 万年①。

（二十五）南庄头遗址

南庄头遗址位于河北省徐水县高林村乡南庄头村东北 2 公里处，面积约 20000 平方米，1986～1987 年发现并试掘 3 条探沟，发掘面积 61 平方米。依据 T3 北壁剖面，结合 T1 及 T2 的情况，南庄头遗址可划分为六个层位，其中第⑤层的黑色砂质淤泥层出土夹砂红褐陶、石英石片，第⑥层黑色黏质淤泥层出土石片、动物骨骼、烧土、磨盘、磨棒、骨角器等。发现灰沟 1 条、草木灰富集的火塘 2 处。出土的陆生动物骨骼包括鸡、狗、家猪、狼、麝、马鹿、斑鹿、狍等 11 种及中华原田螺、珠蚌、萝卜螺等 5 种淡水水生动物。从第⑤～⑥层获得的木炭和淤泥样品进行测年，结果为 9875±160、9690±95、9810±100、10510±100、9980±100、10815±140、9850±90a BP（未校正），校正后的结果约距今 1.1～1.2 万年②。

（二十六）双塔遗址

双塔遗址位于吉林省白城市洮北区德顺蒙古族乡双塔村三社北侧岗地上，地理坐标为 122°57′6.72″E，45°23′40.56″N，海拔 149 米。2007 年吉林大学边疆考古研究中心与吉林省文物考古研究所联合开展抢救性发掘，揭露面积 1419 平方米。该遗址出土遗存可分为三个时期，其中第一期遗物为本文讨论内容。这一阶段的遗迹有灰坑、墓葬、灰沟、柱洞、陶片堆积层等，出土细石器、磨制石器、研磨类工具、陶

---

① 李超荣、郁金城、冯兴无：《北京地区旧石器考古新进展》，《人类学学报》1998 年第 2 期。郁金城、李超荣、杨学林、李建华：《北京转年新石器时代早期遗址的发现》，《北京文博》1998 年第 3 期。

② 保定地区文物管理所、徐水县文物管理所、北京大学考古系、河北大学历史系：《河北徐水县南庄头遗址试掘简报》，《考古》1992 年第 11 期。

片、骨器、野生哺乳动物骨骼、鸟类骨骼、蚌壳、鱼骨等，未见与农业生产相关的石锄、石铲及石刀类工具，有骨鱼镖、梭形器等渔猎工具，陶器的质地、火候、器型、制作技术等均比较原始。在个别形状规整的圆形直壁坑底部发现灰白色钙质层，遗留大量鱼骨，推测灰坑性质为鱼窖。在灰沟内发现大量哺乳动物骨骼、鱼骨和蚌壳。以上文化特征指示了一种定居性的渔猎型经济方式。双塔一期遗存的陶器均系沙质陶，所含沙粒皆为当地陶土中自有的细沙，非人为羼入。以平底器为主，有少量圈足器，数量以筒形罐为多。细石核数量不多，据相关资料可能仅有 1 件楔形石核。细石叶仅 6 件。以石片或块状毛坯打制而成的小型两面器虽不多，但风格固定，显示了稳定的技术体系。骨质工具类型多样，其中以 59 件骨角锥最具特色，此外还有鱼镖、梭形器等。碳十四年代为 9550±45a BP（未校正），结合热释光测年结果，遗址第一期堆积的年代大约为距今 1 万年左右[1]。

（二十七）参雄尕朔遗址

青藏高原经系统发掘的含细石器遗存数量有限，多为调查中的地表采集品或小面积试掘所得，青海治多参雄尕朔遗址是为数不多的经过大面积科学揭露的考古遗址，本节以此为例简要介绍。

参雄尕朔遗址位于青藏高原东北部，处于通天河支流登额曲北岸二级阶地前缘，地理坐标为 96.02°E，33.48°N，海拔为 4016 米。2013 年四川大学考古学系等机构的联合发掘揭露面积约 60 平方米，发现二个文化层、15 处火塘，上下文化层的石制品类型与技术特征总体一致，均有简单石核 - 石片技术产品、细石叶技术产品出土，以楔形石核技术为主要剥片技术，按照研究者的报导，遗址第一文化层的年代为距今约 7265～7160 年，第二文化层年代为距今约 8170～7431 年。综合而言，史前人群在此区域活动的时间在距今 8000～7000 年[2]。

---

[1]　吉林大学边疆考古研究中心、吉林省文物考古研究所：《吉林白城双塔遗址新石器时代遗存》，《考古学报》2013 年第 4 期。王立新、段天璟：《中国东北地区发现万年前后陶器——吉林白城双塔一期遗存的发现与初步认识》，《吉林大学社会科学学报》2013 年第 2 期。

[2]　韩芳、蔡林海、杜玮等：《青南高原登额曲流域的细石叶工艺》，《人类学学报》2018 年第 1 期。青海省文物考古研究所、四川大学考古学系、成都文物考古研究院：《青海玉树州参雄尕朔遗址 2013 年发掘简报》，《考古》2021 年第 10 期。

（二十八）其他相关发现

中国东北地区有一系列产出细石叶技术遗存的遗址，集中分布在吉林省东部地区和黑龙江省，为数不多的遗址有地层依据。例如吉林枫林遗址，出土了数量丰富的楔形石核技术产品①，但目前尚未见年代数据公布。和龙大洞遗址文化层中的碳十四数据为距今 2.1 万年，但是报导的材料均为采集品，包括 3 件船形石核、10 件楔形石核②。其楔形石核技术类型当属窄楔形石核，近涌别系。黑龙江神泉遗址发掘面积为 1500 平方米，出土和采集的石制品共三千余件，原生层位为黄土状亚黏土和黄色细砂层③。根据对东北地区第四纪区域地层学和俄罗斯临近东北地区的地层学研究成果，李有骞认为神泉遗址第三层（即最早出土细石器的层位）的年代为约距今 25000～21000 年④。近年来对饶河小南山遗址开展了一系列发掘和研究工作，其第一期遗存距今约 17000～13000 年，出土五千余件打制石器和早期陶片，石制品以两面器和石片为主，陶片火候较低。第二期遗存年代为距今 9200～8600 年，清理出一批墓葬，随葬石器、玉器、陶器。石器有磨制和打制两类，在打制石器中，间接打击生产小石叶的技术具有特色，宽 1 厘米左右的小石叶和以其为毛坯的工具为数不少。打制类的工具以石镞为主，以小石叶为毛坯，采用两面通体压制修理，微凹底或尖底。除石镞外，还有软锤技法加工的两面器。磨制工具有镞、锛、斧、凿和箭杆整直器等，大部分磨制工具先经过最初阶段的打制修理⑤。

林富遗址是东北地区少数从试掘中获取的测年材料取得年代数据的遗址之一，位于松嫩平原的富裕县，其地理坐标为 124°19′55″E，47°45′14.6″N，石制品包括地表采集品 2015 件、地层出土 94 件。有锤击石核、砸击石核和细石核三类石核，船形石核技术为特色，共 60 余件。从船形石核的毛坯选择来看，锤击剥片技术的目的之一是获取作为船形石核毛坯的厚三角形长石片。林富遗址工具类型简单，

① 田川、徐廷、关莹、高星：《吉林抚松枫林遗址细石核研究》，《人类学学报》2019 年第 1 期。
② 万晨晨、陈全家、方启等：《吉林和龙大洞遗址的调查与研究》，《考古学报》2017 年第 1 期。
③ 于汇历、田禾：《黑龙江神泉旧石器时代晚期遗址石制品初步研究》。
④ 李有骞：《黑龙江省旧石器遗存的分布、年代与工艺类型》，《华夏考古》2014 年第 3 期。
⑤ 黑龙江省文物考古研究所、饶河县文物管理所：《黑龙江饶河县小南山遗址 2015 年Ⅲ区发掘简报》，《考古》2019 年第 8 期。

以雕刻器和端刮器具特色，其他为简单修理的权宜型工具。在林富遗址中不见陶器、磨制石器、凹底石镞和规整的宽度在 1 厘米左右的小石叶，而林富遗址中的细石核和修边斜刃雕刻器在这一区域新石器时代的遗址中也几乎不见。从地层上来看，林富遗址叠压在全新世黑色砂土之下。对牛牙化石的测年数据为 17192 ± 70a BP（未校正），校正后年代超过 2 万年。结合上述地层、文化特征，此测年数据是可靠的①。

位于大兴安岭地区呼中区的北山洞遗址地理坐标为 123°39′4.26″E，52°07′59.1″N，虽经过系统发掘且公布了最底层的旧石器文化层年代为 9920 ± 70a BP（未校正）②，但只是笼统地提及发现大量石片、1 件带孔玉石佩、1 件石核，无文化遗存的详细介绍，无从了解其具体文化面貌。

此外，还有在文化面貌、遗址年代等各方面均与双塔遗址如出一辙的后套木嘎遗址，其第一期遗存年代校正后为距今 12.9 ~ 11ka，第二期校正后为距今 8000 ~ 7000 年③，也属本研究涉及的范围。

内蒙古地区的细石器遗存也十分丰富，但同样因风化剥蚀导致大量暴露地表。少部分有地层的遗址，经清理后发现原生层位，细石器与陶片共生，例如在呼伦贝尔的辉河水坝遗址，其细石核为标准化程度很高的楔形、锥形石核，几个层位的年代为 7750 ± 70、4045 ± 40、900 ± 30a BP（未校正）④。近年来在内蒙古与河北交界处的化德、张家口北部地区发现了一批从旧石器时代到新石器时代过渡阶段的遗址，产出细石器的旧石器层位年代为距今万年前后，早至距今 9000 ~ 8000 年新石器层位

---

① 李有骞：《黑龙江省林富旧石器遗址的发现与年代》，内蒙古博物馆、内蒙古自治区文物考古研究所：《中国北方及蒙古、贝加尔、西伯利亚地区古代文化（上）》，北京：科学出版社，2015 年，第 121 ~ 130 页。

② 黑龙江省文物考古研究所：《黑龙江大兴安岭呼中北山洞遗址 2014 年发掘简报》，《北方文物》2018 年第 1 期。

③ 王立新：《后套木嘎新石器时代遗存及相关问题研究》，《考古学报》2018 年第 2 期。Tang ZW, Lee H, Wang LX, et a. Plant remains recovered from Houtaomuga site in Jilin Province, Northeast China: A focus on Phase I (12900 – 11000 cal. BP) and Phase II (8000 – 7000cal. BP). *Archaeological Research in Asia*, 22.

④ 中国社会科学院考古研究所细石器课题组、内蒙古自治区文物考古研究所、内蒙古自治区呼伦贝尔市民族博物馆：《内蒙古呼伦贝尔辉河水坝细石器遗址发掘报告》，《考古学报》2008 年第 1 期。

依然有细石器出土，但与陶器、磨制石器、研磨器、骨角器等相比，新石器层位的细石叶与细石核所占比重显著下降①。尽管目前尚未公布详细资料，但这些遗存无疑将是解答中国北方旧－新石器过渡过程的关键材料。

在鲁西南和苏北地区的马陵山周边地表存在一批细石叶技术遗存，包括凤凰岭遗址②、大官庄地点、望海楼地点③、大贤庄遗址④、爪墩遗址⑤等，同样因地层的缺失而无法测定年代。从台面、石核底缘及剥片面的宽度来看，这批遗址所发现细石核的形态较有特色。多数细石核为利用自然节理或石片腹面为台面，不对台面进行再预制。对核体的修薄以由台面向底缘为主，同时底缘部分存在从底部向台面的修整以形成汇聚的底缘。剥片面的宽度与高度之比上，有的细石核剥片面宽度大，与河北阳原二道梁遗址的典型船形石核⑥接近，有的细石核剥片面更接近典型楔形石核的高宽比。虽然有的文章中称之为楔形石核，但据其形态与技术特征，笔者认为似难定性，而是船形石核与楔形石核之间，称之为船－楔形石核更为妥当。与细石核共生的是以小石片、长石片为毛坯精制而成的圆头刮削器、拇指盖刮削器、小型两面器等。

位于连云港市海州区锦屏镇的将军崖遗址是马陵山周边有确切地层依据的考古遗址。据报道，该遗址可划分为早、中、晚三期，最晚一期为次生堆积。早期为华北地区流行的石片石器，中期则以细石器为主。其细石器同样为马陵山周边常见的船－楔形石核。发掘者对遗址进行了初步研究和年代测试，将主要文化层的地质年

① 内蒙古自治区文物考古研究所、故宫博物院考古所、乌兰察布市博物馆、化德县文物管理所：《草原地区新石器时代早期季节性营地式聚落遗址的新发现》，《中国文物报》2020年1月3日第8版。中国国家博物馆、河北省文物研究所：《河北康保兴隆遗址发现旧石器末期至新石器早中期遗存》，《中国文物报》2019年10月11日第8版。

② 临沂地区文物管理委员会：《山东临沂县凤凰岭发现细石器》，《考古》1983年第5期。沈辰、高星、胡秉华：《山东细石器遗存以及对"凤凰岭文化"的重新认识》，《人类学学报》2003年第4期。

③ 山东省文物考古研究所：《山东一批旧石器地点调查报告》，山东省文物考古研究所：《海岱考古（第五辑）》，北京：科学出版社，2012年，第1~31页。

④ 葛治功、林一璞：《大贤庄的中石器时代细石器——兼论我国细石器的分期与分布》，《东南文化》1985年第1期。

⑤ 张祖方：《爪墩文化——苏北马陵山爪墩遗址调查报告》，《东南文化》1987年第2期。

⑥ 李罡、任雪岩、李珺：《泥河湾盆地二道梁旧石器时代晚期遗址发掘简报》，《人类学学报》2016年第4期。

代定为从晚更新世持续到全新世早期（＞3 万～1 万年）①。由于原简报中将各层器物混杂在一起，未介绍细石器的出土层位及其伴生器物，也未将火塘、疑似石铺地面与石制品的共生关系介绍清楚，这一遗址在相关问题的讨论中尚无法充分发挥作用。

2017 年，山东省文物考古研究院、中国科学院古脊椎动物与古人类研究所、临沂市文物局在凤凰岭遗址发现原生层位的细石器遗存。发掘近 300 平方米，出土石制品 400 余件，包括石锤、普通锤击石核、细石核、细石叶、刮削器、锛状器、矛头状两面器等。初步的光释光测年将文化层年代指向距今 1.9 万～1.3 万年②。虽然目前尚没有关于这批材料的更详细报道，但是综合早年发表的凤凰岭遗址材料和本次发掘年代数据，该遗址甚至整个马陵山周边地区的类似遗存在探讨中国北方细石器遗存的技术发展、区域分布、古人类适应生存等方面有重要意义。

青藏高原地区的含细石器遗存数量丰富，真正有地层和测年结果的遗址数量屈指可数。处于更新世末期到全新世早段的遗址则较集中地发现于青海湖盆地，包括 151 遗址、江西沟 1 号地点、江西沟 2 号地点、湖东种羊场、晏台东遗址（即十火塘地点）、铜线 3 号地点、尕海遗址、高原腹地那曲地区申扎县的尼阿底遗址第三地点等③，遗址

① 房迎三、惠强、项剑云等：《江苏连云港将军崖旧石器晚期遗址的考古发掘与收获》，《东南文化》2008 年第 1 期。

② 孙启锐、陈福友、张子晓、张书畅：《山东临沂凤凰岭发现距今 1.9 至 1.3 万年的细石器遗存》，《中国文物报》2018 年 6 月 15 日第 8 版。

③ Madsen DB, Ma HZ, Brantingham PJ, et al. The late Upper Paleolithic occupation of the northern Tibetan Plateau margin. *Journal of Archaeological Science*, 2006, 33. Rhode D, Zhang HY, Madsen DB, et al. Epipaleolithic/early Neolithic settlements at Qinghai Lake, western China. *Journal of Archaeological Science*, 2007, 34. Brantingham P, Gao X, Olsen JW, et al. A short chronology for the peopling of the Tibetan Plateau, In Madsen DB, Chen FH, Gao X (eds.). *Developments in Quaternary Science*. Amsterdam: Elsevier, 2007, pp. 129 – 150. 高星、周振宇、关莹：《青藏高原边缘地区晚更新世人类遗存与生存模式》，《第四纪研究》2008 年第 6 期。仪明洁、高星、张晓凌等：《青藏高原边缘地区史前遗址 2009 年调查试掘报告》，《人类学学报》2011 年 2 期。Madsen DB, Perreault C, Rhode D, et al. Early foraging settlement of the Tibetan Plateau highlands. *Archaeological Research in Asia*, 2017, 11. 侯光良、杨石霞、鄂崇毅、王倩倩：《青藏高原东北缘江西沟 2 号遗址 2012 年出土石制品的初步研究》，《人类学学报》2018 年第 4 期。Wang J, Xia H, Yao JT, et al. Subsistence strategies of prehistoric hunter – gatherers on the Tibetan Plateau during the Last Deglaciation. *Science China*: *Earth Sciences*, 2020, 63 (3). 靳英帅：《藏北高原细石叶人群的扩散与适应：尼阿底遗址第三地点石制品研究》，硕士学位论文，中国科学院大学，2020 年。

年代跨度从距今 1.5 万年延续至全新世中期，大多数文化性质为单纯的打制石器遗存，均收集到细石叶技术产品，到全新世中期出现与陶片共生的现象。由于青藏高原的环境不利于地层沉积，这些遗址多为地表或浅地表堆积。此外，以上遗址多为新世纪以来中美联合调查期间所发现，受工作计划和遗址埋藏情况等多方面因素影响，基本只做了遗址剖面的清理或围绕火塘做了标本收集与年代样品采集工作，因此，只能笼统地知道在这些遗址的面积小、古人类围绕火塘短期生存、利用了细石叶技术，但是更具体的文化面貌如何、古人类如何利用遗址和资源等方面的信息，我们尚无从获知。

位于四川广元东北约 50 公里的中子铺遗址地理位置较为靠南，从这里采集到典型的楔形石核、锥形石核、柱形石核的细石器遗存①。遗物均为地表和浅地层埋藏，无法测年。从遗址所在地貌单元上来看，这里与典型的中国南方雨热条件较好的环境有差异，可能为细石叶技术人群适应生存的南部边缘区。在云贵高原、川西地区，由于海拔高、温度季节性差异及资源产出等条件的影响，也是一些流动的细石叶技术人群的适应区域，但其存在地域有限，有边缘地区的性质。

除前文介绍的遗址外，中国北方地区著名的含细石叶技术遗存的考古遗址还包括昌黎淳泗涧遗址②、河南舞阳大岗遗址③、陕西大荔沙苑遗址④等，均存在有地层无测年、有报道不详细、无地层无测年等多种情况。此外还有大批受客观埋藏情况的影响，多以地表采集为主、少数遗址经过小面积的试掘，遗物构成比例也以采集品占绝对比重的遗址⑤。受上述限制，本文对这些材料不做涉及。

---

① 中国社会科学院考古研究所四川工作队：《四川广元市中子铺细石器遗存》，《考古》1991 年第 4 期。

② 河北省文物研究所、秦皇岛市文物研究所、昌黎县文物保管所：《河北昌黎淳泗涧细石器地点》，《文物春秋》1992 年增刊。

③ 张居中、李占扬：《河南舞阳大岗细石器地点发掘报告》，《人类学学报》1996 年第 2 期。

④ 安志敏、吴汝祚：《陕西朝邑大荔沙苑地区的石器时代遗存》，《考古学报》1957 年第 3 期。

⑤ 例如关于黑龙江省和吉林省的细石叶遗存的综合性介绍：李有骞：《黑龙江省旧石器遗存的分布、年代与工艺类型》，《华夏考古》2014 年第 3 期。王春雪、陈全家、赵海龙、方启：《吉林东部地区旧石器时代晚期细石叶工业技术分析》，吉林大学边疆考古研究中心：《边疆考古研究（第 8 辑）》，北京：科学出版社，2009 年，第 1~13 页。

三　小结

旧石器时代晚期到全新世早期全球气候波动频繁，深海氧同位素三阶段、末次盛冰期、博令－阿勒罗得事件、新仙女木事件、全新世早期的升温期这几个冷暖交替的气候事件给人类生存带来巨大挑战。在气候波动及人类智能水平提升、人口数量增加等因素的作用下，人类的适应生存的能力不断加强，在此过程中发展出新的技术因素，社会组织性更好地提升以增强其生存效率，生存区域逐渐向低资源产出率的青藏高原、高纬度寒冷地带等边缘生态位拓展。尤其到旧石器时代晚期末段，细石叶技术出现，由于人群间信息交流与技术传播的多重作用，这一技术迅速被中国北方地区的人群所采用，随之出现遗址数量大幅度增加的现象，不同遗址间因局部环境的独特性、人类适应方式的多样化而存在或多或少的差异。

尽管从旧石器时代晚期的单一某处遗址中出土的研磨类工具、陶器等新技术因素的数量少，例如在水洞沟第 12 地点，仅有磨盘残件 1 件、石磨棒 1 件、石杵 1 件，其中磨盘残留部分较小，从这几件器物无法全面获知这些工具的使用方式、目的和意义，但是通过综合本章第二节介绍的典型遗址，我们能够了解到旧石器时代晚期末段到新石器时代最初期中国北方地区古人类的生存模式、适应策略的复杂性和多样性，从考古遗存上体现为标准化加工技术产生的刮削器及小型两面器等石器、细石叶技术产品、研磨类工具、磨制石器、骨角器、两面器、陶器等器物的应用。不同遗址中的技术因素、组合有差异，对这些遗址中相关信息的整合，将有助于我们更好地理解上述新技术因素。

下川遗址和龙王辿遗址磨盘中部的近圆形凹痕显示了其使用位置是在器物的中部[1]，从形制上看，称之为"石臼"似更合适。目前尚没有对其磨痕的深入研究和报道，且笔者未能看到这批材料，只能初步推测该类磨盘的使用痕迹可能有两种形式：

---

[1]　王建、王向前、陈哲英：《下川文化——山西下川遗址调查报告》，《考古学报》1978 年第 3 期。中国社会科学院考古研究所、陕西省考古研究院：《陕西宜川县龙王辿旧石器时代遗址》，《考古》2007 年第 7 期。

其一，密集的点状小凹坑，以杵（石、木、骨角等多种材质均有可能）连续捣击所致；其二，磨痕呈圆周状，以杵做圆周状运动研磨植物或颜料等。由于捣击和圆周研磨两种方式存在交替使用的可能，故而两种痕迹或会出现于同一器物。这一类型的磨盘和杵未在较晚段的遗址发现。

除中间为近圆形凹坑的磨盘外，下川遗址还出土一件有浅长形凹槽的磨盘，此凹槽极有可能是用杵做往复运动所致。尽管这种磨盘不见于2007年发掘的水洞沟第12地点的材料中，但是该遗址中发现一件石杵（SDG12L5-8507），顶端和底端的特征均显示其使用方式可能是纵向的往复运动（标本描述和分析见第四章），与下川遗址中具有浅而长形凹槽的磨盘互相印证，推测下川遗址和水洞沟第12地点中均有浅长凹槽的磨盘和往复运动石杵的配套使用。笔者将此类研磨工具命名为组合A。

下川遗址、柿子滩遗址、虎头梁遗址中发现具有纵向磨痕、横截面呈马鞍形或平坦面的磨盘，表面有平坦磨痕或砸击痕迹。前者是纵向往复运动产生的，与之配套使用的为扁长、底部磨平、截面近三角形的磨棒；后者是敲砸所致。据这些材料推测，水洞沟第12地点的磨盘残件（SDG12L3-2428）原型为磨面有纵向磨痕、横截面呈马鞍形或平坦面的磨盘，以SDG12L5-8506为代表的石磨棒底面磨平，当与磨盘类配套使用，二类石制品构成一套工具组合。笔者将此类研磨工具命名为组合B。

根据目前发现的考古材料，石臼类磨盘的使用时间较早，但在旧石器时代晚期末段不再使用；从下川遗址到新石器时代的遗址中，研磨工具组合A和B一直延续使用。虽然目前尚无残留物分析等直接证据证明不同研磨器的作用对象是否有区别，但从接触面积上讲，组合B远大于组合A，组合B的研磨效率和易操作性大于组合A。从这一层面上分析，若二者的作用对象及目标一致，组合A的使用效率低、费时、费力，不会为人所用，然而该组合在下川遗址、水洞沟第12地点等遗址中皆有发现，说明其存在有必要性，组合A和B的功能对象可能有一定区别。这一推测，尚需进一步微痕分析、残留物分析等手段来证实。

旧石器时代晚期末段到新石器时代初期，在中国北方地区含细石叶技术遗存的遗址中，工具类型呈现多样化、精致化特征，除细石叶技术和研磨类产品外，一些特殊的工具类型显示了人类生存策略的多样性和有针对性特征，其中最典型的工具类型有锛状器、石镞、石矛头、磨制石器、磨制骨器、陶器等。

磨光石斧、石锛等工具多被认为与伐木活动相关①。谢飞等人指出锛状器是装柄复合工具的组成部分，用来砍伐、刨平木料，兼有采集植物及其块茎等多种用途②，在民族学证据支持下的微痕研究证实了该类器物保留了装柄、砍刨及刮削木材等遗留的痕迹③。更新世晚期人类对木质工具的需求、应对寒冷气候的燃料需求等造成伐木活动增加，磨光石斧的使用大大提高石器原料的利用率。斧、锛的运用是匮乏期资源多样化的一个体现，磨光工具是高劳作频率下相对经济的石器生产策略。

宋艳花根据微痕观察和使用实验对比，指出石镞是狩猎工具，承担前期捕获猎物的任务④。石矛头也属狩猎工具，但其使用方式并非远距离投射，而是近身戳刺，是最后致死工具，为狩猎过程的后续阶段。在中国传统的打制技术体系中并不见真正的两面器，但石镞、石矛头等两面器在柿子滩、下川、薛关、鸽子山、虎头梁等遗址中均有发现，与华北小石器传统中以单向加工为主的特点形成鲜明对比，其源头尚不明了。

从年代上看，锛状器、石镞、石矛头、磨光石斧等工具类型的出现和使用时间为 20～10cal ka BP 前后，例如下川遗址、柿子滩遗址、虎头梁遗址等。四者的使用并非以工具组合的形式出现，例如在柿子滩遗址 S1 和 S29 地点、鸽子山遗址中，仅有石矛头和石镞，无锛状器；薛关遗址中仅有石矛头，无石镞和锛状器；李家沟遗址的旧石器文化层出土石镞和经简单磨制的石锛，未发现石矛头；下川遗址、虎头梁遗址同时出土锛状器、石镞、石矛头三类工具；水洞沟第 12 地点则仅有磨光石斧。以上差异显示，不同环境、生态条件下，人类的适应策略具有多样性和机动灵活性。

装柄等复合工具的制作行为是现代人行为的重要特征⑤，该过程包括一系列复杂

① Hayden B. Research and development in the Stone Ages：Technological transitions among hunter - gatherers. *Current Anthropology*，1981，22（5）.

② 谢飞、李珺、石金鸣：《中国旧石器时代晚期锛状器的研究》，韩国国立忠北大学先史文化研究所、中国辽宁省文物考古研究所：《东北亚旧石器文化》，韩国：白山文化印刷，1996 年，第 179～194 页。

③ 张晓凌、沈辰、高星等：《微痕分析确认万年前的复合工具与其功能》，《科学通报》2010 年第 55 卷第 3 期。

④ 宋艳花：《山西吉县柿子滩遗址石英岩石制品研究》，博士学位论文，中国科学院研究生院，2011 年，第 91、147 页。

⑤ Lombard M. Evidence of hunting and hafting during the Middle Stone Age at Sibidu Cave，KwaZulu - Natal，South Africa：a multianalytical approach. *Journal of Human Evolution*，2005，48（3）. Klein RG. Archaeology and the evolution of human behavior. *Evolutionary Anthropology*，2000，p. 9.

的程序：石制品预制、柄的加工制作、捆绑或粘连等，要求生产者有对原料的认识和控制水平、工具的设计等理念①，是精致型的加工策略②。除锛状器为"倚靠式"装柄外，该阶段的装柄工具还包括骨柄石刃刀，这在水洞沟第 12 地点、人地湾遗址第⑥文化层、东胡林遗址、上宅遗址中均有发现。将小尺寸的细石叶镶嵌于骨柄上，有效利用其锋利刃缘从事刮削、切割活动。一旦刃缘损坏，能够在更换细石叶后继续使用，从而节省制作骨柄的时间，提高工具效能。

在距今 1.1 万～1.0 万年左右，部分遗址中出现少量陶片，磨制石器也逐渐盛行，显示人类生存方式的多元化，流动性降低，逐渐向半定居、定居方向转变，进入早期新石器时代，早期的农业可能已经出现。以往的观点将农业、定居、陶器等作为新石器时代的标志，实际上在新石器化进程中，农业的起源和定居的出现都经历了漫长的发展过程，而不是一个突发的转折。旧石器时代最末期出现了对特定植物类资源的深层次利用，可能开始了对某些动物资源的驯化过程，但是动植物的驯化和农业是在人类实现长时间定居之后才真正发生的③，而定居的出现也从人群的广泛流动到短时间或季节性定居逐步发展而成，因此对新石器化进程的研究需以更长尺度的视角。

旧石器时代晚期末段到新石器时代最初期，中国北方地区考古学材料最具延续性的文化特点是细石叶技术的广泛采用，大多数经系统发掘的遗址均出土细石器遗存。在该区域从旧石器时代晚期到新石器时代的文化发展中，细石叶技术无疑扮演了重要的角色。与细石叶技术遗存共生的材料在不同地区、不同阶段、不同遗址不尽一致，后续章节将立足于这些考古材料解析人类行为、构建旧－新石器过渡阶段古人类的生存模式。

---

① Ambrose SH. Paleolithic technology and human evolution. *Science*，2001，291（5509）.

② Binford LR. Interassemblage variability – the Mousterian and the "functional" argument, In Renfrew C（eds.）. *The Explanation of Culture Change*：*Models in Prehistory*. London：Duckworth，1973，pp. 227 –253.

③ Cohen DJ. Microblades，early pottery，and the Paleolithic – Neolithic transition in China. *The Review of Archaeology*，2003，24. Cohen DJ. The beginnings of agriculture in China：a multiregional view. *Current Anthropology*，2011，52（S4）.

第四章　管窥巅峰：水洞沟第 12 地点

一　遗址简介

水洞沟遗址位于宁夏回族自治区银川市以东 28 公里处，西距黄河 18 公里，距离灵武县城 30 公里，处于银川盆地东部边缘，地理坐标 106°29′E，38°21′N，海拔约 1200 米。遗址西南部是海拔 1512.2 米的横山（俗称马鞍山），其北端出露有奥陶系、白垩系的古老地层，东北侧是毛乌素沙漠的西南边缘，明长城即沿沙地南缘修建而成①。发源自清水营的边沟河在长城以南沿长城流向西北，过长城之后称为水洞沟，最终汇入黄河，水洞沟遗址分布于边沟河两岸。

水洞沟遗址属于鄂尔多斯地台边缘新生代地堑的一部分，该区域的地质过程、地理环境复杂。灵武县城东北侧是南北走向的东山，因断层活动错断了上新世古黄河形成的剥蚀－侵蚀平原而形成，海拔 1400 ~ 1500 米，向北至水洞沟以西，高程降低为 1305 米，称为黑山，距离水洞沟遗址 3 公里，灵武东山东坡发育南北走向的黑山－风咀子坡冲断层，山体西侧沿断层向西掀揭，东侧下降。遗址东北部的毛乌素沙漠发育固定、半固定沙丘，在遗址附近沙丘一般高出地表 5 ~ 10 米，其下伏地层为更新世的湖相地层，与东山之间的地带为大面积由西向东阶梯状下降的冲积扇。水洞沟遗址在地质单元上属于银川地层小区，小区内主要为新生代第四纪沉积，据钻探资料表明第四系厚达 1000 余米，第三系厚达 2000 余米，第三系以下地层推断为奥陶系，尚未探明。本区边缘地区，发现第三系覆盖在不同老地层之上②。

---

① 宁夏文物考古研究所：《水洞沟——1980 年发掘报告》，北京：科学出版社，2003 年，第 10 ~ 21 页。

② 宁夏回族自治区区域地层表编写组：《西北地区区域地层表宁夏回族自治区分册》，北京：地质出版社，1980 年，第 36 ~ 42 页。霍福臣：《宁夏地质梗要》，《甘肃地质学报》1993 年增刊。

古人类对水洞沟地区的开发主要集中在末次冰期间冰段后一阶段和新仙女木事件之后两个阶段。水洞沟遗址早期堆积处于早期现代人成型、旧石器时代晚期文化成熟阶段，尤其是第 1 地点，出土大量石叶石核、勒瓦娄哇石核、石叶、尖状器、端刮器等，自发现伊始即因其独特文化内涵而引起中外学者的广泛关注。

在第四纪，水洞沟地区受地壳间歇性抬升和受黄河及其支流的影响，在遗址周边可以看到黄河的 6 级阶地（T6 – T1），其中 T6 – T5 为基座阶地，T1 为上叠阶地。T6 阶地下伏奥陶、白垩及第三纪地层，发育于遗址西部低山区阶地前缘，海拔 1330 米左右，主要堆积物是厚层砾石层，一般厚约 10 米，砾石以石英砂岩为主，也有灰岩、含燧石灰岩和少量白云岩。T5 阶地的基座为晚第三纪红色砂岩、含砾砂岩、红色砂质泥岩和页岩组成，阶地面较平坦，冲沟发育，表面有风化后残留的砾石层，以灰岩、含燧石灰岩、少量红色砂岩、白云岩为主要成分。T4 阶地在边沟河两岸广泛分布，高程约 1253 米，下伏地层为清水营组红色砂岩、砂页岩或泥岩。T3 阶地高程约 1230 米，上部为浅灰黄色、黄色细 – 粉砂层，厚层块状，浅灰黄色块状粉砂具水平层理，斜层理和波状层理；底部为砾石层，砾石层的厚度变化比较大，砾石主要成分为灰岩和石英砂岩，砾石磨圆不等，大多次棱角 – 次圆状；在 T3 阶地的平面上散布着众多的细石器遗存，在堆积的上部粉砂层里发现有石制品，说明在阶地形成时期和形成后这个地貌单元面上有人类在此间歇性活动。T2 阶地在本区沿边沟河两岸广泛发育，阶地堆积物上部为浅灰白、灰黄和黄绿色细、粉砂；底部为砂砾石层，砾石主要为灰岩、红色砂岩；下伏基岩为第三纪红色砂岩，含砾砂岩和红色砂质泥岩、页岩组成。在 T2 阶地地层的中部 – 下部发现有古人类活动遗迹。T1 阶地局部发育于现代边沟河的两侧或一侧，阶地堆积物上部多数为灰绿色的泥质粉砂，某些地段会含有少量的泥炭条带，底部为厚薄不均的砾石层，有些地段甚至没有砾石层。砾石主要为灰岩、硅质灰岩、红色石英砂岩，还含有少量的硅质白云岩和浅灰色石英砂岩①。

在第四纪晚期，即相当于深海氧同位素五到四阶段，由于降水量的增加，水洞

---

① 高星、袁宝印、裴树文等：《水洞沟遗址沉积 – 地貌演化与古人类生存环境》，《科学通报》2008 年第 10 期。

沟地区广泛发育冲洪积平原。MIS3 阶段之前，河流下切，冲洪积平原成为 T2 阶地。深海氧同位素三阶段，气候湿润温和，降水量再次增加，局部地区形成湖泊，形成 SDG1 第⑤层灰绿色黏土，同时因为构造稳定，较厚的河流相沉积发育，再次出现起伏较小的冲洪积平原地形。

水洞沟第 12 地点埋藏于边沟河 T2 阶地中（图 4.1；彩版一），该地点发现于 2005 年。2007 年夏天，在水洞沟第 2 地点发掘期间，考虑到文化的特殊性及遗址埋藏情况，中国科学院古脊椎动物与古人类研究所与宁夏考古研究所组成的联合发掘队对水洞沟第 12 地点的剖面进行了一次抢救性清理工作，清理面积约 12 平方米（图 4.2；彩版一）。2010 年春季，获知要在遗址所在区域修建水库，高星研究员再次派出发掘队，以陈福友副研究员为执行领队，对遗址进行了全面的抢救性发掘工作，发掘面积约 100 平方米。

由于砖厂取土，SDG12 的大部分堆积已经荡然无存，遗留下来的文化层出露在剖面上，表现为一条

图 4.1　水洞沟第 12 地点远景（摄影：陈福友）

图 4.2　2007 年水洞沟第 12 地点发掘场景
（摄影：陈福友）

延绵约 50 米呈透镜体状的灰烬层，最厚处达 1.6 米，平均厚度 0.5 米；灰烬层主要是灰烬、木炭、砂土和石块的混合堆积，发掘过程中未发现文化分层现象①。

该地点出露剖面厚约 9 米，主要是河流相堆积，文化层包含在其中。根据岩性和沉积特征，刘德成将之划分为四层，并从上而下进行了如下描述（图 4.3；彩版二）。

---

① 刘德成、陈福友、张晓凌等：《水洞沟 12 号地点的古环境研究》，《人类学学报》2008 年第 4 期。

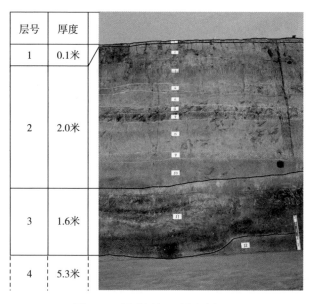

层号	厚度
1	0.1米
2	2.0米
3	1.6米
4	5.3米

图4.3　水洞沟第12地点剖面图

第①层：灰黄色细－粉砂，质地松散，地表散布着较多的细石叶技术产品。本层厚0.1米。

第②层：浅棕色细－粉砂，致密块状，钙质胶结，发育水平层理。在1.3～1.6米处含有少量炭屑，呈浅灰褐色。本层厚2.0米。

第③层：含细砂灰烬层，灰黑色，含有炭屑、动物骨骼、骨器、细石叶、细石核、打制石器、磨制石器等石制品和碎石块。碎石块呈棱角状，细石叶刃口锋利，无长距离流水搬运磨蚀迹象。本层南北延伸约50米，呈透镜体状，中间最厚达1.6米。推测地层遗物为原地埋藏，略经流水改造，属于以细石叶技术为主体的旧石器时代末期文化。本层厚1.6米。

第④层：灰黄色细砂，夹薄层黏土条带，含有斑状铁锈，具水平层理，斜层理，小型槽状层理。黏土层呈水平条带状，厚0.15～0.3米，富含钙质，溶有矿物质的盐水在黏土层上部富集，在出露处蒸发浓缩成含白色的钙质结核。黏土层中可以见到石膏晶体。本层厚5.3米，未见底①。

---

① 刘德成：《MIS3阶段织机洞与水洞沟地区古人类生存环境对比研究》，博士学位论文，北京大学，2008年，第51页。

SDG12 的测年工作采用了碳十四和光释光两种方法，其中碳十四样品位于第②层的中部，光释光样品位于第①层上部及下部、第③层上部和下部，结果见表 4.1 和 4.2。

表 4.1 SDG12 光释光年代数据表①

实验室号	野外编号	U (ppm)	Th (ppm)	K (%)	剂量率 (Gy/ka)	等效剂量 (Gy)	年龄 (kaB.P)
IEE1108	CG1	3.25 ± 0.13	10.41 ± 0.23	1.89	3.48 ± 0.16	42.1 ± 2.9	12.1 ± 1.0
IEE1109	CG2	3.07 ± 0.13	9.36 ± 0.21	1.8	3.27 ± 0.15	108.3 ± 2.4	33.1 ± 1.7
IEE1110	CG3	2.65 ± 0.10	11.23 ± 0.26	1.76	3.27 ± 0.15	38.0 ± 0.7	11.6 ± 0.6
IEE1111	CG4	2.86 ± 0.09	8.14 ± 0.19	2.05	3.32 ± 0.14	156.9 ± 4.4	47.2 ± 2.4

表 4.2 SDG12 碳十四年代数据表

编码	^{14}C 年龄 (BP)	材料	校正年代 (cal BP)		参考文献
			1σ (68.2%)	2σ (95.4%)	
BA140133	9095 ± 35	骨	10260 ~ 10220	10371 ~ 10194	
CW − 1	9210 ± 45	全有机	10476 ~ 10275	10500 ~ 10250	
BA140134	9235 ± 30	骨	10491 ~ 10300	10505 ~ 10279	
Beta − 376443	9240 ± 30	骨	10496 ~ 10301	10510 ~ 10280	
Beta − 376444	9240 ± 30	骨	10496 ~ 10301	10510 ~ 10280	
BA140135	9430 ± 30	骨	10705 ~ 10594	10736 ~ 10580	
LUG06 − 54	9797 ± 91	全有机	11323 ~ 11107	11603 ~ 10794	刘德成等，2008

注：本表格碳十四数据基于 OxCal 4.3（IntCal 13 atmospheric curve）校正

与采自第②层中部的碳十四样品结果及采自第③层上部的光释光样品 CG3 的结果相比，第①层底部的 CG2 光释光样品的年龄数据偏老，但是据野外观察，该地点地层水平分布，未发现地层倒转现象，是正常的沉积序列。对比文化层中出土的细石器制品及其他文化遗存信息，人类占据该地点的时间应该是更新世末到全新世初的旧石器时代晚期末段，CG2 的测定结果明显与此不符合，故而将此舍弃。综合碳十四和光释光测年数据，SDG12 文化层的年代应该是距今 10500 ~ 10200 年。SDG12 处于全新世最初期，是中国北方地区从旧石器时代到新石器时代的过渡阶段。

---

① 刘德成、陈福友、张晓凌等：《水洞沟 12 号地点的古环境研究》，《人类学学报》2008 年第 4 期。

通过对剖面上采取的 13 个孢粉样品的分析，依照孢粉组合特征及浓度百分含量的变化，刘德成等将 SDG12 的古植被发育状况及古气候特征自下到上划分为三个阶段。

第 I 孢粉段：控制深度 3.7 ~ 9.0 米，地层年代在距今 4.7 万 ~ 1.1 万年。孢粉浓度均值较高，说明周围或边沟河上游植被覆盖度大。综合分析孢粉含量，该阶段属于稀树半干旱草原植被景观。

第 II 孢粉段：控制深度 1.1 ~ 3.7 米，地层年龄距今 1.1 万 ~ 1 万年左右，孢粉浓度值低。孢粉分析反映的沉积环境属于中生型，有一定适干旱植物，植被覆盖率低，属于稀树荒漠草原环境。灰黄色、浅棕黄色为主、局部发育石膏晶体的整体地层堆积反映的干旱沉积环境与此有较大程度的耦合。

第 III 阶段：控制深度 0.1 ~ 1.1 米。该阶段的植被类型少，但是孢粉浓度大，旱生或超旱生植物花粉占绝对优势，木本和蕨类植物孢粉很少，反映该阶段气候环境非常干旱，属于干旱草原植被景观①。

二　石制品概况

由于第二次发掘时间紧迫、清理面积大，且遗物数量多，目前尚未能开展系统整理工作。故本项研究以 2007 年所获遗物为研究对象。虽然 SDG12 仅有一个文化层，但考虑到文化层较厚，在发掘过程中，按照自上而下的顺序将之分成五个水平层，分别为 LI ~ L5。本次研究也按五个水平层依次介绍标本。

2007 年获得石制品共 9020 件（表 4.3）。发掘过程中从该遗址灰烬层发现、收集烧石 13000 多块，总重量达 307 公斤，分布密集而混杂②。此外，还出土大量动物骨骼、骨器。

---

①　刘德成、陈福友、张晓凌等：《水洞沟 12 号地点的古环境研究》，《人类学学报》2008 年第 4 期。

②　高星、王惠民、刘德成等：《水洞沟第 12 地点古人类用火研究》，《人类学学报》2009 年第 4 期。Gao X, Guan Y, Chen YF, et al. The discovery of Late Paleolithic boiling stones at SDG12, north China. *Quaternary International*, 2014, p. 347.

表 4.3　SDG12 石制品统计一览表

类型			L1	L2	L3	L4	L5	合计
石核类	锤击石核	—		12	9	16	9	46
	砸击石核	—		20	26	16	20	82
	细石核		3	18	20	37	17	95
石片类	锤击石片	完整	18	338	408	295	214	1273
		左裂片	1	22	25	42	28	118
		右裂片	2	24	25	54	39	144
		近端	7	73	116	200	151	547
		中段	—	11	11	17	13	52
		远端	7	46	61	112	61	287
	砸击石片		—	26	19	43	25	113
	细石叶	完整	1	44	92	102	72	311
		左裂片	—	—	1	1	—	2
		右裂片	—	—	6	2	—	8
		近端	11	182	88	242	254	777
		中段	4	59	30	87	80	260
		远端	2	41	49	26	80	198
	修型石片	完整	3	16	23	50	49	141
		左裂片	—	—	—	1	—	1
		右裂片	—	—	—	1	—	1
		近端	—	6	5	35	5	51
		中段	—	1	—	—	—	1
		远端	—	1	—	2	—	3
工具类	打制	第一类	0	2	6	2	3	13
		第二类	9	46	82	106	57	300
	非打制		—	5	2	8	7	22
特殊器物			1	—	1	—	2	4
残片			31	324	82	252	113	802
断块			42	151	651	179	72	1095
碎屑			17	6	586	483	400	1492
微片			—	97	117	297	247	758
储料			—	—	—	13	10	23
合计			159	1571	2543	2723	2028	9020

（一）石核类

1. 锤击石核

据台面和剥片面的并发利用形式，李锋将锤击石核分为简单石核和系统石核两类。前者包括固定台面（单台面）石核和转向台面（非单台面）石核，无剥片前的石核预制程序，后者包括勒瓦娄哇石核、石叶石核等，有系统的石核预制程序[①]。

SDG12 一共发现 46 件锤击石核，皆属简单石核，按照其自然层分类如表 4.4。Ⅰ1、Ⅱ2 和Ⅲ型石核所占比重分别为 26%、24% 和 24%；原料相对单一，其中包括白云岩 18 件、燧石 18 件、石英岩 1 件、变质岩 7 件、火成岩 2 件。

表 4.4　锤击石核类型统计

自然层	Ⅰ1	Ⅰ2	Ⅱ1	Ⅱ2	Ⅱ3	Ⅲ	合计
L2	3	1	—	2	—	6	12
L3	2	2	3	2	—	—	9
L4	6	—	2	4	1	3	16
L5	1	2	—	3	1	2	9
合计	12	5	5	11	2	11	46

锤击石核的尺寸及重量较小（表 4.5；图 4.4）。所有锤击石核的重量标准差为 20.51，其中重量不超过 40 克的 41 件石核（图 4.5）的平均重量为 13.02 克，标准差仅 9.22。固定台面石核与转向台面石核的尺寸间并不存在一种固定的相对大小关系（表 4.5、4.6；图 4.6；彩版三），因此，不能判定固定台面石核是转向台面石核的初始阶段。SDG12 的转向台面石核与固定台面石核相比，前者的原料尺寸较大，具有台面转向的潜力。

表 4.5　锤击石核描述统计

	极小值	极大值	均值	标准差
长（毫米）	17.55	61.60	30.14	10.21
宽（毫米）	12.12	45.40	24.23	8.75
厚（毫米）	8.50	33.40	16.86	5.38
重（克）	2.95	92.91	19	20.51

[①] 李锋：《"文化传播"与"生态适应"——水洞沟第 2 地点考古学观察》，博士学位论文，中国科学院大学，2012 年，第 80 页。

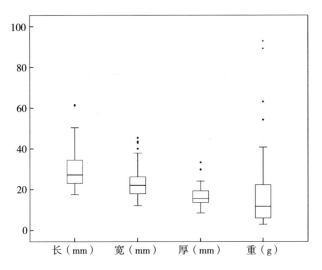

图 4.4　水洞沟第 12 地点锤击石核描述统计

表 4.6　简单石核尺寸统计

石核类型		L2			L3			L4			L5		
		长	宽	厚	长	宽	厚	长	宽	厚	长	宽	厚
固定台面	均值（毫米）	30.71	22.69	16.53	33.38	26.15	22.33	33.22	25.98	16.27	22.18	17.01	13.69
	标准差	13.61	14.22	9.29	18.94	13.16	7.86	8.61	8.88	3.94	5.02	4.25	4.66
转向台面	均值（毫米）	31.95	25.88	17.17	25.85	19.32	12.96	30.63	24.12	17.71	28.87	27.9	17.02
	标准差	14.43	10.34	5.49	3.37	4.56	2.72	7.37	6.42	4.32	6.65	7.22	4.27

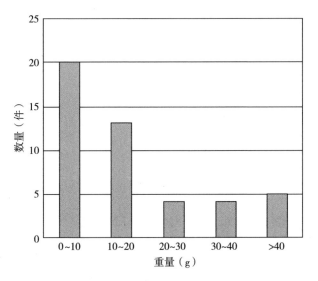

图 4.5　水洞沟第 12 地点锤击石核重量统计

图 4.6　锤击石核及楔形石核的对比
1. "切线法" 剥片石核；2. 保留修型石片疤的楔形石核

部分锤击石核台面缘有琢磨修理的痕迹，推测是采用软锤 "切线法" 剥片以将核体修薄而产生，核体残留的石片疤浅平，多显示同向或对向打制（图 4.6：1）。与部分细石核毛坯特征相对比，此类锤击石核的打制目标是预制细石核，遭到废弃的原因多为预制效果不理想。

2. 砸击石核

共 82 件，按照自然层分类如表 4.7，仅 L1 无砸击石核出土。砸击石核的原料相对单一，以燧石为主，所占比重达到 84.15%；其中 L2 ~ L5 层中分别有 19 件、18 件、15 件、17 件，所占比重分别为 95%、69.2%、93.8%、85%。

表 4.7　砸击石核数量统计

自然层	1 端 1 面	1 端 2 面	2 端 1 面	2 端 2 面	2 端多面	合计
L2	4	4	4	8	—	20
L3	3	2	14	6	1	26
L4	3	1	9	2	1	16
L5	4	4	2	7	3	20
合计	14	11	29	23	5	82

砸击石核的尺寸极小，在经过测量的标本中，最重的一件为 23.06 克，最轻的一件仅 0.17 克，平均值为 2.09 克，标准差是 3.34。砸击石核未发现有台面预制、修理的现象。部分砸击石核的原型为细石叶石核，可从核体上分辨出多个清晰的细石叶疤。

3. 细石核

（1）细石核备料及毛坯

细石核备料的界定尚无合适的标准，但是该类型在进行操作链讨论中不可或缺。本次研究中，据标本的原料、尺寸、形状、质地仅划分出1件细石核备料。

细石核毛坯是处于预制阶段或未剥片即废弃的废弃品，从形制上看，已经具备细石核的初步特征。造成细石核毛坯未能进一步加工的原因主要有四：其一，预制中发现原料节理发育，不适于进一步加工为细石核；其二，虽已基本成型，然而因核体尺寸过小等问题，即便加工成细石核也无法剥制出理想的细石叶产品；其三，部分原料均一、大小适宜的毛坯，核体过厚，难以按照预设目标对核体修型打片修薄，史前工匠果断将之放弃；其四，预制中修型不成功，无法将核体加工成理想形状，造成预制失败。

共出土细石核毛坯14件，其中L1无，L2～L5层分别有2件、5件、5件、2件。原料以白云岩为主，共8件。细石核毛坯的描述统计见表4.8，白云岩质毛坯大于燧石质毛坯的尺寸，与遗址周边的特点构成相同。

表4.8　细石核毛坯描述统计

细石核毛坯	极小值		极大值		均值		标准差	
	全部	白云岩	全部	白云岩	全部	白云岩	全部	白云岩
高（毫米）	11.98	11.98	33.85	33.85	23.79	25.87	7.28	7.76
宽（毫米）	10.90	27.73	45.61	45.61	31.41	34.08	8.88	5.89
厚（毫米）	10.00	16.65	33.32	30.71	21.58	23.05	6.86	4.75
重（克）	2.63	6.50	44.47	44.47	21.81	25.91	13.23	12.30

（2）楔形石核

台面和楔状缘是构成楔形石核的两个基本要素，是楔形石核生产细石叶的必要条件，其中楔状缘是楔形石核的共同形态特征和基本条件，也是区别于其他类型细石核的关键要素。本次研究将具有底缘或后缘及二者兼备的细石核均纳入楔形石核的行列。本节仅简单介绍楔形石核的数量、岩性及修型片疤统计，关于其技术分析将在本章第五节展开。

共发现楔形石核34件，其原料单一，以白云岩为主，其次为燧石，石英岩和变质岩者各有2件（表4.9；图4.7）。

表4.9 楔形石核岩性

水平层	白云岩	燧石	石英岩	变质岩	合计
L2	4	2	—	—	6
L3	5	1	—	1	7
L4	10	3	2	—	15
L5	4	1	—	1	6
合计	23	7	2	2	34

卫奇据黄金分割率将石制品形态分为4个等级：宽厚型，宽度/长度×100≥61.8、厚度/宽度×100≥61.8；宽薄型，宽度/长度×100≥61.8、厚度/宽度×100<61.8；窄薄型，宽度/长度×100<61.8、厚度/宽度×100<61.8；窄厚型，宽度/长度×100<61.8、厚度/宽度×100≥61.8[①]。部分楔形石核上保留了完整的石片疤，一共18个，其尺寸统计见图4.8。长宽指数超过黄金分割点（0.618）的片疤仅3个，显示了以剥制长型石片为主的特征（图4.6：2，图4.9）。石片疤浅平，具有同向或对向打击的特点，结合修型石片的特征推测，这些石片疤是在细石核预制阶段打制修型石片、修薄核体而产生。

（3）其他细石核

包括锥形（半锥形）石核、柱形石核和船形石核三个类型，共47件。这些细石核的原料包括白云岩20件、燧石24件、变质岩1件、玛瑙2件。

锥形（半锥形）石核的数量仅次于楔形石核，共30件，其中L1有2件，L2有7件，L3有7件，L4有7件，L5有7件。

柱形石核共11件，其中L1～L3各有1件，L4有7件，L5有1件。

陈淳对船形石核有具体的描述，即"台面宽，核身厚，似船形。台面为破裂面或节理面，不修理。核身从台面向下修制，与楔形石核核身由楔状缘向台面、工作

① 卫奇：《石制品观察格式探讨》，邓涛、王原：《第八届中国古脊椎动物学学术年会论文集》，北京：海洋出版社，2001年，第209～218页。

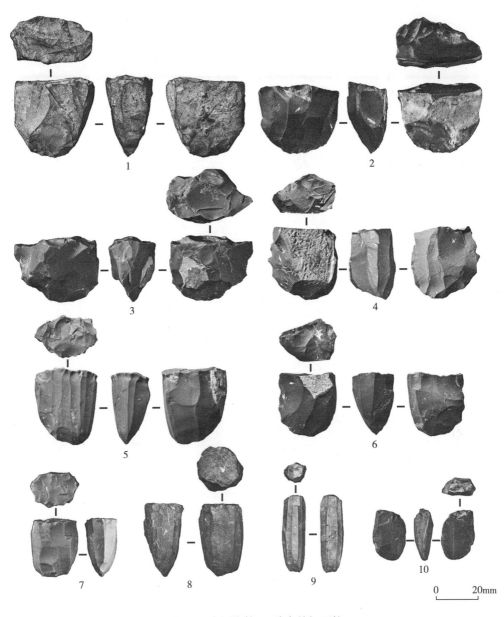

图 4.7　水洞沟第 12 地点的细石核

面方向修制相反。有的底端不为刃状缘而为一小平面"①。此原则与本文前述船形石核概念型版揭示的石核形态基本一致，本研究遵循此原则，划分船形石核 6 件，其

---

① 陈淳：《中国细石核类型和工艺初探——兼谈与东北亚、西北美的文化联系》，《人类学学报》1983 年
　　第 4 期。

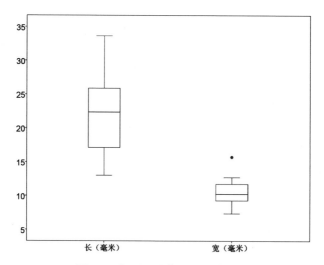

图 4.8　楔形石核修型石片疤尺寸

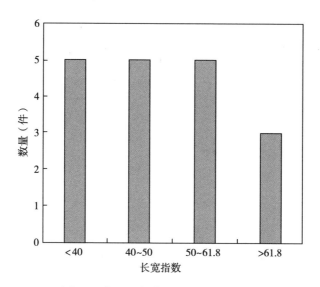

图 4.9　楔形石核修型石片疤长宽指数

中 L2 有 2 件，L4 有 3 件，L5 有 1 件。

（二）石片类

1. 锤击石片

L1～L5 出土的完整石片数量依次为 18 件、338 件、408 件、295 件、214 件，在室内整理中采取简单随机抽样法分别抽取样本 18 件、122 件、35 件、59 件、196 件，类型统计见表 4.10。不完整石片包括近端、中段、远端和裂片，其统计见表 4.11。

表 4.10 完整石片抽样类型统计

水平层	I 型	II 型	III 型	IV 型	V 型	VI 型	合计
L1	1 5.56%	2 11.11%	1 5.55%	4 22.22%	3 16.67%	7 38.89%	18 100%
L2	12 9.84%	12 9.84%	7 5.74%	5 4.09%	31 25.41%	55 45.08%	122 100%
L3	1 2.86%	1 2.85%	4 11.43%	1 2.86%	12 34.29%	16 45.71%	35 100%
L4	1 1.69%	14 23.73%	2 3.39%	4 6.78%	18 30.51%	20 33.90%	59 100%
L5	8 4.09%	17 8.67%	11 5.61%	13 6.63%	76 38.78%	71 36.22%	196 100%
合计	23 5.35%	46 10.7%	25 5.81%	27 6.28%	140 32.56%	169 39.3%	430 100%

表 4.11 不完整石片数量统计

水平层	近端	中段	远端	左裂片	右裂片	合计
L1	7	—	7	1	2	17
L2	73	11	46	22	24	176
L3	116	11	61	25	25	238
L4	200	17	112	42	54	425
L5	151	13	61	28	39	292

　　不同类型的石片比例能够揭示台面与剥片面间的相互关系。李锋曾就锤击石片台面、剥片面关系所反映的剥片策略建立模型，并指出：大量 I 型石片的存在表明打制者对有石皮原料的简单开发，台面与剥片面的转换程度极低；台面不变的剥片策略产生的石片台面以自然台面为主，其中人工背面的石片（即 III 型石片）比重高；而台面与剥片面互相转换则产生以人工台面为主的石片，其中人工背面的石片（即 VI 型石片）比重高[①]。从表 4.10 中可见，V 型和 VI 型石片在各水平层均有较高的比

---

① 李锋：《"文化传播"与"生态适应"——水洞沟第2地点考古学观察》，博士学位论文，中国科学院大学，2012 年，第 90 页。

重，显示了台面、剥片面互相转换的剥片策略。

完整石片的原料以白云岩为主，其次为燧石（图4.10），原料的构成与水洞沟第2地点较相似。石料特征与遗址周边河床、砾石层中的石料一致。

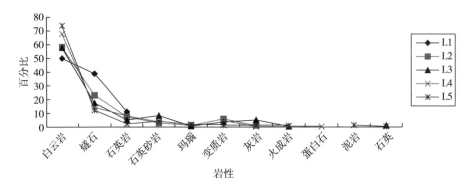

图4.10　完整石片岩性

石片的形态能够反映剥片技术的差异。SDG12各水平层的完整锤击石片均以宽薄型为主；长薄型石片有一定比重，可能是宽薄型石片生产中的偶然产物，而非有目的的生产行为（图4.11）。

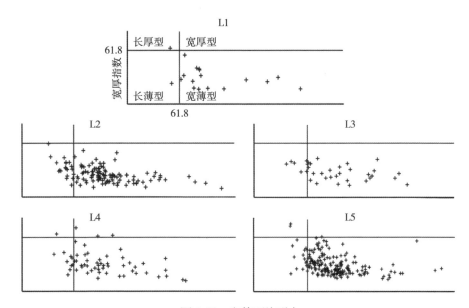

图4.11　完整石片形态

2. 砸击石片

砸击石片尺寸较小，以长薄的小型石片为主，平均尺寸为 16.58 毫米 × 11.64 毫米 × 4.26 毫米，平均重量仅 1.55 克。

砸击技法产品数量少（表 4.7、4.12），在 SDG12 出土标本中所占比重低，并非当时的主要剥片技法。与锤击技法及细石叶压制技法相比，砸击技法在白云岩质地的原料利用中采用较少，在燧石的开发中作用更为突出，在石英岩、石英砂岩、石英质地的原料利用中比重略有升高（图 4.12）。

表 4.12　砸击石片数量统计

	L2	L3	L4	L5
单端石片	22	6	17	10
两端石片	4	13	26	15

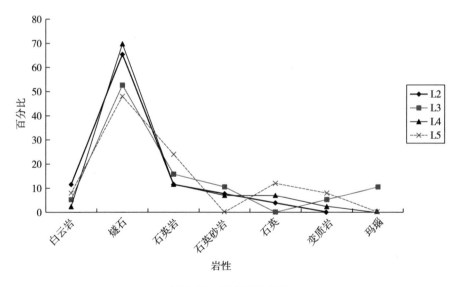

图 4.12　砸击石片岩性

3. 细石叶

共有完整者 311 件，其中 L1 ~ L5 出土的数量依次为 1 件、44 件、92 件、102 件、72 件；不完整细石叶统计见表 4.13。除 L4 出土的完整细石叶采取简单随机取样法抽取 49 件样品外，其余水平层的完整细石叶均全部观测（表 4.14）。

表 4.13　完整细石叶抽样类型统计

水平层	Ⅰ型	Ⅱ型	Ⅲ型	Ⅳ型	Ⅴ型	Ⅵ型	合计
L1	—	—	—	—	1 100%	—	1 100%
L2	—	—	—	—	8 18.18%	36 81.82%	44 100%
L3	—	1 1.09%	—	—	16 17.39%	75 81.52%	92 100%
L4	—	1 2.04%	2 4.08%	—	11 22.45%	35 71.43%	49 100%
L5	—	3 4.17%	3 4.17%	—	7 9.72%	59 81.94%	72 100%

表 4.14　不完整细石叶数量统计

水平层	近端	中段	远端	左裂片	右裂片	合计
L1	11	4	2	—	—	17
L2	182	59	41	—	—	282
L3	88	30	49	1	6	174
L4	242	87	26	1	2	358
L5	254	80	80	—	—	414

　　与锤击石片台面、剥片面所反映的剥片策略不同，细石叶的不同类型所指代的并非台面与剥片面的转换程度，更多地显示了细石核的预制程度及剥片的连续性。通过对 SDG12 各水平层出土的完整细石叶类型的统计可见：Ⅰ型和Ⅳ型细石叶未有发现，Ⅱ型和Ⅲ型细石叶有少量发现，比重极低，Ⅴ型细石叶所占的比重较高，Ⅵ型细石叶的比重达到了近 80%（表 4.13）。众所周知，为了达到连续剥片的目的，需要对细石核进行剥片前的预制，对石核毛坯修薄、修脊、预制台面等，从而获得具有理想形态的细石核。毛坯上的砾石面、节理面等自然面多在此过程中被剥离。部分细石核的毛坯具有较理想的天然面，在预制中无需调整台面，因此会出现少量Ⅱ型和Ⅲ型细石叶。有些细石核毛坯的部分天然形态恰恰无需调整即可剥制细石叶，从而产生少量Ⅱ型和Ⅴ型细石叶。Ⅵ型细石叶的大量出现，说明该遗址的细石核预制和利用程度较高。

　　不同的细石叶台面类型反映了不同的剥片方式，A 型细石叶对应间接法和压制法，C 型细石叶对应直接法，B 型细石叶可能对应了三种方法①。此次研究中，除对 L4 和 L5 采取简单随机抽样法之外，观察了 L1 ~ L3 全部完整细石叶和近端断片的台面类型。L4 的样品数量为 49 件完整细石叶和 46 件近端断片、L5 的样品数量为 72 件完整细石叶和 121 件近端断片。A 型细石叶的比重在各水平层均达到 72% 以上，B 型细石叶的比重在 20% 上下，而 C 型细石叶的数量极少（表 4.15）。据此推断，在 SDG12 的细石叶生产中，未采用直接法剥片，间接法或压制法是剥片的主要方式②，少量 C 型细石叶的存在可能是剥片中出现的意外现象。

表 4.15　细石叶台面类型统计

水平层	A 型（百分比）	B 型（百分比）	C 型（百分比）	合计
L1	11（91.67）	1（8.33）	—	12
L2	167（73.89）	51（22.57）	8（3.54）	226
L3	131（72.78）	42（23.33）	7（3.89）	180
L4	77（81.06）	17（17.89）	1（1.05）	95
L5	153（79.28）	37（19.17）	3（1.55）	193

　　遗址出土的大量细石核毛坯台面边缘有类似“切线法”剥片所形成的琢磨痕迹，形成破碎而连续的台面外缘。据此推测，在细石核预制和剥片的初始阶段，存在采用软锤对细石核台面外缘琢磨修理的过程，以增加台面外缘的坚固性，B 型细石叶因此而在剥片初始阶段产生。随着细石叶生产的进行，细石核的形态逐渐适于进一步剥片，一般情况下无需对台面外缘进行琢磨，可直接采取间接法或压制法剥片，并系统、成功地连续剥片，从而产生大量 A 型细石叶。若台面的剥片缘突出，会影响细石叶的顺利剥制，故在剥片中需要对台面外缘再次琢磨，这种情况下可能有部分 B 型细石叶产生。在此剥片过程中，也不排除剥片中发生意外的可能性，这些意外可能导致剥片的失败甚至细石核的废弃，也可能产生一些 C 型细石叶。

---

①　赵海龙：《细石叶剥制实验研究》，《人类学学报》2011 年第 1 期。

②　间接法和压制法所产生的细石叶特征有何区别目前尚存争议，需要更进一步系统打制实验确定，本文暂不涉及。

对细石叶的岩性统计显示，L1～L5白云岩的比重依次为44.4%、41.6%、52.7%、51%、53.5%，燧石的比重依次为22.2%、50.4%、36.3%、38.2%、34.1%，其余为变质岩、玛瑙、火成岩、蛋白石、石英岩等。与完整锤击石片的岩性统计相比，细石叶的原料构成中白云岩的比重降低，燧石的比重升高。

表4.16和图4.13显示了L1～L5完整细石叶的弧度信息。SDG12完整细石叶的弧度普遍较小，显示了稳定、娴熟的细石核预制和剥片技术。

表4.16　细石叶弧度描述统计

水平层	极小值	极大值	均值	标准差
L1	2.89	2.89	2.89	–
L2	0.00	15.53	4.76	3.40
L3	0.00	20.50	5.10	3.27
L4	0.60	19.03	6.24	4.02
L5	0.00	19.06	5.26	3.89

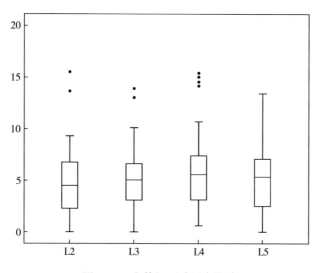

图4.13　完整细石叶弧度统计

4. 修型石片

不见打击点、半锥体和锥疤，打击泡平或微凸，这些特征的石片一般为软锤技法剥片所产生的①。SDG12 的一部分石片类石制品的大多数技术特征均体现了预制石核和软锤剥片技法。完整者共计 141 件，其特征表现为：石片台面窄小，多数标本为修理台面，少量为天然台面和素台面（图 4.14；彩版三）；打击点和半锥体多不可见；有锥疤的标本比重约 42%；打击泡散凸者为 87 件，显凸者为 35 件，另外 19 件不见打击泡；有唇者比重达到 75.89%；部分台面外缘经过琢磨修理，以避免因台面外缘薄锐而导致 "切线法" 剥片的失败；72.39% 的背面有一个到多个同向或对向片疤，少量有预制形成的垂直片疤；从长宽指数和宽厚指数的统计图（图 4.15）中可以发现，长薄型在该类石片中占有绝对比重。修型石片的两边平行，外形上与石叶具有极大的相似性，然而，在 SDG12 并无相关石叶石核的出土，此类石片的尺寸、特征与楔形石核上修型石片疤相符合。从二者的尺寸上看，尽管此类石片的长和宽略大于楔形石核上完整石片疤的尺寸（平均长相差约 6.6 毫米，宽相差约 3 毫米，图 4.16），但需要指出的是，楔形石核保留的片疤是修型最后阶段的产品，早期阶段的修型片疤被打破，故而无法测量，但从其残存的状态看，明显大于保留完整片疤的尺寸。楔形石核上保留的完整修型片疤，更多的是由打制这类石片中尺寸相对小的石片而形成。因此，该类石片是在楔形石核的修型中产生的，其生产目的是使台面变窄，将石核

图 4.14　水洞沟第 12 地点的修型石片

---

① 王幼平：《石器研究——旧石器时代考古方法初探》，北京：北京大学出版社，2006 年，第 70 页。
Crabtree D. Comments on lithic technology and experimental archaelology, In：Swansom E（ed.）. *Lithic Technology：Making and Using Stone Tools*. The Hague：Mouton Publishers，1973，pp. 105 – 114.

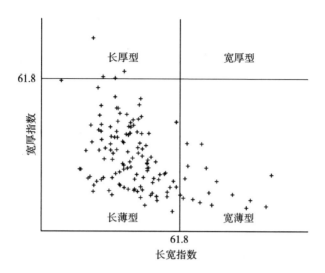

图 4.15　完整修型石片形态

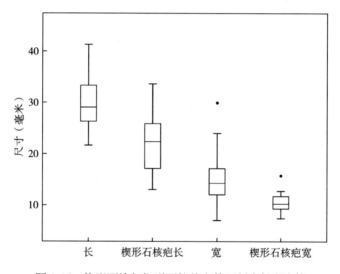

图 4.16　修型石片与楔形石核的完整预制疤长宽比较

体控制在一定的厚度，将石核加工成规整的形态以利于剥片的进行，属于修型石片。从形制上讲，本文的修型石片与梅惠杰①的"整形石片"并不完全一致。朱之勇在分析虎头梁遗址的石制品时划分出"石叶"这一类型②，尽管笔者未能观察这批标本，

---

① 梅惠杰：《泥河湾盆地旧、新石器时代的过渡——阳原于家沟遗址的发现与研究》，博士学位论文，北京大学，2007 年，第 14 页。

② 朱之勇：《虎头梁遗址石制品研究》，博士学位论文，中国科学院研究生院，2006 年，第 50 ~ 54 页。

但据文化性质、年代推测，这类石叶中可能存在修型石片。

　　由于该类型石片的特殊性，仅辨识出少量完整修型石片和更少量的不完整的修型石片。在室内观测中，从 L1～L5 分辨出的完整修型石片类型统计见表 4.17。L1～L5 不完整修型石片的数量依次为 0 件、8 件、5 件、39 件、5 件。与锤击石片、细石叶的各类标本比重相比，修型石片的完整标本的数量大大多于不完整标本的数量，这并不意味着修型石片的剥片成功率高，而是有可能由于不完整修型石片不易辨识，在室内分类中难免有所疏漏所致。

　　从表 4.17 的统计可见，完整的修型石片中，Ⅴ型石片的比重与Ⅵ型石片的比重基本持平，二者的比重之和达到总量的近 91.5%，除少量Ⅱ型和Ⅳ型修型石片外，不见Ⅰ型和Ⅲ型修型石片；而在对完整锤击石片的统计表中，Ⅴ型与Ⅵ型石片的比重之和在 70% 上下，且Ⅴ型石片的比重低于Ⅵ型石片，Ⅰ型和Ⅲ型石片约占完整石片总量的 10%，Ⅱ型和Ⅳ型石片的比重之和也基本达到了 15%。这种差异主要是由石片生产技术造成的：简单锤击石片能够利用天然砾石直接剥片，无需预制台面、调整剥片面；而修型石片是细石核预制较晚阶段的产品，其生产是建立在采用普通锤击法对石核的基本修整、预制上的，其中台面的预制是极重要的一个步骤（图 4.17），经过修整、预制程序的石核体保留的砾石面较小，反映在石片上，Ⅴ型和Ⅵ型石片的比重相应较大。

表 4.17　完整修型石片类型统计

水平层	Ⅰ型	Ⅱ型	Ⅲ型	Ⅳ型	Ⅴ型	Ⅵ型	合计
L1	—	—	—	2 66.67%	—	1 33.33%	3 100%
L2	—	—	—	—	9 56.25%	7 43.75%	16 100%
L3	—	1 4.35%	—	—	8 34.78%	14 60.87%	23 100%
L4	—	4 8%	—	—	21 42%	25 50%	50 100%
L5	—	2 4.08%	—	3 6.13%	28 57.14%	16 32.65%	49 100%

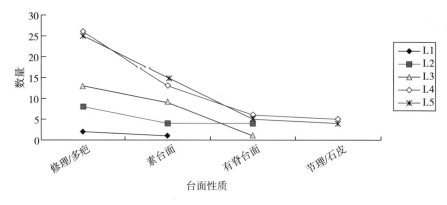

图 4.17　修型石片台面性质统计

（三）打制工具类

本文遵循中国旧石器时代考古学常用的石器分类标准[①]，结合博尔德[②]的类型学体系将 SDG12 的打制类工具分为第一类工具、第二类工具，前者包括琢锤、石锤；后者包括边刮器、端刮器、凹缺器、齿状器、雕刻器、钻、有柄小刀等经人为加工的石制品。此外，还有少量圆饼形器、磨石、磨制品残件、石磨棒、石杵等非打制类工具。

表 4.18 的统计显示，各水平层工具类型以边刮器为主，凹缺器、钻、端刮器也有一定比重，其他类型工具数量少、所占比重低。这种以边刮器为主的特征与中国北方石片石器系统中的石器组合相近。雕刻器数量少，很可能是由细石叶代用所致。

SDG12 的第一类工具还包括 11 件琢锤，其形状多呈长方体，使用部位位于其长轴的两端或突出的棱脊上，重量多不超过 95 克（图 4.18）。SDG12L5 - 9332，以扁平砾石为毛坯，尺寸为 72.37 毫米 × 33.69 毫米 × 18.56 毫米，重 67.02 克；锤体周边可见连续片疤，长轴两侧的片疤似乎是意图将锤体修薄；长轴一侧修薄后的棱脊经使用后呈小平面状，面积约 64.46 毫米 × 10.89 毫米，上有连续密集的破碎疤，此平面并不适于锤击剥片，推测这些破碎疤是由前文所述"切线法"剥片中琢磨台面外缘所致；长轴两端在打片修薄后形成的棱脊圆钝，有琢击剥片形成的密集破碎疤，

---

①　张森水：《中国旧石器文化》，天津：天津科学技术出版社，1987 年，第 68 ~ 80 页。

②　Bordes F. *Typologie du Paléolithique ancient et moyen.* Cahiers du Quaternaire 1. Centre National de la Recherché Scientifique，Bordeaux，1961.

表 4.18 工具类型统计

水平层	边刮器	端刮器	凹缺器	齿状器	雕刻器	钻	有柄小刀	琢锤	石锤	圆饼形器	磨石	磨制品残件	磨盘残件	石磨棒	石杵	合计
L1	7 77.8%	—	1 11.1%	—	—	1 11.1%	—	—	—	—	—	—	—	—	—	9 100%
L2	26 49.1%	5 9.4%	5 9.4%	1 1.9%	1 1.9%	8 15.1%	—	1 1.9%	1 1.9%	1 1.9%	2 3.7%	2 3.8%	—	—	—	53 100%
L3	53 58.9%	10 11.1%	4 4.4%	4 4.4%	5 5.6%	5 5.6%	1 1.1%	6 6.7%	—	—	—	1 1.1%	1 1.1%	—	—	90 100%
L4	76 65.5%	6 5.2%	9 7.8%	7 6.1%	1 0.8%	7 6%	—	2 1.7%	—	3 2.6%	1 0.8%	4 3.5%	—	—	—	116 100%
L5	50 74.6%	—	3 4.5%	—	2 3%	2 3%	—	2 3%	1 1.5%	—	—	5 7.4%	—	1 1.5%	1 1.5%	67 100%

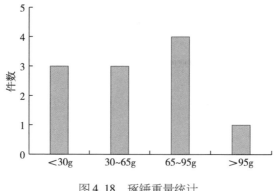

图 4.18 琢锤重量统计

局部区域似有磨圆痕迹，可能以之研磨某物所致；另有局部区域圆钝，似以之做石杵般连续捣击所致。

与石锤相较，琢锤的尺寸、重量小，能够用拇指、食指、中指捏握；长方体状的锤体有相对突出的棱脊而非滚圆体，这样能在剥片中与石核仅有较小面积的接触，使力度集中于打击点上。琢锤的尺寸小，并不适于生产以加工工具为目的的石片，其出现，当与细石叶技术的预制需求相关。琢锤是细石核预制和调整的有效工具，其尺寸、重量小，在打制过程中容易控制力度、方向；细石核备料、毛坯及细石核的尺寸小，以尺寸较大的石锤对其加工存在不易控制力度、方向等问题，而琢锤恰好弥补这方面的不足。

（四）特殊器物

SDG12 出土磨制精细的器物 4 件，个体较小，有磨光、钻孔、装饰等现象，其功能有待讨论，故将之归为特殊器物。

SDG12L3 - 2427（图 4.19：1），原料为土黄色白垩岩质片岩，从其残存的形态推测，该标本为一件平面呈圆形的石制品的残件，残件占完整标本的三分之一。据标本推测，完整的石制品直径约 45 毫米；中部有穿孔；截面近扁梭形，中部向两面微鼓，厚 6.84 毫米，周边薄，厚约 2.9 毫米；残件的两面均有三个钻制的圆坑，大致位于从穿孔到边缘的一条直线上。原料质地较软，平面保留多个磨制中形成的平行擦痕。该标本与新石器时代大量流行的纺轮在形制、大小上具有极大相似性，故推测其原型为纺轮，显示 SDG12 的古人类掌握了纺线的技能。

SDG12L5 - 8501（图 4.19：2），原料为灰白色灰岩，17.22 毫米 × 16.66 毫米 ×

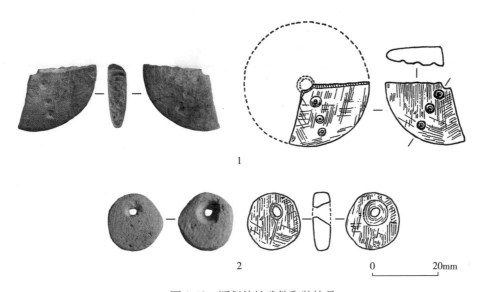

图 4.19 疑似纺轮残件和装饰品
1. SDG12L3 – 2427；2. SDG12L5 – 8501

5. 36 毫米，重 1. 76 克。通体磨光，平面近圆形，上部钻孔。双面钻孔，但以一面为主，另一侧辅助性地钻制，钻孔呈喇叭状，最大径约 6. 7 毫米，最小径 2. 5 毫米。推测为装饰品。

另外两件残存的特殊器物经磨制，个体小而无法推测其原型和功能。

（五）非打制类工具及残件

SDG12 出土 3 件局部磨光的磨石，皆为石英砂岩质地。SDG12L2 – 1286（图 4. 21：3），尺寸为 99. 85 毫米×55. 83 毫米×36. 77 毫米，重 315. 8 克，适宜抓握；宽轴两端有平行的磨光面，局部区域有肉眼可辨的平行擦痕；较宽的磨光面尺寸为 88. 24 毫米×30. 43 毫米，一侧有剥片痕迹，可能在磨制其他器物之后又被用作石核进行剥片；较小的磨光面尺寸为 47. 15 毫米×22. 67 毫米，似有染色迹象，呈现深红色，这个面的一端有连续、密集的破碎疤，推测此磨石也兼做石锤之用。从磨光面的尺寸及磨石的形状上看，这些磨石的功能非加工植物资源，而更可能是制作磨光石器。

出土的 12 件磨制品残件，多数为磨制石器使用过程中破裂产生的石片，其背面或台面保留磨光痕迹。

SDG12L3 - 2426（图 4.20），磨制石斧残段，仅保留石斧的近刃部。采用刃部向下的定位方式，残存的石斧高 31.71 毫米，宽 50.05 毫米，厚 14.55 毫米，重 36.78 克。原料为黑色石英岩。除局部区域保留砾石面外，石斧大部均磨光，断口呈两侧扁平的透镜体，中部磨平；高轴一侧磨制为小平面状态，另一侧呈刃状；石斧刃口长约 51 毫米，呈铲状，刃部有多个使用形成的破裂疤，故而局部厚钝；最大破裂疤 10.38 毫米×15.43 毫米；刃角约 71 度。根据 SDG12L3 - 2426 的刃口特征推测，部分磨制石器残片极有可能磨光石斧在使用中崩裂产生，裂片上的双打击泡可能是多次砍伐等行为所致。该类标本的出土说明此遗址中存在较发达的磨制技术。

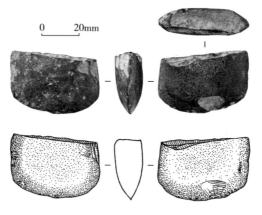

图 4.20　磨制石斧残段（SDG12L3 - 2426）

SDG12L5 - 8506（图 4.21：1），石磨棒，原料是黄褐色石英岩，长 208.33 毫米，宽 64.66 毫米，厚 33.86 毫米，重 677.2 克。长轴中心点剖面呈钝角三角形，两个角度较小的边缘有连续打击形成的破碎疤，其中一个边缘的破碎疤有多层叠压，较密集的一段长 126.2 毫米。最小的平面尺寸为 197.24 毫米×27.06 毫米，磨平后的平面光滑，有深红色染色迹象，可能为研磨颜料所致。最大平面尺寸 198.87 毫米×63.02 毫米，略凸，大部分区域经过磨光，尤其以凸出部位的磨光最为强烈。长轴两端有大量叠压的破碎疤，沿宽轴分布于石磨棒的两面，最大疤长 29.84 毫米，宽 37.44 毫米，从其外观上看，似以一端为楔，从另一端用锤击的方式使用而形成。长轴一端也有深红色染色现象。

SDG12L5 - 8507（图 4.21：4），石杵，原料是杂色花岗岩，呈不规则的圆柱体

图 4.21　研磨类工具

1. SDG12L5 - 8506；2. SDG12L4 - 4460；3. SDG12L2 - 1286；4. SDG12L5 - 8507

状。采取研磨面向下的定位方式，石杵上粗下细，上端有一个斜面，故上端呈半圆柱体状态，此斜面应当是加工成石杵前的破裂所致，无法确定这种破裂是人工行为或自然破裂，但毫无疑问的是，在对局部区域进行磨制后，破裂后的棱脊变得圆润，适宜抓握。石杵高 119.17 毫米，柱体最大径 58.85 毫米。圆柱体大部经过磨制，表面光滑；下端经过较强烈的使用磨圆，从磨光特征上看，这种磨圆有可能是纵向的往复运动研磨所致，而非以较小力度连续的锤击或圆周状运动造成。石杵下端研磨面有一条突出的中心轴，基本位于圆柱体的直径上，此中心轴所在的纵剖面呈上宽下窄的梯形；垂直于中心轴的纵剖面下端呈圆弧状。使用中，若拇指与上端斜面接触、手掌与其余四指抓握石杵上端的半圆柱体，则拇指所在纵剖面与下端呈圆弧状的纵剖面呈约 45 度夹角，使用方便。故而推测：石杵的上端形制可能是为了便于抓握、使用而利用天然破损或人工打制形成的。

三　石制品初级分析

（一）SDG12 的原料利用策略

SDG12 埋藏于黄河支流边沟河的 T2 阶地中，在 T2 阶地及更高阶地的地层中存在多个时期的砾石层，对 T2 ～ T6 阶地出露的砾石层采样统计的结果显示，该地区的石料构成具有较强规律性，以石英岩、石英砂岩、白云岩和燧石为主，6 级阶地间的区别很小（表 4.19)[①]。该地区石料的颜色、质地与遗址出土的标本基本一致，因此判断，水洞沟遗址的原料来自周边的砾石层，古人类采取就地取材的方式获取石制品原料。

表 4.19   水洞沟地区砾石层岩性构成

采样地点坐标	标本数量	石英岩	白云岩	燧石	粉砂岩	石英砂岩	灰岩
38°17′24.9″N；106°30′3.5″E	69	18	22	11	3	15	—
38°17′28″N；106°29′28.5″E	30	11	12	2	—	4	1
38°17′20.2″N；106°28′10.9″E	22	7	8	—	1	6	—
38°17′51.6″N；106°30′11.2″E	42	16	13	5		8	—
38°18′51.6″N；106°30′8.4″E	48	12	16	9	2	9	—
38°17′53.2″N；106°30′27.7″E	23	7	8	4	—	4	—

SDG12 的原料采集是就地取材式的，但在实际的利用中，古人类对优质石料有一定的挑选行为。水洞沟遗址的石料来源为古河床和阶地砾石的可能性比较大，通过野外石料的挑选情况来看，虽然硅质白云岩、石英砂岩、燧石数量不少，但质地较好、能符合加工石器要求的石料并不多。2011 年 6 月，笔者参与了水洞沟地区的石器原料考察工作，对遗址周边砾石层及河滩分布的砾石观察的结果与前人的结论一致。

水洞沟地区的燧石是砾石或砾石间杂的条带，尺寸上可满足细石叶技术需求的比重低，尤其是满足楔形石核繁复的预制需求的原料数量更少，大多数的燧石只能用砸击技法开发。总体上，SDG12 的石制品原料以节理少、质地均一的白云岩和燧石为主，石英岩的使用量相对少；细石叶技术产品中优质白云岩和燧石有绝对比重，前者数量略多；砸击产品中的燧石比重跃居首位，白云岩数量大幅度下降。细石叶

技术能有效利用优质资源，除部分原料经过楔形石核预制程序后系统剥片外，尺寸相对小的优质原料开发形式主要是锥形、柱形、船形石核等。阶地中大量存在的白云岩砾石，大小各异，满足楔形石核的预制、剥片需求；尺寸稍大、能够用于楔形石核生产的燧石也被此技术开发，以提高石料的利用率。尺寸极小的燧石、玉髓等优质原料，最经济的开发方式为砸击法，也在遗址中有体现。以燧石为主要对象的砸击技法，是一种更有针对性、更有效的开发策略。热处理技术的作用对象以燧石、玉髓为主，生产技法主要是锤击法和压制法，由于砸击法可控制性弱，其开发对象基本不包括经过热处理的石料。SDG12 石制品的原料构成显示了古人类对石料利用的有计划性、有组织性。

（二）工具加工利用策略

SDG12 出土的工具原料包括石质和骨质两类，以前者为主。作为遗物中最重要的组成部分，工具最能反映人类的加工、使用习惯及功能需求。本节将通过石质工具类型、毛坯选择、工具制作等方面信息分析 SDG12 的工具加工利用行为。

1. 石质工具概况

在 335 件工具类石制品中，打制类工具 313 件，包括第一类工具 13 件，第二类工具 300 件；非打制类工具及其残件 22 件。第二类工具中，边刮器在各水平层均占有绝对比重，其次为端刮器（见表 4.18）。遗址出土了 4 件性质不明的残件，根据其残留的部分推测，该类器物可能是圆形的饼状物，故名圆饼形器。SDG12L2 - 1289，黄褐色石英砂岩为原料，尺寸为 57.04 毫米×18.87 毫米×4.74 毫米，重 6 克，弧状缘为交互打制而成；从其残存状态推测，这是一件直径约 76 毫米的圆饼形器的残件，其功能需在未来的工作中进一步研究确认。

2. 第二类工具

（1）工具毛坯选择

工具毛坯的分析主要涉及毛坯的类型、形态、尺寸、原料几方面内容。

SDG12 工具毛坯的类型以片状石制品为主，也有极少量断块、砾石等块状毛坯。L1～L5 工具毛坯中，细石叶的比重分别为 11.1%、45.7%、53.2%、42.5%、53.5%，总体比重为 47%；锤击石片（含少量修型石片）比重分别为 55.6%、34.8%、22.8%、44.3%、30.4%，总体比重为 38.3%。细石叶类工具中，刮削器和

端刮器所占的比重在各水平层均达到约85%；锤击石片类工具中，刮削器和端刮器
的比重也达到了约75%。

锤击石片类工具在L1～L5分别有5件、16件、21件、47件、17件。以毛坯
的长宽指数、宽厚指数为衡量其形态的标准，各水平层毛坯以宽薄型为主，其次
为长薄型（图4.22），少有长厚型和宽厚型石片的使用，其比重构成与完整石片
的形态比重构成基本一致，反映了古人类并未特意挑选和改变锤击石片类工具的
毛坯形态。

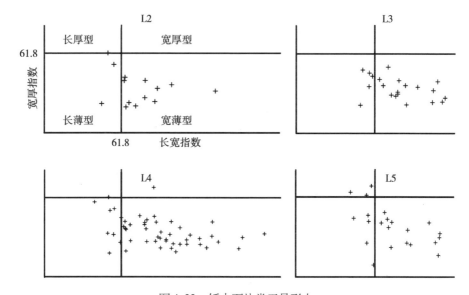

图4.22　锤击石片类工具形态

表4.20　完整锤击石片与锤击石片类工具平均尺寸

（单位：毫米）

	完整锤击石片			锤击石片类工具		
	长	宽	厚	长	宽	厚
L1	18.3	17.2	5.2	23.5	14.4	4.3
L2	19.7	17.9	4.7	18.4	15.6	4.7
L3	19.1	17.5	5	22.1	17.9	5.9
L4	20.4	18.6	6	21.2	18.8	6.3
L5	19.3	18.1	5.1	21.1	23.2	5.9

　　表4.20 显示，各水平层锤击石片类工具尺寸较小，与完整石片的尺寸基本无差异，各水平层间的大小基本一致。锤击石片类工具加工程度低，多数修疤的尺寸小且没有很强的连续性，工具的加工和使用更多地体现出一种较强的随机性。结合以上特征推测，该遗址的人类对锤击石片类工具毛坯的尺寸并无针对性地选择。

　　细石叶类工具的尺寸变异范围是：长度 7~31.5 毫米，宽度 3.5~12 毫米，厚度 0.8~4 毫米；而完整细石叶的尺寸变异范围是：长度 4.1~37.7 毫米，宽度 2.3~12.1 毫米，厚度 0.5~5.6 毫米。后者的变异范围大于前者，表明古人类在选择细石叶为毛坯或制作工具的过程中，倾向于选择尺寸、形制相对统一的个体，或在生产中将细石叶的形制统一化，以提高工具的标准化程度，与随机地选择锤击石片为毛坯、制作工具相比有不同的毛坯选择策略。细石叶类工具的修疤相对连续、规律性强，反映了这一类型的标准化。

　　在原料统计中，L1 出土的工具数量少，较难反映原料利用状况。对其他水平层第二类工具的原料统计显示：从 L2 至 L5，细石叶类工具中燧石的比重分别占 87.5%、74%、69.6%、58.3%，白云岩的比重分别有 12.5%、4%、13%、22.2%；而以锤击石片为毛坯的工具中，从 L2 至 L5 燧石的比重为 60%、34.6%、34.6%、18.2%，白云岩的比重为 26.7%、47.6%、50%、45.5%。对比本章前述的对锤击石片和细石叶的岩性统计可见，古人类在选择毛坯时考虑到岩性的差异而做出取舍，更加专注于对燧石产品的开发和利用。

　　（2）工具制作

　　工具的制作分析包括加工方法、加工部位、刃缘数量、加工方式等方面。

　　工具的加工方法是指采用硬锤法、软锤法或压制法等方式修理工具。虽然第二类工具修疤的连续性特征不明显，但总体浅平、尺寸小而匀称，以鳞状、长而平行的形态为主，尤其是在细石叶类工具中更为明显，反映了软锤、压制修理的特征。

　　工具的刃缘数量、加工部位、加工方式等都能反映人类对毛坯的利用策略。SDG12 的工具中，以边刮器的数量最多，在揭示人类的利用策略中最有系统性，故本节仅对边刮器进行分析。从统计中可见（表4.21）：无论锤击石片类，抑或细石叶类，边刮器皆以单刃者为主，其次为双刃者，三个刃缘的边刮器数量极少；边刮器的加工部位多位于石片的两侧缘，但锤击石片类边刮器中在远端加工者的数量有一

定比重，细石叶类不见此类标本；锤击石片类的正向和反向加工比例均维持在 45%
左右，细石叶类的反向加工平均比例超过 55%，正向者比重降低至约 35%。

表 4.21　边刮器刃缘数量、加工部位与加工方式

类型	水平层	刃缘数量			加工部位			加工方式		
		1	2	3	远端	侧缘	不确定	正向	反向	其他
锤击石片类	L1	2 50%	2 50%	—	1 25%	3 75%	—	2 33.3%	3 50%	1 16.7%
	L2	8 100%	—	—	2 25%	5 62.5%	1 12.5%	4 50%	2 25%	2 25%
	L3	6 60%	4 40%	—	3 30%	7 70%	—	6 42.9%	6 42.9%	2 14.2%
	L4	27 75%	6 16.7%	3 8.3%	9 25%	26 72.2%	1 2.8%	22 45.8%	18 27.5%	8 16.7%
	L5	12 70.6%	5 29.4%	—	6 35.3%	10 58.8%	1 5.9%	10 45.5%	10 45.5%	2 9%
细石叶类	L1	—	1 100%	—	—	1 100%	—	—	2 100%	—
	L2	3 60%	2 40%	—	—	5 100%	—	3 42.9%	3 42.9%	1 14.2%
	L3	30 81.1%	7 18.9%	—	—	35 94.6%	2 5.4%	15 34.1%	24 54.5%	5 11.4%
	L4	30 73.2%	11 26.8%	—	—	41 100%	—	13 25%	36 69.2%	3 5.8%
	L5	25 75.8%	7 21.2%	1 3%	—	33 100%	—	18 42.9%	21 50%	3 7.1%

　　李锋指出"标准化石器的生产预示着专门的打制者统一制作或者不同的打制者
相互交流形成统一认识，这反映群体内专业化劳动的形成或者相互交流及学习媒介
（如语言）的形成，应是行为现代性的表现之一"[1]。SDG12 的锤击石片类工具的尺

———————
[1]　李锋：《"文化传播"与"生态适应"——水洞沟第 2 地点考古学观察》，博士学位论文，中国科学院
　　大学，2012 年，第 104 页。

寸、形状等均没有表现出标准化特征，但这并不意味着此时的人类没有标准化的意识。细石叶就是标准化的产物，其大量生产和使用也满足了工具的标准化需求，弥补了锤击石片在此方面的不足。细石叶的使用，也可能是锤击石片类工具没有标准化的主要原因。这一现象说明行为现代性在不同阶段和文化体系下有不同的信息载体和表现形式。

细石核一旦预制完成，同一石核上能连续生产出的细石叶数量多。细石叶的刃缘锋利、标准化程度高，在使用中可以无需加工、直接使用，以使用细石叶的形式存在于遗物中。SDG12 的工具所占比重低，很可能主要是由以上原因造成的。

（三）小结

SDG12 各水平层的打制类工具以边刮器为主，端刮器次之；工具毛坯以宽薄型片状为主，其次为长薄型；与石片类石制品的统计相较，工具类石制品中燧石的比重高，说明燧石类毛坯更为人偏爱；精致加工的打制类工具极少；根据锤击石片和细石叶两类毛坯的形态不同，SDG12 的古人类采用了不同的利用策略，在加工方法、加工部位、加工方式等方面略有区别；锤击石片类工具的加工有较强的随机性，而细石叶类工具的标准化程度高；大量采用软锤法或压制法修理器物；个别工具以某一功能为主的同时有一器多用的现象；各水平层的工具未见规律性变化，加工技术相近，结合本章前述的对其他类型石制品的统计，该地点的沉积为单一文化层，是人类对此区域长期开发利用的结果；细石器产品构成遗址的文化主体，锤击石片类工具仅为细石叶技术的补充品，是对细石器生产过程中产生的副产品的一种有效、合理利用。

磨光石器的数量虽少（1 件石斧残段、3 件磨石及少量残片），但磨制石斧的制作精美，近乎通体磨光，对称性好，刃缘有多次使用产生的崩片，说明当时人类已经完美掌握了磨制技术，并以之用于生产活动中。

SDG12 的工具加工还表现出成熟的热处理行为（详见下文）。热处理的工具以刮削器为主，原料基本是燧石。此外，古人类对骨锥尖部热处理以增加其硬度。以上发现说明当时人类已熟练掌握热处理技术和火塘控温技术，不仅能理解不同石料间打制性能的差别，有针对性地采用热处理技术以提高石料利用率，还将之扩大到非石制品领域。

该地点出土的磨盘残件、磨棒、石杵等器物主要功能可能是加工植物种子等低档次资源，其使用方式有研、磨等多种，是适应食谱扩大化而采用的工具类型；同时还可能用于研磨颜料，是旧石器时代晚期早段"行为现代性"（Behavioral Modernity）的延续。

四 用火概况

（一）烧石

尽管被砖场取土破坏，SDG12 依然保存了南北延长逾 50 米、东西延展 10 米、最厚处达 1.6 米的透镜体状灰烬层，为灰烬、木炭、砂土、石块的混合物，动物碎骨中有明显烧烤过的标本。在约 12 平方米的发掘区内出土形态各异、呈多面体不规则形状、无人工加工改造痕迹的烧石 13000 多块，在遗址中的分布无一定规律性；重量在 12～280 克区间内变异，烧石个体间的差异不很大，以小型者为主，应该为人工选择、利用的结果。高星等对这些石块形态观察、大小统计及岩性分析结果显示，烧石的材料几乎全是石英砂岩和白云岩，以前者为多，基本不见灰岩、燧石、脉石英，石块表面多呈现裂纹和高温导致的灰白、灰褐色，少量个体完整的烧石表面为不规则的龟裂纹，裂开的石块破裂面多不规则，部分裂面为岩石的节理，少量标本表面黏着微量烧灰，经实验对比，这种"烧石"是被人类选择、加热、利用而后破碎的，古人类对之加热后，以之烧水、烹煮液体食物，这种方式能够消除当地生水中大肠杆菌超标对人类健康的影响、充分利用可食性植物资源①。这是首次被确认和论证的旧石器时代人类的间接用火证据，显示了人类对特定环境的适应生存方略，表明古人类对火的控制和利用能力发生了飞跃，用火方式由火与加工对象的直接接触变成通过烧石间接导热，并可能由此促成了盛器的发明。

（二）热处理标本

在周振宇的观察中，SDG12 一共有 65 件热处理标本被分辨出来，这些热处理标

---

① 高星、王惠民、刘德成等：《水洞沟第 12 地点古人类用火研究》，《人类学学报》2009 年第 4 期。Gao X, Guan Y, Chen YF, et al. The discovery of Late Paleolithic boiling stones at SDG12, north China. *Quaternary International*, 2014, p. 347.

本显示了较为成熟的热处理行为，表明古人类已经熟练掌握了热处理技术和火塘控温技术，理解不同原料在打制性能上的差异，并在石制品加工中熟练运用，达到提高石料利用率和生产生活效率的目标①。归纳来讲，SDG12 的热处理技术有以下特征：第一，该地点古人类对热处理石料有较强的选择性，燧石、玉髓、白云岩类占有绝对的比重；第二，热处理的石核以细石核为主，有很高的利用率；第三，热处理标本主要为石片，其大小形态规整，个体间的差异较小，尤其是细石叶，有更低的变异度；第四，热处理标本的剥片方法有压制法、软锤法和硬锤法，前二者主要用于剥制细石叶，而在观测的砸击技法产品中未见热处理现象，说明古人类认识到砸击法对原料的控制不精确，无法发挥热处理石料的优越性能；第五，刮削器占石器的绝大部分，原料几乎全为玉髓；第六，鉴于未从碎屑、碎片类标本中发现热处理标本，推测热处理石制品的打制行为可能并非发生在遗址发掘区，存在搬运行为。以上结论的获得，是在对遗址标本的抽样观测基础上的，这些初步结论尚需进一步工作的验证。

热处理不止用于石制品生产，同时还来处理骨制品。SDG12 – 137 骨锥尖部呈黑色，且经过连续的使用磨圆，显示了骨锥尖部的火烧痕迹为使用前有意识的热处理行为。古人类通过对骨骼热处理，达到硬化的目的，从而保证其在使用中有更坚硬的尖端，提高工作效率。

五　楔形石核分析

上一节分析显示 SDG12 古人类的原料利用策略具有计划性和组织性，能够针对不同的原料采用不同的石器打制技术，对环境和资源有高度的认知、利用能力。细石叶技术是 SDG12 的核心技术因素，楔形石核又是其工艺流程最复杂、技术特征最具独特性的一类。本节分析该遗址的楔形石核技术，以期深层次解析古人类的原料

---

① 周振宇：《水洞沟遗址石制品热处理实验研究》，博士学位论文，中国科学院研究生院，2011 年。周振宇、关莹、高星、王春雪：《水洞沟遗址的石料热处理现象及其反映的早期现代人行为》，《科学通报》2013 年第 9 期。

开发策略。

据石核的形态和台面角统计，SDG12 楔形石核工艺类型为下川技法（图 2.1 : 1～3）。

（一）SDG12 楔形石核生产与演变

操作链研究将石制品分为原料采办，工具生产，工具使用、维护与废弃三个亚系统，分析其剥片程序及器物加工、废弃和使用的过程，剖析特定原料经过的文化改造过程①，揭示石器生产的技术生命史。遗址出土的细石核，实际大部分都处于废弃状态，但是每件细石核所处的阶段不同，废弃的原因各异，故有其独特的阶段性特征，将这些处于不同阶段的废弃品串联起来，能发掘楔形石核的生命史。

1. 原料开发策略

在实际操作中，古人类运用不同的策略将不同尺寸和形状的原料开发为楔形石核，具体包括：a. 若原料尺寸较大，需要将核体通体修薄、预制；b. 若原料尺寸较小且需预制，为修理楔状缘而对原料的底缘和后缘修薄；c. 大型、厚度大的原料，需对核体进行多角度预制，修理理想台面、前缘、底缘和后缘，修疤通体可见；d. 若原料本身具有相对理想的形状，例如天然的台面和楔状缘等，则无需修理和预制，可因陋就简直接做楔形石核剥制细石叶，此策略减少了预制程序，高效地利用了优质资源。这些原料开发策略在俄罗斯东部距今大约年代为 13ka BP 的提格罗夫 8 号（Tigrovy - 8）遗址中得到应用（图 4.23）②，SDG12 也显示了同样的原料开发策略，古人类能够根据原料的形状和尺寸而进行不同程度的预制。

SDG12 在 2007 年的发掘中出土的不同生产阶段的楔形石核原料、毛坯、成品、废弃品共 45 件。基于其楔状缘、台面的状况，将该类标本划分为 I 型楔形石核和 II 型楔形石核两类。I 型楔形石核为经过系统预制后具有人工楔状缘的细石核，其基础台面或为人工，或为天然，其开发策略有 a、b、c 三种；I 型楔形石核可进一步划分为两类：I A 型，底缘和后缘呈楔状，共 35 件；I B 型，后缘为楔形，无底缘，

---

① Collins MA. *Functional Analysis of Lithic Technology among Prehistoric Hunter - Gatherers of Southwestern France and WesternTexas*. Tucson：University of Arizona, 1974. 陈虹、沈辰：《石器研究中"操作链"的概念、内涵及应用》，《人类学学报》2009 年第 2 期。彭菲：《再议操作链》，《人类学学报》2015 年第 1 期。

② Doelman T, Torrence R, Kluyev N, et al. Innovations in microblade core production at the Tigrovy - 8 Late Palaeolithic quarry in Eastern Russia. *Journal of Field Archaeology*, 2009, 34（4）.

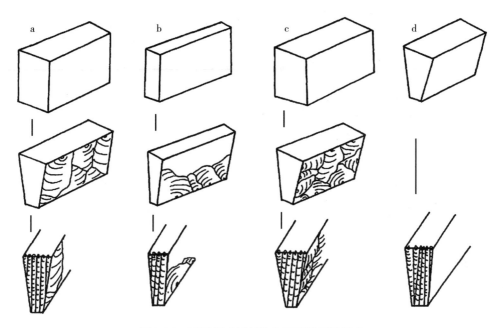

图 4.23　不同尺寸原料的楔形石核开发策略

底部为打制的小平面，此类标本数量仅 2 件。选择形状、质地适宜的原料，不经预制而直接剥制细石叶的策略，不仅体现了古人类细石叶生产技术的驾轻就熟，同时还反映了先民们对优质原料的充分、合理利用理念。Ⅱ型楔形石核未经预制而直接利用形状合适的断块为原料，其开发策略为 d，本次研究共 6 件Ⅱ型楔形石核。

在对锤击石核的论述中，部分锤击石核经过同向、对向软锤剥片，台面缘的琢磨修理的痕迹与部分细石核毛坯、修型石片台面外缘的"切线法"痕迹类似，推测为预制细石核的初始产品。此类石核的原料较宽大，故采用开发策略 a 或 c 对之多角度预制。

2. 演变过程

本文结合操作链分析的三个亚系统，在研究楔形石核的技术史时，将剥片中产生的修型石片、削片、细石叶及废弃后继续利用的产品均纳入研究行列，将楔形石核的生命过程划分成以下几个阶段：

A. 原料采办阶段：指在楔形石核生产前对原料的选取阶段。选取的原料尺寸适宜，表面无节理，质地均一，具有开发潜力的砾石、断块等。本次研究中，首先据楔形石核的岩性特征分析原料产地；其次，根据尺寸、岩性、节理发育程度等推测遗址出土的砾石、断块是否为细石核原料。

B. 预制阶段：进行台面、楔状缘、侧面、剥片面等部位的修整后，产生具有楔形石核形态的毛坯。因多种原因部分导致石核未能继续加工成可剥片楔形石核的阶段。

C. 剥片阶段：指具有楔形石核的各项特征、即将或已经开始细石叶生产的阶段。

D. 调整后再剥片阶段：当原台面或楔状缘已经不适于剥片，对楔形石核的台面细微调整产生新的有效台面，或采取转换剥片面等策略后继续剥片的阶段。部分处于调整后再剥片阶段的楔形石核的特征已经不完整，楔状缘仅残存小部分。

E. 终极阶段：指细石核已经变得很小而不适宜继续利用，或者调整失败而被彻底放弃剥片的阶段。造成楔形石核终极阶段的原因有多种：其一，细石核经过充分剥片，核体、台面残存部分太小，楔状缘被充分利用，无法继续剥片；其二，剥片中出现连续失败且无法对这些失败的部位进行调整，核体上可见多个细石叶剥制失败形成的断坎；其三，剥片中对细石核微调整出现的失败品——调整台面、有效台面、更新剥片面时均可能出现失败现象。

F. 转型阶段：指对废弃的楔形石核采用锤击法、砸击法等方式继续利用的阶段，产品包括背面有细石叶疤的锤击石片和砸击石片、残留有细石叶疤的锤击石核和砸击石核等。

（二）Ⅰ型楔形石核操作链分析

1. 原料采办阶段

SDG12 石制品的岩性主要为硅质白云岩和燧石，楔形石核的原料构成总体上未显示出明显差异。

本阶段的产品是以砾石、断块为主的细石核备料，目前对细石核备料的界定尚缺乏合适的标准，仅从砾石、断块的形状、尺寸等外观上来看，难以界定其为自然产物、细石核备料或普通备料。少量质地适宜、形状和尺寸有潜力进一步加工成细石核的砾石、断块可能属于细石核备料的行列。本次研究中，发现 1 件细石核备料即 SDG12L3 - 2433，为质地均一的灰黑色燧石，原型为砾石，尺寸为 30.71 毫米 × 27.51 毫米 × 16.08 毫米，重 13.83 克。

2. 预制阶段

该阶段共 10 件楔形石核毛坯，皆为ⅠA型。

　　获得适宜的原料后，工匠按照技术设计将砾石、断块打制成具有理想台面、楔状缘的毛坯。从处于预制阶段的细石核毛坯上来看，工匠选择的原料是尺寸较大、具有预制潜力的原料，该类原料在此阶段的产品多已基本预制完成，但是由于节理发育或核体局部过厚等原因，导致预制中局部区域无法调整成理想形状或调整失败而废弃（图 4.24；彩版四）。

　　因预制程度的不同，楔形石核毛坯的尺寸有一定差异（表 4.22），多数核体未能较好地修薄处理。核体的高度差异最大，主要因为大多数标本的台面和底缘的预制尚未完成所致。

表 4.22　楔形石核毛坯描述统计

	极小值（毫米）	极大值（毫米）	均值（毫米）	标准差
高	13.1	34.2	25.8	7.38
宽	25.2	39.3	32.8	4.57
厚	12.2	25.5	18.7	4.25

　　SDG12L4－4909（图 4.24：1）：灰黑色白云岩为原料，预制基本完成，纵剖面为 D 形，高×宽×厚为 32.9 毫米×37.1 毫米×18.8 毫米，重 25.5 克。台面以人工破裂面为基础，上面可见多层叠压的向心打片。底缘、后缘、台面的预制均非常理想，但是核体中部较厚，在尝试自台面向下修型时石片从中端断折，形成断坎，造成预制失败。该毛坯保留修型石片疤 11 个，均在石核右侧，其中完整者 4 个。仅有一个修型石片是从下向上剥制，其余均为由上而下；底缘的修整从左侧自下而上进行；核体修型中，后缘的剥片与自然面形成 48 度夹角，未经其他加工步骤而被直接利用为后缘；底缘角为 63 度。该毛坯显示了台面→楔状缘→核体修薄的预制步骤。

　　楔形石核的预制过程复杂，伴之而来的是大量的副产品，例如残废的锤击石核、修型石片、锤击石片，其中技术特征最鲜明的是修型石片。打制修型石片的目的是使楔形石核毛坯的台面变窄，将石核体控制在一定的厚度，将毛坯加工成规整的形态以利于剥片的进行。修型石片的大多数技术特征均体现了软锤剥片方法，其尺寸、形制较一致，显示了较稳定、娴熟的细石核预制技术。

　　在研究于家沟遗址出土的楔形石核时，梅惠杰指出，在加工楔状缘中还会产生

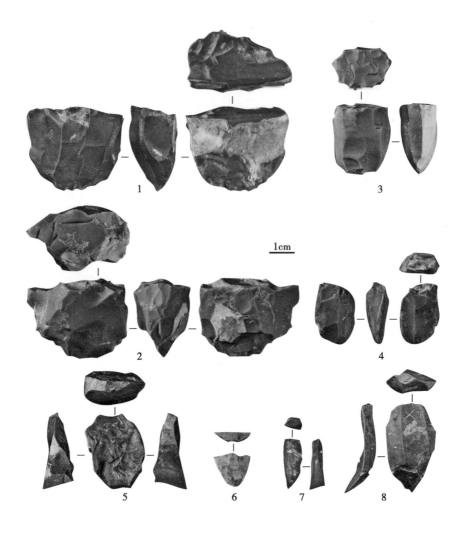

图 4.24　不同阶段的楔形石核及调整副产品

细石核　1. 预制阶段；2. 剥片阶段；3. 调整后再剥片阶段；4. 转型阶段；
调整中的特殊石片　5. 第一类；6. 第二类；7. 第三类；8. 第四类

一些台面角较大、台面布满较小修疤、背缘角极小的修缘石片，这类石片的台面背缘是楔形石核毛坯的楔状缘①。在实际的分类中，此类标本极难辨识，故此次研究中未作此尝试。

　　概括地讲，SDG12 出土的Ⅰ型楔形石核的预制阶段特征为：1. 预制程序包括将

_____

① 梅惠杰：《泥河湾盆地旧、新石器时代的过渡——阳原于家沟遗址的发现与研究》，博士学位论文，北京大学，2007 年，第 14 页。

核体修薄、台面变窄、修理楔状缘；2. 楔状缘包括底缘和后缘两部分，多数毛坯的前缘不呈楔状，而是小平面状态，预制程度远低于底缘和后缘；3. 该阶段产品的平均宽大于高；4. 预制的步骤以台面→楔状缘→核体修薄为主，个别标本为楔状缘→台面；5. 底缘角从 52 度 ~80 度之间，平均 66 度，变异较大；6. 后缘角约 47 度 ~60 度，平均 56 度，角度及其变异范围均小于底缘角；7. 剥片缘平均台面角为 78.2 度；8. 除划分为楔形石核毛坯的标本外，部分台面外缘保留琢磨修理痕迹的锤击石核也可能是楔形石核预制阶段的产品（图 4.24：1）。

3. 剥片阶段

该阶段共 11 件楔形石核，其中 ⅠA 型 9 件，ⅠB 型 2 件。

尽管标本的数量少，且代表了不同的剥片类型，在统计中仍可发现其中一些规律。从表 4.23 中可见，尚保留完整楔形石核特征的 9 件楔形石核中，有 5 件台面的预制为从左向右完成的，向心预制台面的标本有 3 件，从右向左预制台面的石核仅 1 件。

表 4.23　楔形石核台面及楔状缘预制方位

台面预制方向 ＼ 楔状缘预制位置	从右向左	从左向右	向心
左侧	0	3	1
右侧	1	2	2

9 件楔形石核均以白云岩为原料，平均台面角约 85.3 度；横截面呈 V 形的标本有 5 件，呈 D 形者 4 件；有 7 件标本同时具有核体修薄和楔状缘预制的现象，而这两个预制过程分别位于石核的两侧；底缘角为 58 度 ~80 度，平均约 67 度；后缘角为 55 度 ~65 度，平均为 61 度；平均每件石核上有 5.6 个细石叶疤；8 件标本未打制有效台面，有效台面与基础台面合二为一。

SDG12L4 - 4893（图 4.24：2）：灰色白云岩为原料，尺寸为 29.2 毫米 ×39.3 毫米 ×22.6 毫米，台面、楔状缘预制基本完成，然而在尝试从后缘向前将核体修薄时产生断坎，核体过厚且无法继续修薄。但是这个失败并不是致命性的，在此之后，仍尝试从前缘剥片，但是连续 4 次剥片从中间断折形成断坎，剥片无法继续，且几无调整可能，故废弃。

处于剥片阶段的楔形石核尺寸小于其毛坯，尤其是宽度差异更大（图4.25），这也符合通过缩减原料达到工匠预设形态[①]的逻辑，其原因是：第一，毛坯宽度尚有预制削减的空间；第二，剥片中核体宽度逐渐变小。

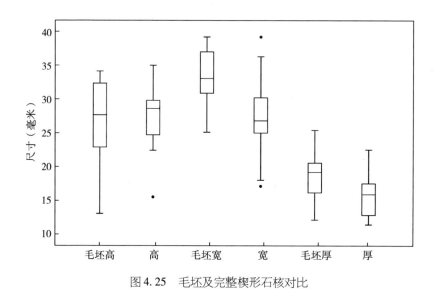

图4.25   毛坯及完整楔形石核对比

ⅠB型石核的特征与ⅠA型基本一致，但其底缘为打制的小平面。该类标本数量少，无法总结其规律性特征。

概括地讲，该阶段石核被废弃的原因有多种：其一，核体的剥片面均有剥片失败形成的断坎；其二，核体预制并不理想，台面凹凸不平不利于剥片。

4. 调整后再剥片阶段

该阶段共8件楔形石核，皆ⅠA型。

楔形石核的剥片调整策略有两种：一、调整台面及剥片面，产生新的有效台面和合适的台面角；二、细石叶生产失败，在原剥片面形成断坎，剥片面遭到破坏，这种失败无法通过调整台面角和剥片面的方式弥补，其解决途径是利用后缘为脊，形成新的剥片面（图4.24：3）。

策略一有4件楔形石核，台面角均值为88度，调整台面的方式均为从前向后纵

① 陈淳：《考古学理论》，上海：复旦大学出版社，2004年，第165页。

向打制，其中3件中止剥片的原因是剥片失败形成的断坎阻碍下一步生产的进行；另一件中止原因是底缘预制不理想，无法使细石叶汇聚到理想位置，导致细石叶形态不佳。此类石核的个体尺寸有差异，但是其底缘角和后缘角较一致，显示了稳定的预制、剥片技术（表4.24）。

表4.24　策略一楔形石核描述统计

	极小值	极大值	均值	标准差
底缘角（度）	68	77	73.5	3.77
后缘角（度）	60	76	69.5	6.84
高（毫米）	22.68	27.83	25	2.05
宽（毫米）	19	22.56	19.9	1.52
厚（毫米）	14.3	18.58	16.1	1.58

梅惠杰认为，第二种调整策略是一种被动的补救措施，而非对优质石料的高效利用，因为这会造成楔状缘的加速消失，导致细石叶剥落时失去远端的汇聚力，降低其规整程度[①]。此次研究的4件楔形石核形制规整，台面角均值为86.6度，底缘均较平直，平均每个剥片面有7.8个片疤，多数片疤长而均匀，两刃平行。根据以上特征，笔者推测：这种补救措施是一种有效的调整剥片策略，后缘消失不会造成细石叶不规整，能够采取该措施剥片是基于细石核的底缘平直，剥片时可以有效地使细石叶汇聚，陡直的后缘为连续剥制规整细石叶提供可能，采取补救措施是由于前缘剥片失败形成断坎，造成再剥片停止的原因是后缘也出现了剥片断坎。

策略一的副产品（图4.24：5～8）包括调整台面产生的削片，此为第一类特殊石片，其台面、侧缘或远端保留连续细石叶疤。当细石核剥片缘过分锐利造成无法剥片时，生产者也会对剥片缘调整，形成由细石叶疤和台面构成背面的第二类特殊石片。剥片中会出现细石叶远端外翻的现象，造成下一步剥片无法进行，生产者会从剥片面剥离较大的石片，将底缘外翻部分剥落，这形成第三类特殊石片。若意外产生宽度过大的细石叶，造成核体的疤过宽，也会造成因失去合适的脊而剥片不理

---

① 梅惠杰：《泥河湾盆地旧、新石器时代的过渡——阳原于家沟遗址的发现与研究》，博士学位论文，北京大学，2007年，第13页。

想的状况，此时，生产者可能将此宽疤剥落，为下一步生产预备合适的脊，该情况产生第四种特殊石片。后三种特殊石片在策略一和二中均有可能产生。本次研究中，发现第一类特殊石片 21 件（L2～L5 各有 6 件、4 件、3 件、8 件），以细石叶疤为台面的数量为 15 件，说明台面的调整以从前向后的纵向为主；第二类特殊石片 6 件；第三类、第四类特殊石片各 1 件。

5. 终极阶段

该阶段共 8 件楔形石核，皆为ⅠA 型，其中属调整策略一和二的产品各有 4 件。

调整策略一的产品均采用横向调整台面。有 3 件是在初始剥片阶段调整台面失败而废弃的，调整疤横贯台面，严重削减了核体高度，核体宽度大，修型片疤可见，平均有 5.6 个细石叶疤，均保留底缘，平均值为 63 度。

策略一的终极产品代表是 SDG12L4－4901，灰黑色燧石为原料，纵向修制出有效台面后的剥片将其底缘完全利用，残留尺寸 17.2 毫米×11.3 毫米×8.8 毫米的核体上有细石叶疤 11 个。生产者尝试从后缘生产细石叶，但生产的细石叶在中部折断，遂放弃。以 SDG12L5－8996 为代表的调整石片阐述了策略一终极产品的产生原因，该完整石片的台面有 4 个细石叶疤，在对台面纵向调整时，意外地将核体上半部破坏，产生尺寸为 29.2 毫米×27.5 毫米×13.4 毫米的特殊石片（图 4.24∶5），可以想象，在高度被削减了 13.4 毫米后，楔形石核已不适合生产细石叶了。

使用调整策略二后的持续剥片中出现失败时，生产者可能采取二次调整策略，通过调整台面角和台面两种方式以继续利用优质石料。

策略二持续剥片的终极产品是周身均能剥片的似锥形石核。典型标本是 SDG12L2－290，尺寸 31.8 毫米×9.6 毫米×7.76 毫米；残留长 5.8 毫米的底缘，底缘角 72 度，周身剥片，共有细石叶疤 15 个，剥片中出现 3 次断折，残留的台面小而不平，继续开发的空间太小，故而废弃。

6. 转型阶段

细石叶技术所利用的石料基本为优质的，因此，即使不能生产细石叶，残存的石料仍能为人青睐。对废弃的细石核，古人类可采取砸击、锤击等方式继续开发。该阶段的产品数量少，仅保留少量楔形石核技术特征，但这些标本为我们分析 SDG12 人类的原料利用理念提供极大参考。本次研究发现台面被砸击利用的楔形石核1件，背面有细石叶疤的锤击石片7件。

SDG12L3－2040，灰色白云岩为原料，22.7毫米×16.1毫米×8.4毫米，残留3个细石叶片疤，台面被砸击，呈刃状。底缘完整，底缘角61度（图4.24：4）。

（三）小结

楔形石核剥片体系蕴含的技术程序复杂，最能体现古人类的技术水平。总体上看，SDG12的楔形石核显示了工匠娴熟、稳定的剥片技能，能根据材料的不同机动灵活地做出调整。楔形石核有其规律性的同时也表现出个体上的差异，具体体现为：

（1）SDG12楔形石核的动态生产过程如图4.26。一般情况下，其基础台面和有效台面合二为一；石核的预制多表现为台面→楔状缘的顺序；台面的预制有横向、纵向、向心多种方向；后缘角的角度及其变异范围均小于底缘角；毛坯的剥片面平均台面角小于剥片中的台面角度，后者的台面角趋近于直角。SDG12楔形石核属于下川技法3类。

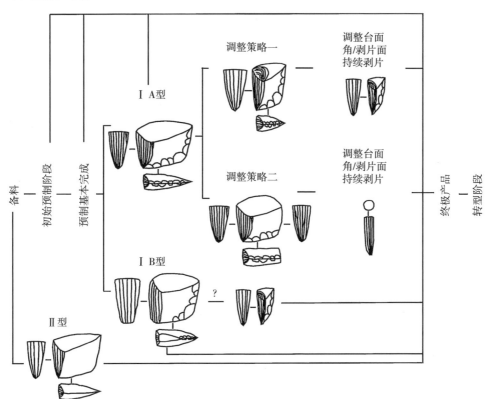

图4.26　水洞沟第12地点楔形石核动态生产过程图示

（2）对剥片前缘的预制要求不高，多不需要预制成楔形前缘。本次研究仅发现少量背面疤为垂直于两侧刃的第一细石叶，可能由此所致。

（3）楔形石核的分类不能简单地运用静态类型学，不同阶段的产品并不能主观地划分为不同的类型，简言之即：不同阶段≠不同类型。SDG12楔形石核不同形态的产品多因处于不同剥片阶段所致。

（4）从毛坯到终极阶段，楔形石核的宽度和重量逐渐减小；高度变化不十分明显；核体厚度在剥片阶段和调整后再剥片阶段变化微小，毛坯、终极阶段的厚度变化显著（图4.27），原因是剥片过程对SDG12楔形石核的高度影响幅度小，宽度随着剥片而不断减小；在石核预制完备后，剥片对核体厚度的影响小，待剥片进行到石核后端近楔状缘处时，核体厚度逐渐减小，故而终极阶段的石核厚度显著变小。

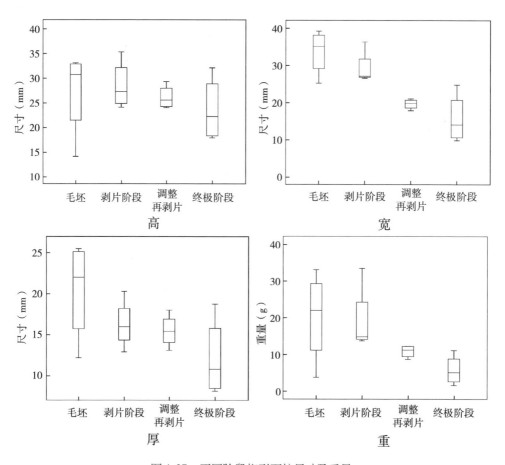

图4.27   不同阶段楔形石核尺寸及重量

（5）楔形石核备料、毛坯、成品及废弃品共 45 件，原料类型包括白云岩 31 件，燧石 10 件，石英岩 2 件，变质岩 2 件。其他类型的细石核原料以燧石为主，其次为白云岩，显示了不同原料的开发策略差异。

楔形石核技术往往需要大量的预制以制备台面、楔状缘，对尺寸较大的原料需求高，但是水洞沟地区的燧石多以小型砾石的形式出现，尺寸小，多不具备开发为楔形石核的潜力。然而，燧石的质地均一，硬度、韧性适宜，产生的石片刃缘锋利，是引人青睐的优质原料，故将之开发为其他形式的细石核。尽管优质白云岩在当地原料中的比重低，但是白云岩基数大，且不乏大尺寸者，具备预制潜力，因而在楔形石核中占有绝对比重。

古人类对优质原料的获取是一种有组织的行为，对其利用也是有计划性的，在此过程中表现出机动灵活的调整策略。为了提高利用率，在楔形石核利用的最后阶段，生产者仍采用砸击法等方式进一步生产可利用的石片，以达到物尽其用的目标。

（6）处于剥片状态的 32 件楔形石核中，有 23 件在剥片面出现至少 1 个折断形成的断坎，造成其废弃；9 件是在调整台面时失败而废弃；另有 1 件在剥片时剥制的细石叶宽度过大，造成剥片面无法继续利用。

根据完整片疤长统计显示，SDG12 楔形石核产生的细石叶宽度在 4~11.6 毫米之间，长度在 12.6~32.9 毫米之间，其长度大多取决于核体高度。

（7）本次研究划分了 I 型和 II 型两类，但是限于标本数量的限制，并不能对楔形石核做更深入、翔实的技术分析。特别是 II 型石核，仅有的 2 件标本让人无法对其技术特征进一步探讨，其剥片目标与 I 型石核是否有区别也无从得知。本节得到的初步认识，只能寄希望于日后从更多材料中获得验证。

六　动物骨骼及骨器

（一）动物种属

2007 年出土的 SDG12 可鉴定到种属与部位的动物骨骼 1821 件，可归为 11 个种属，其中兔子所占比重为 57.39%，普氏羚羊次之，为 22.19%，其他动物骨骼数量的比例均小于 10%（图 4.28）。根据猎物体型大小以及躲避猎捕的速度等标准，可将这些动物划分为高回馈率的大型动物和低回馈率的小型慢速动物以及小型快速动物三类，SDG12 的古人类对三类猎物的选择倾向性较低，即肉食食谱的均衡度较高。与水洞沟第 7 地点等更早阶段的动物资源利用相比，SDC12 的古人类对回馈率低的小型肉食资源利用程度提高。综合动物资源利用的信息，这里发生了肉食广谱革命①。对 2007 年和 2010 年出土的材料的全面整理共发现了 414 件鸟类骨骼，以鸡形目为主，还有鹰形目（胡兀鹫、大鵟和普通鵟）和鸮形目（雕鸮等）等肉食性鸟类，对骨骼表面痕迹的研究显示，水洞沟先民可能对前者进行了较为彻底的营养性利用，而对后者则是进行了获取羽毛的处理②。

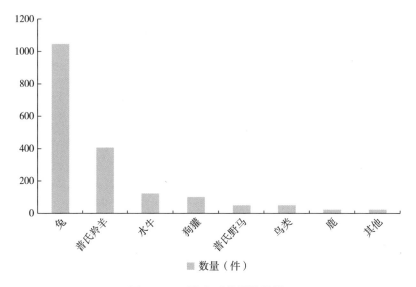

图 4.28   可鉴定动物骨骼数量

（二）骨器

2007 年发掘获得的骨器 36 件，其中包括有刻槽的骨刀柄 1 件、完整骨针 1件、骨针残件 4 件、梭形器 1 件，此外还有骨锥残件及其他不明骨器残段等（图4.29）。骨器主要以普氏羚羊的肢骨和肋骨制作而成，通过表面形态观测和显微镜

①   张乐、张双权、徐欣等：《中国更新世末全新世初广谱革命的新视角：水洞沟第 12 地点的动物考古学研究》，《中国科学：地球科学》2013 年第 4 期。

②   Zhang Y，Doyon L，Gao X，et al. Birds and prehistoric humans in North China：a taphonomic analysis of the avian assemblage from Shuidonggou Locality 12. *Archaeological and Anthropological Sciences*，2022，14（157）.

观察可知，骨制品的制作涉及刮削、研磨、开槽、抛光、打片、热处理等不同方式①。

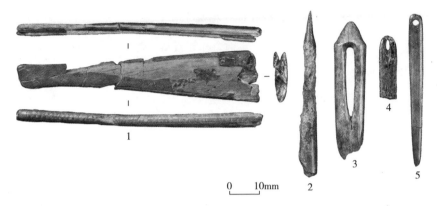

图 4.29　水洞沟第 12 地点出土的部分骨器
1. 骨刀柄（SDG12 – 141）；2. 骨锥（SDG12 – 130）；3. 梭形器（SDG12L4 – 1213）；
4. 骨针残段（SDG12 – 133）；5. 完整骨针（SDG12 – 131）

SDG12 – 141；骨刀柄（图 4.29：1），骨体呈扁平状，残存尺寸为 83.3 毫米 × 17.1 毫米 × 4.7 毫米，重 4.51 克。单侧刃，长轴一侧刻有贯通全体、可镶嵌细石叶的 "V" 字形刃槽，槽深约 1.8 毫米；刃槽对侧的背缘有刻花纹修饰，在骨柄的两面分别有一条与背缘平行的浅刻槽，背缘两侧各有数十条近平行的短直线浅刻槽，刻槽间距大小不一。

骨刀柄的形制与北京平谷上宅遗址出土的骨柄石刃刀较为一致，后者的年代为约距今 7000 年前②，此类工具在新石器时代遗址中多有发现，例如东胡林遗址③、大

① Zhang SQ, Doyon L, Zhang Y, et al. Innovation in bone technology and artefact types in the late Upper Palaeolithic of China：insights from Shuidonggou Locality 12. *Journal of Archaeological Science*, 2018, p. 93. Zhang Y, Zhang SQ, Gao X, Chen FY. The first ground tooth artifact in Upper Palaeolithic China. *Science China：Earth Sciences*, 2019, 62（2）. Zhang Y, Gao X, Pei SW, et al. The bone needles from Shuidonggou locality 12 and implications for human subsistence behaviors in North China. *Quaternary International*, 2016, p. 400.

② 崔天兴、杨琴、郁金城等：《北京平谷上宅遗址骨柄石刃刀的微痕分析：来自环境扫描电镜观察的证据》，《中国科学：地球科学》2010 年第 6 期。

③ 北京大学考古文博学院、北京大学考古学研究中心、北京市文物研究所：《北京市门头沟区东胡林史前遗址》，《考古》2006 年第 7 期。

地湾遗址①、西梁遗址②、鸳鸯池遗址③。骨柄刀可能是一件动物的肋骨制作而成，其发现确认了以细石叶、动物骨骼加工成复合工具的推测。骨柄刀的刃缘长，以之进行切、割、刮削等生产活动，能够大大提高工作效率，其出土显示除传统认为的细石叶具有狩猎功能外，人类还开发了细石叶的日常生产、加工功能。

SDG12 - 137 是一件骨锥残件，锥体扁平，尺寸为 19.9 毫米 × 3.3 毫米 × 1.7 毫米，重 0.11 克。原型可能为动物长骨，锥体未见磨制痕迹；尖部为火烘烤导致的黑色，尖锋利。推测该骨锥为利用劈裂的骨片，对尖部简单磨制后，将尖部烘烤处理以增加其硬度。

SDG12 大多数骨质工具均通体磨制，显示了娴熟、稳定的骨器生产技术。骨锥、骨针的制作中，选取质地较硬的骨骼，以保证其耐用性。此外，骨器生产过程中还采用了热处理技术，烘烤骨锥尖部以改变骨器的物理性能，提高其硬度，更方便使用。骨质工具的出土说明当时人类开发工具的范围已经大为扩展，通过对适宜的骨骼进行磨制、刻槽、钻孔等，将之加工成理想的工具，耗费的时间、精力巨大，但使用效率高，局部损坏后可将之替换、继续使用（骨柄石刃刀的刃部可替换），精致型工具的优势得以体现。骨质工具的原料选择也显示了有针对性，多为坚硬的长骨。

七　小结

与水洞沟遗址群其他地点的文化面貌不同，SDG12 处于旧石器时代晚期末段的文化转型期，文化堆积中蕴含了大量人类适应策略的新信息。发达的细石叶技术产品在 SDG12 石制品组合中占有较大比重，是操作链、动态类型学的研究基础。目前该地点的动物考古学、古环境学研究已经取得了一定成果，发掘过程中保留了足够样品供残留物分析研究，为食谱分析提供素材，遗址的用火分析再现了当时觅食者

① 甘肃省文物考古研究所：《秦安大地湾新石器时代遗址发掘报告》，北京：文物出版社，2006 年。

② Liu GX. The Xinglongwa culture in relation to other cultures, In Hu Y（ed.）. *The Origins of Jades in East Asia*：*Jades of the Xinglongwa Culture*. Hong Kong：The Center for Chinese Archaeology and Art at the Chinese University of Hong Kong, 2007, pp. 40 - 51.

③ 甘肃省博物馆文物工作队：《永昌鸳鸯池新石器时代墓地的发掘》，《考古》1974 年第 5 期。

适应行为的冰山一隅。

水洞沟第 12 地点出土一件似纺轮工具，据新石器时代的同类器物推测，其功能可能为纺织线绳，此遗址出土的骨质梭形器推测是以线绳织网所用，其目的之一是在狩猎中围捕野兔等小型猎物。出土的大量动物骨骼中，以野兔（57.4%）和普氏羚羊（22.2%）为主，这两类动物的体型、生存习惯及特征等分别与北美大盆地的长耳大野兔（*Lepus californicus*）和叉角羚（*Antilocapra americana*）相似①。北美大盆地民族学调查中发现，长耳大野兔和叉角羚擅长奔跑，在空阔地带极难追捕，原始居民多通过群体围猎、利用猎网、围栏等工具和天然障碍（如河流）等方式捕获②，其皮革是此地印第安人制作服饰的主要原料。相似的捕捉方式可能也被中国北方地区以水洞沟第 12 地点为代表的古人类所采用。野兔肉的脂肪含量少，营养成分贫瘠③，但在水洞沟第 12 地点所占比重大，结合上述民族学材料分析，当时人类捕获野兔、羚羊的目的之一是获得皮革制作服饰。以骨柄石刃刀刮制、裁剪皮革，用骨锥辅助性地穿孔，利用纺轮纺织的线绳或皮革为线，以骨针为工具缝制衣服，有可能是当时人类的一项生存策略。

SDG12 出土丰富多彩的文化遗存，反映了古人类适应策略具有多样性，先民对环境具有高度认知、利用能力和机动灵活的生存方略。该遗址文化的特点是以细石叶技术为核心，细石叶被广泛应用，作为细石叶生产中的副产品，少量锤击石片也被用来加工工具，此类工具毛坯的选择具有随机性。石制品原料获取方式为就地取材，原料的开发有计划性和组织性。不同的打片技术针对的原料不尽一致，细石叶技术产品中白云岩因其个体较大而被大量采用，而砸击技法产品中燧石占有绝对比

① Smith AT, Xie Y, Hoffmann RS, et al. *A Guide to the Mammals of China*. Princeton：Princeton University Press, 2008. Leslie DM, Groves CP, Abramov AV. Procapra przewalskyi (Artiodactyla：Bovidae). *Mammalian Species*, 2010, 42 (1).

② Steward JH. *Basin – Plateau Aboriginal Sociopolitical Groups*. Smithsonian Institution, Bureau of American Ethnology Bulletin 120. Washington, D. C.：Government Printing Office, 1938. Steward JH. *Native Cultures of the Intermontane (Great Basin) Area*. Smithsonian Miscellaneous Collections, Washington, D. C., 1940, pp. 445 – 502.

③ Speth J, Spielmann K. Energy source, protein metabolism, and hunter – gatherer subsistence strategies. *Journal of Anthropological Archaeology*, 1983, 2 (1).

重。研磨类工具的用途有可能为加工植物种子，也有可能用来研磨颜料以满足装饰之用。除植物资源外，SDG12 古人类还大量开发了以兔子、普氏羚羊为主的动物资源，让实了该地区广谱革命的发生。疑似纺轮显示了当时人类可能已经掌握纺线技术，并利用骨质的梭形器将线绳、皮革织网，用于捕猎。精美的骨柄刀显示了人类开发了细石叶的生产、加工功能，骨针等骨器的出土，可能与服饰的制作相关，这为适应寒冷气候条件提供良好保障。SDG12 的大量烧石是由烧水、烹煮食物而产生的，表明古人类由简单的直接用火转变为复杂的间接用火，这样的食物加工方式保持了食物的营养价值，同时降低了直接饮用（食用）当地资源造成的人体健康损害。

第五章　再思起源：西伯利亚与华北地区

在旧石器时代晚期，全球石器技术均呈现小型化趋势①，以生产形态规范且窄长、两边刃平行、薄锐锋利的细石叶为目标的细石叶技术独具特色地存在于东北亚及北美部分地区，在古人类适应生存、社会发展过程中发挥了重要作用，甚至在中国北方地区农业起源与定居化进程中有特殊的角色②。学术界对细石叶技术起源地与起源过程的关注经久不衰，学术成果层出不穷。本章将分析细石叶的技术优势，结合西伯利亚、蒙古高原、日本列岛、朝鲜半岛及中国北方地区的相关发现，从技术－类型学、古环境与生态、年代数据等角度解读论述细石叶技术的起源地、起源及早期传播过程。

一　技术优势

旧石器时代晚期，细石叶技术在萌芽后迅速超越石叶技术和简单石核－石片技术成为中国北方地区甚至东北亚地区石器生产的主要方式，是由细石叶技术及细石叶组成的复合工具的优势决定的（表5.1），本节对此简要分析。

---

① Elston RG，Kuhn S（eds.）. *Thinking Small*：*Global Perspectives on Microlithization*，*Archaeological Papers of the American Anthropological Association*. Washington，D. C：American Anthropological Association，2002.

② 仪明洁：《中国北方的细石叶技术与社会复杂化早期进程》，《考古》2019 年第 9 期。Yi MJ，Gao X，Chen FY，et al. Combining sedentism and mobility in the Palaeolithic－Neolithic transition of northern China：the site of Shuidonggou locality 12. *Antiquity*，2021，95（380）.

表 5.1　普通石质工具、骨质工具与复合工具之比较①

工具类型		普通石质工具	骨质工具	复合工具
原料	质量要求	低	高	高
	可获得性	易	易	难
生产	技术要求	低	高	高
	技术设计	权宜型	精致型	精致型
	耗费时间	少	多	多
	有效刃缘	低	取决于需求	高
	形态	多样化	取决于需求	较一致
使用	致命性	致流血，高	相对低	致流血，高
	可依赖性	寒冷气候下易折断，狩猎中投射失败会造成破损	不易受寒冷气候影响，使用中断折较少	高，细石叶部分可能在寒冷条件下断折
	便携性	重，运输中易损坏	轻，易携带	较轻，易携带
可维护性		难	易修理/刃部磨制	损坏的细石叶易更换
重复利用性		低	高	高

首先，节省优质资源。

中国北方地区长期连续发展的主工业类型呈现连续、缓慢、渐进的发展格局，众多学者认为其出现的主要原因是中国缺乏优质石料。高星和裴树文曾指出，中国旧石器时代人类所使用的原料以脉石英、石英岩、砂岩、石英砂岩等劣质石料为主，燧石、黑曜石等优质原料少且个体小，与非洲、欧洲、美洲相比，中国的石器原料

① Knecht H. Early Upper Paleolithic approaches to bone and antler projectile technology, In Peterkin GL, Bricker HM, Mellars P (eds.). *Hunting and Animal Exploitation in the Later Paleolithic and Mesolithic of Eurasia. Archeological Papers of the American Anthropological Association*, 4. Arlington, Va.: American Anthropological Association, 1993, pp. 33 – 47. Knecht H. Projectile points of bone, antler, and stone: Experimental explorations of manufacture and use, In Knecht H (ed.). *Projectile Technology*. New York: Plenum, 1997, pp. 191 –212. Ellis CJ. Factors Influencing the Use of Stone Projectile Tips. Elston RG, Brantingham PJ. Microlithic technology in Northeast Asia: A Risk Minimizing Strategy of the Late Pleistocene and Early Holocene.

的质量先天不足①。较少量存在的燧石类原料，则因节理发育、块体较小而导致可开发的空间不足，无法满足大规模石器打制、预制的需求。与陶瓷器、金属器的生产过程不同，石器的生产是一个削减的过程，对原材料有较高的要求，劣质原料不利于制作形态规整的石制品②，其影响在旧石器早、中期并不显著，但是随着石器生产技术水平的提高、生产流程的增加、预制过程的复杂程度加强，到生存压力变大的旧石器时代晚期，尤其是环境恶劣时期，如何充分利用为数不多的优质原料，使可获得的石料资源物尽其用，已经成为古人类不得不解决的问题。

　　尽管细石核预制中会出现失败现象，但一旦预制成功，大多数细石核能够连续剥片，产生大量细石叶，更可能使优质原料发挥作用。对于技术娴熟的生产者而言，有些形状合适的优质原料无需预制即可生产细石叶，这又使得部分个体小的优质原料有了用武之地。

　　第二，高效的工具设计。

　　对于高流动的狩猎采集者而言，工具组合的有效设计对其生存影响重大③。细石叶的标准化程度高，宽度相对一致，厚度的变异范围也不大，不同数量的细石叶适于以组合的方式满足不同的长度需求，细石器复合工具在形态的规整性、生产中的可控性、使用中的有效性、致命性、可依赖性、韧性等方面有独到的优势。石质工具在寒冷天气易断折，影响觅食的顺利进行；骨质、木质等有机材料韧性强，一旦细石叶部分损坏能够及时更替，在狩猎中更好地满足需求。在恶劣环境中，狩猎失败带来的影响巨大，为保证成功率，可依赖性强的细石器复合工具的优势凸显④。

　　第三，更长的有效刃缘。

　　在打制实验中，尽管细石器复合工具的制作过程耗费的时间是两面器的两倍，

---

① 高星、裴树文：《中国古人类石器技术与生存模式的考古学阐释》，《第四纪研究》2006 年第 4 期。

② Andrefsky W. Raw – material availability and the organization of technology. *American Antiquity*, 1994, p. 59.

③ Kelly RL. Hunter – gatherer mobility strategies. *Journal of Anthropological Resaerch*, 1983, 39 (3). Kelly RL. Mobility/sedentism – concepts, archaeological measures, and effects. *Annual Review of Anthropology*, 1992, p. 21. Kuhn SL. A formal approach to the design and assembly of mobile toolkits. *American Antiquity*, 1994, p. 59.

④ Ellis CJ. Factors Influencing the Use of Stone Projectile Tips, In: Knecht H (ed.). *Projectile Technology*. New York: Plenum. 1997, pp. 37 – 74. Elston RG, Brantingham PJ. Microlithic technology in Northeast Asia: A Risk Minimizing Strategy of the Late Pleistocene and Early Holocene.

但从产品的有效刃缘总长度来看，前者是后者的近 7 倍[1]。更长的有效刃缘，使细石叶技术产品可以更长时间地用于刮削、切割、戳刺等各个方面。

第四，高度便携性。

高流动性的狩猎采集者所能随身携带的物品是有限的，工具的重量、尺寸都因之受到影响[2]。与一般打制石器相比，细石叶、细石核、细石器复合工具轻便易携带，为古人类的高流动性提供便利。

第五，较强的可维护性和可重复利用性。

在有较高的不可预测性环境中，狩猎采集者更需要可维护性强的工具[3]。细石器复合工具的刃部可能在使用中损坏，但是该部位易于替换，且大量细石叶的生产保证了补给；若复合工具的有机部位（柄）破损，也可将遗留的细石叶用于新的有机母体上。

第六，突出的生态适应性。

在末次盛冰期、新仙女木事件等气候寒冷期，中、高纬度地区漫长冬季中由于冰雪覆盖难以发现足够原料，细石叶技术能够节省优质原料的优势凸显[4]。高度流动且工具精致化的狩猎采集人群不仅需要精致的生产工具，还需要其他生存装备。定居状态下的人类在冬季可以利用房屋、火塘等方式取暖，但是狩猎采集人群在寒冷气候条件下仍有高流动的需求，此时御寒服饰的制作必不可少，细石器复合工具在皮革的加工中也能高效地发挥作用。除上文所述的生产工具精致化之外，细石叶技术在生存装备精致化方面也表现出在寒冷天气条件下有突出的生态适应性。

---

[1] Flenniken JJ. The Paleolithic Dyuktai Pressure Blade Technique of Siberia. *Arctic Anthropology*, 1987, 24 (2). Elston RG, Brantingham PJ. Microlithic technology in Northeast Asia: A Risk Minimizing Strategy of the Late Pleistocene and Early Holocene.

[2] Torrence R. Time budgeting and hunter – gatherer technolog, In Bailey G (ed.). *Hunter – Gatherer Economy in Prehistory: A European Perspective.* Cambridge: Cambridge University Press, 1983, pp. 11 – 22. Shott M. Technological organization and settlement mobility: an ethnographic examination. *Journal of Anthropological Research*, 1986, 42 (1).

[3] Bleed P. The Optimal design of hunting weapons: Maintainability or reliability. *American Antiquity*, 1986, 51.

[4] Dixon EJ. A reappraisal of circumpolar microblade technology, In Westerdahl C (ed.). *A Circumpolar Reappraisal: The Legacy of Gutorm Gjessing* (1906 – 1979), *BAR International Series* 2154. Oxford: Archaeopress, 2010, pp. 77 – 85.

在前文的中国北方地区细石叶技术遗址介绍中，部分遗址有石矛头、石镞等狩猎器物与细石叶技术产品共生，无石矛头和石镞的遗址多靠近河流，该情况同样存在于俄罗斯境内的部分遗址中①，据此推测在旧石器时代晚期，东北亚的一些人群掌握了专门的狩猎技术（石矛头、石镞）和方法（群体围猎，利用地形、驱赶猎物至河中等），细石器复合狩猎工具是石矛头、石镞的补充，这类工具在广大东北亚地区、阿拉斯加地区都有广泛应用②。在这一生产功能之外，细石叶在生活中加工、处理食物、生活资料等方面的可能也发挥重要作用。除西伯利亚、朝鲜半岛、日本外③，中国的水洞沟第 12 地点、东胡林遗址、大地湾遗址、西梁遗址④、上宅遗址⑤、鸳鸯池遗址⑥均发现骨柄石刃刀，其形制并不适于狩猎，更适合切割、刮削；极地地区的觅食者也将细石叶镶嵌到刀柄上，形成如外科手术刀式的复合工具（图5.1）⑦，尽管尚未在中国发现此类标本，但不排除这种使用方式存在的可能性，尤其是在鲁东南、苏北及大地湾遗址等区域发现的细石叶，形态微小，宽度仅 2 毫米上下，并不适合以刀刃的方式嵌入骨槽或木槽，以倒刺的方式镶嵌为渔猎工具或外科手术刀式的捆绑以切割使用更为合理。骨柄刀的使用方式为切割、刮削，而非戳刺，其出土揭示了当时的人群可能以锋利、精致的细石器复合刀具对猎物剥皮与肢解、

---

① Kuzmin YV. Siberia at the Last Glacial Maximum：Environment and archaeology. *Journal of Archaeological Research*，2008，16. Derevianko AP，Shimkin DB，Powers WR. *The Paleolithic of Siberia：New Discoveries and Interpretations*. Chicago：University of Illinois Press，1998.

② 小畑弘己，東シベリア・極東における完新世適応システムの研究（Study on cultural adaptation system during transitional period from Pleistocene to Holocene in eastern Siberia and Far East）. Hiroki Obata：シモダ印刷株式会社，2002. Ackerman RE. The microblade complexes of Alaska and the Yukon：early interior and coastal adaptations，In Kuzmin YV，Keates SG，Shen C（eds.）. *Origin and Spread of Microblade Technology in Northern Asia and North America*. Burnaby，B. C.（Canada）：Archaeology Press，Simon Fraser University，2007，pp. 147 – 170.

③ 小畑弘己，東シベリア・極東における完新世適応システムの研究（Study on cultural adaptation system during transitional period from Pleistocene to Holocene in eastern Siberia and Far East）.

④ Liu GX. The Xinglongwa culture in relation to other cultures.

⑤ 崔天兴、杨琴、郁金城等：《北京平谷上宅遗址骨柄石刃刀的微痕分析：来自环境扫描电镜观察的证据》，《中国科学：地球科学》2010 年第 6 期。

⑥ 甘肃省博物馆文物工作队：《永昌鸳鸯池新石器时代墓地的发掘》，《考古》1974 年第 5 期。

⑦ Dixon EJ. A reappraisal of circumpolar microblade technology.

鞣制和裁剪皮革,对服饰的细部处理更符合人类需求,从而缝制出大小合身、穿着便利、更利于御寒的服饰,保证在漫长寒冷季节的流动需求。柿子滩遗址、水洞沟第 12 地点等遗址中伴生的骨钉是此推测的有力印证。

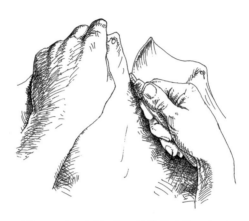

图 5.1 细石叶复合工具裁剪皮革示意图

二 源头:节点与过程

学术界对细石叶技术起源地的观点大体由几种不同的理论立场所决定,陈胜前等将之归纳为材料中心论、技术元素论和功能适应论,并指出技术元素的起源和细石叶工艺作为整体的涌现是两个不同的问题①。本节讨论的是,作为一项新的石器生产技术,细石叶技术有其特殊的技术元素构成,从细石器生产前的计划预设、到原料获取、到预制、到生产、到利用细石叶等目标产品,直至最终废弃,涉及原料认知、石核预制、系统剥片、两面器技术等,不同的技术元素可能在人类技术史中早已存在了几万年、几十万年甚至上百万年,但是细石叶技术是由不同的元素整合为一个系统,最终萌生新技术并日趋成熟。对细石叶技术源头的探讨,应该由对某一节点、某批最早的考古材料的关注,转变为对系列技术元素整合的过程的关注,即技术元素的整合过程是在哪些区域、以何种形式出现的?对这一问题的探讨,实际仍需以石器技术 - 类型学为基础,立足考古材料及其年代信息,从文化适应的角度

---

① 陈胜前、叶灿阳:《细石叶工艺起源研究的理论反思》,《人类学学报》2019 年第 4 期。

对相关材料作出解释。

　　细石叶技术起源学说主要有"华北地区起源说"、"西伯利亚起源说"、源自蒙古中东部地区等说法①。贾兰坡提出细石叶技术的源头可追溯到周口店第 1 地点 – 峙峪系细小石器中的长薄石片②，这一观点对中国学术界产生了深远的影响，根据石制品的形态，学者们一度认为峙峪遗址、水洞沟第 1 地点下文化层、小南海遗址等出土的长形石片即为细石叶的雏形③。随着近年来对华北地区旧石器时代考古工作加强，产出一批新的考古材料和测年成果，有学者进一步陈述细石叶技术华北地区起源的可能性④。此外，还有一些学者认为细石叶技术是中国北方地区砸击法的衍生物，水洞沟第 2 地点等遗址中的砸击法产生的长薄小石叶状产品最终促进了细石叶技术的萌生⑤，但这一观点呼声较弱。

　　与华北地区起源论不同，另有一批学者⑥指出西伯利亚地区是细石叶技术的起源地，例如裴文中指出，"在西伯利亚境内，已发现旧石器时代晚期之遗物，与欧洲之奥

① 贾兰坡：《中国细石器的特征和它的传统、起源与分布》，《古脊椎动物与古人类》1978 年第 2 期。裴文中：《中国细石器文化略说》，裴文中：《中国史前时期之研究》，上海：商务印书馆，1948 年，第 135 ~ 142 页。GeobeL T. The "microblade adaptation" and recolonization of Siberia during the Late Upper Pleistocene, In Elston RG, Kuhn S (eds.). *Thinking Small: Global Perspectives on Microlithization, Archaeological Papers of the American Anthropological Association.* Washington, D. C.: American Anthropological Association, 2002, pp. 117 – 131.

② 贾兰坡：《中国细石器的特征和它的传统、起源与分布》，《古脊椎动物与古人类》1978 年第 2 期。贾兰坡、盖培、尤玉柱：《山西峙峪旧石器时代遗址发掘报告》，《考古学报》1972 年第 1 期。

③ 安志敏：《海拉尔的中石器遗存——兼论细石器的起源与传统》，《考古学报》1978 年第 3 期。安志敏：《中国细石器研究的开拓和成果——纪念裴文中教授逝世 20 周年》，《第四纪研究》2002 年第 1 期。Chen C. The microlithic in China. *Journal of Anthropological Archaeology*, 1984, p. 3. Chen C, Wang XQ. Upper Palaeolithic microblade industries in North China and their relationships with northeast Asia and North America. *Arctic Anthropology*, 1989, 26 (2).

④ 例如：王小庆、张家富：《龙王辿遗址第一地点细石器加工技术与年代——兼论华北地区细石器的起源》，《南方文物》2016 年第 4 期。

⑤ Barton L, Brantingham PJ, Ji DX. Late Pleistocene climate change and Paleolithic cultural evolution in northern China: implications from the Last Glacial Maximum, In Madsen DB, Chen FH, Gao X (eds.). *Late Quaternary Climate Change and Human Adaptation in Arid China*, VOL. 9. Amsterdam: Elsevier, 2007, pp. 105 – 128.

⑥ 裴文中：《中国细石器文化略说》。Kuzmin YV, Orlova LA. Radiocarbon chronology of the Siberian Paleolithic. *Journal of World Prehistory*, 1998, 12 (1).

瑞纳文化者及马格德林文化者，均甚相似。在贝加尔湖附近，此种旧石器时代晚期之文化，更渐次演变而为中石器时代之文化，其遗物中如扁平多齿之鱼叉及短小之圆刮器等，均与欧洲阿奇利文化者相似。此种文化，分布于亚洲之北部及欧洲之中北部，成为一独立之系统。时间前进，此系统之文化更向中国境内移动，因地理环境之限制，演变而为细石器文化。中国之细石器文化虽与欧洲所发现之同时代之文化，稍有不同，但此为地方性质，实均为同一之系统"，认为华北地区的细石器起源于贝加尔湖附近。笔者也曾撰文，从考古材料的技术属性、年代数据、生态适应性角度，指出细石叶技术源头为高纬度地区，随着末次冰期气候波动中人类迁徙而出现技术扩散①。

此外，还有学者按照不同的细石核类型空间分布情况，分类讨论起源地。例如，杜水生提出虎头梁型和下川型细石核有不同的来源，其中虎头梁型细石器主要起源于西伯利亚一带，西伯利亚是其主要分布区，在中国的分布范围仅限于泥河湾盆地等少数地区，下川型细石器则起源于华北地区，分布范围遍及华北、华南甚至西南地区②。陈胜前则认为细石叶技术为两面器技术与棱柱状石叶石核技术结合而产生的，从人类适应和生态模拟的角度指出，细石叶技术起源于末次盛冰期的华北腹地，此区域在末次盛冰期为一种森林 – 草原交接地带的生态过渡地带③。

细石叶并非简单的石制品小型化的产物。细石叶技术具有非常强的剥片计划性和独特的原料开发理念，剥片前的预制程序复杂，剥片中对软锤法、间接剥片法应用普遍，石核预制过程复杂，剥片过程有定向、标准化的特点。中国北方地区传统的简单石核 – 石片技术则以硬锤直接剥片、砸击剥片为特点，没有预制、定向剥片等特征，难以找到细石叶技术元素的源头。简单石核 – 石片技术体系下，石器打制中偶然出现的长形石片与细石叶的生产技术、原料开发理念有根本的区别，二者的技术传承相去甚远。周口店遗址石器技术属简单石核 – 石片技术体系，剥片方法有

①　Yi MJ, Gao X, Li F, Chen FY. Rethinking the origin of microblade technology: a chronological and ecological perspective. *Quaternary International*, 2016, p. 400.

②　杜水生：《楔型石核的类型划分与细石器起源》，《人类学学报》2004 年第 23 期（增刊）。

③　陈胜前：《细石叶工艺的起源——一个理论与生态的视角》，北京大学考古文博学院：《考古学研究（七）——庆祝吕遵谔先生八十寿辰暨从事考古教学与研究五十五年论文集》，北京：科学出版社，2008 年，第 244～264 页。

锤击法、砸击法等，但未见系统剥片技术，其偶见的长薄石片的生产与细石叶技术打制过程有极大区别，二者间无法建立直接的联系。在再次系统观察小南海遗址的石制品后，陈淳指出：小南海石器工业与中国北方的细石叶技术并没有相关性[1]，以往将小南海遗址划为细石器遗址的原因即在于从形态上将偶然出现的长石片划为细石叶技术产物，简单地以形态指代技术是不合适的。上述例证说明，通过偶见的长石片形态判定考古材料与细石叶技术有相关性的论断需要重新审视，以石制品形态做技术溯源的方式并不可取。

传统类型学依据器物形态对器物静态描述，"操作链"[2] 分析理念则更好地从原料采办，工具生产，工具使用、维护与废弃三个亚系统出发，从遗物中解读人类行为，将石制品生产过程中的片段合理拼接为连续的画面，强调"技术表现"与"思维运作"的协同，通过识读石器生产体系中的操作序列完成技术分析，分析石制品的剥片程序及器物加工、废弃和使用的过程，是对传统静态类型学研究的升华。思维运作也被称为"记忆"或"概念型版"，指主导石器生产的人类认知能力。细石叶技术生产的过程繁杂，与传统打制技术相比，其打制过程复杂，不同阶段产生的石制品形态差异显著，终极产品相似度和可辨识度高，技术演变流程更清晰，"操作链"分析更适合应用于此。

从技术元素分析的角度，陈胜前认为由两面器技术与棱柱状石核技术结合而产生细石叶技术[3]，从西山头遗址、西沙河遗址等中国北方地区最早期的一批细石器来看，尤其是基于对细石核形态的观察，不能显示两面器技术是最关键的技术元素。基于"操作链"视角分析技术操作流程，石叶技术是石制品打制技术中与细石叶技术最为接近的剥片体系，二者在原料开发理念、原料需求、石核预制技术、定向剥片、标准化生产、软锤法与间接法的采用、目标产品的获取及应用等方面具有一定

① Chen C, An JY, Chen H. Analysis of the Xiaonanhai lithic assemblage, excavated in 1978. *Quaternary International*, 2010, p. 211.

② Pelegrin J, Karlin C, Bodu P. Chaînes opératoires: Un outil pour le préhistorien, In Tixier J (ed.). *Journée d'Études Technologiques en Préhistoire*. Paris: CNRS, 1988, 27, pp. 55 – 62. 陈虹、沈辰：《石器研究中"操作链"的概念、内涵及应用》，《人类学学报》2009 年第 2 期。彭菲：《再议操作链》，《人类学学报》2015 年第 1 期。

③ 陈胜前：《细石叶工艺的起源——一个理论与生态的视角》。

的相似性，故细石叶技术的源头追溯到石叶技术更为合理。反观在细石叶技术萌芽的更早一个阶段，华北地区的遗存中真正让人信服的具有石叶技术特征的发现为数甚少、分布有限，年代上也并不与细石叶技术遗存衔接。

受发掘和测年技术的影响，早年在中国发现的含细石器的遗址年代存在不确定性（见表3.2）。1978 年发掘的柴寺遗址有两个测年数据，二者的巨大差距一度引起了学术界的争议①。下川遗址的年代数据也因跨度大、重合度小而引发讨论②。近年来在中国北方发现了一批年代早于末次盛冰期的细石叶技术产品，包括经系统测年的西山头遗址、龙王辿遗址、柿子滩遗址 S29 地点、西沙河遗址、油房遗址、西施遗址等，遗址中均有成熟的细石叶技术，西山头遗址年代甚至达到距今 2.8 万年，显示其起源时间应为更早阶段。从西沙河遗址、柿子滩 S29 地点等有连续多个文化层的考古遗址来看，华北地区的文化面貌在不早于距今 2.8 万 ~ 2.7 万年前后有一个明显的转变，以柿子滩 S29 地点等为代表，从中国北方地区长期盛行的石核 – 石片技术的文化层直接转变为细石叶技术的文化层，且细石叶剥片连续、规范，说明古人类已经熟练掌握细石叶技术（图 5.2）。这种文化的转变过程不可谓不突然，

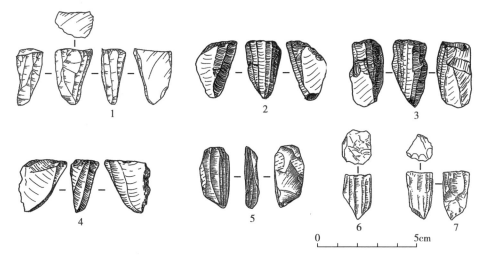

图 5.2　中国部分早期细石核
1. 西山头遗址；2 ~ 4. 西沙河遗址；5. 柿子滩 S29 地点第 7 文化层；6、7. 龙王辿遗址

---

① 安志敏：《中国晚期旧石器的碳 – 14 断代和问题》，《人类学学报》1983 年第 4 期。王建：《关于下川遗址和丁村遗址群 7701 地点的时代、性质问题——与安志敏先生讨论》，《人类学学报》1986 年第 2 期。
② 安志敏：《中国晚期旧石器的碳 – 14 断代和问题》，《人类学学报》1983 年第 4 期。

细石叶技术的出现是突发的。

在日本列岛和朝鲜半岛，Jangheung – ri 遗址①、Hopyeong 遗址②、Sokchang – ri 遗址③、Sinbuk 遗址④、Kashiwasai 第 1 地点⑤、Pirika 第 1 地点⑥等出土细石叶技术产品的遗址年代均早于 2 万年或在 2 万年上下（表 5.2），部分与中国华北和东北地区最早一批的细石器遗存年代相当。从以上遗址可见，细石叶技术在中国北方、朝鲜半岛、日本的出现年代均早于距今 2.5 万年，出现伊始即很成熟，故有理由推测其源头的年代应为更早阶段。

西伯利亚的阿尔泰、贝加尔地区发现了大量旧石器时代晚期早段含石叶技术的遗址⑦，长期的技术积淀中，石核预制、软锤、间接及定向剥片技术元素愈加成熟。这一区域还有一批遗存，其石制品的特征处于从石叶技术到细石叶技术的过渡状态，俄罗斯学者称之为细石器。这些材料的尺寸与末次盛冰期以来华北地区典型的细石器相比显得略大，特征上具有一定的原始性（图 5.3），笔者认为称之为"初始细石叶技术产品（products of initial microblade technology）"似更合适。例如位于阿尔泰地区的乌斯季 – 卡拉科尔（Ust – Karakol）第 1 地点，是目前已发现年代最早的含细石器产品的遗址（表 5.2），校正后年代可达距今 3.4 ~ 3.9 万年。在其⑪A ~ ⑨A 层中共分辨出细石核 16 件、细石叶 62 件，产品形态从早到晚呈现日渐成熟的变化过程

---

① Choi BK. *Jangheung – ri Guseokgi Yujeok（The Jangheung – ri Paleolithic Site）*. Kangwon Gogohak Yeonguso, Chuncheon, Korea, 2001.

② Hong MY, Kim KT, Hong SS, et al. Namyangju – si Hopyeungdong Guseokgi Yujeok Balguljosa Gaebo（Report about the excavations of the Hopyeung Site, Namyuangju City）, In Hanguk Gogo Hakhoe（ed.）. *Haeyang Gyoryueui Gogohak*. Busan, Korea, 2001, pp. 137 – 153.

③ Sohn PK. Sockchang – ri Hugi Guseokgi Sidae Jipjari（On the Upper Paleolithic settlement at Sokchang – ri）. *Hankuksa Yeongu*, 1973, p. 9.

④ Lee GK. Janghwung Sinbuk Yujeok – eui Balgul Seonggwa – wa Apnal – eui Gwaje（The excavation at Sinbuk, Jangheung, and its implications）. Paper presented at the International Symposium for Commemorating the Sinbuk Site, Jangheung, Korea, 2004.

⑤ Fukui J, Koshida K. *Kashiwadai 1 Iseki（Kashiwadai 1 Site）*. Sapporo: Hokkaido Maizo Bunkazai, 1999.

⑥ Naganuma T. *Pirika 1 Iseki（The Pirika 1 Site）*. Sapporo: Hokkaido Maizo Bunkazai, 1985.

⑦ Derevianko AP, Shimkin DB, Powers WR. *The Paleolithic of Siberia: New Discoveries and Interpretations*. Chicago: University of Illinois Press, 1998.

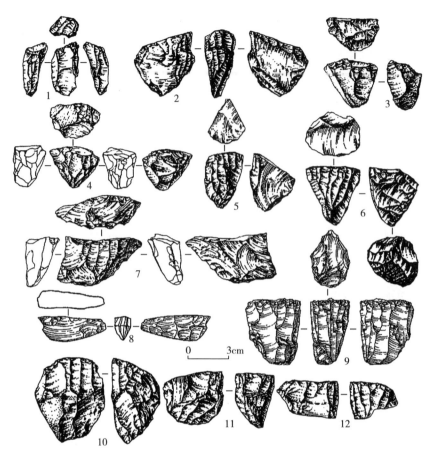

图 5.3　西伯利亚阿尔泰、贝加尔地区早期细石核

1 ~ 7. Ust'－Karakol 第 1 地点；8、9. Tolbor－15 遗址；10 ~ 12. Anui 第 2 地点 1 ~ 7

（图 5.3）①。阿努伊第 2 地点的⑫ ~ ⑧水平层出土 7 件形制不甚规整的细石核和大量 细石叶（图 5.3），其年代略晚于乌斯季－卡拉科尔第 1 地点（表 5.2）。托尔巴第 15

① Derevianko AP. The Middle to Upper Paleolithic transition in the Altai（Mongolia and Siberia）. *Archaeology, Ethnology & anthropology of Eurasia*, 2001, 2（3）. Derevianko AP, Shunkov MV, Agadjanian AK, et al. *Prirodnaya Sreda I Chelovek v Paleolite Gornogo Altaya（Paleoenvironment and Paleolithic humans of the Mountainous Altai）*. Novosibirsk：Institute of Archaeology and Ethnography SB RAS Press, 2003. Derevianko AP, Shunkov MV. The formation of the Upper Paleolithic traditions in the Altai Mountains. *Archaeology, Ethnology & anthropology of Eurasia*, 2004, 5（3）. Keates SG. Microblade technology in Siberia and neighboring regions：an overview, In Kuzmin YV, Keates SG, Shen C（eds.）. *Origin and Spread of Microblade Technology in Northern Asia and North America*. Burnaby, B. C.（Canada）：Archaeology Press, Simon Fraser University, 2007, pp. 125 – 146.

地点（Tolbor-15）遗址的第五水平层年代测定为 28460±310a uncal BP，尽管其细石器产品所占比重低，但其剥片中已使用压制技法①（图5.3），显示了成熟、稳定的细石叶技术。卡门卡（Kamenka）遗址、久科台（Dyuktai）文化、卡什坦卡（Kashtanka）第1地点、马耳他（Malta）遗址、新肖洛夫（Novoselovo）第13地点、斯图杰诺伊（Studenoe）第2地点、克拉斯诺亚尔（Krasny Yar）第1地点、乌斯季-乌尔玛（Ust'-Ulma）第1地点、奥贡基（Ogonki）第5地点、库尔达（Kurla）第3地点、莫戈奇诺（Mogochino）第1地点、乌伊（Ui）第1地点、阿方托瓦山（Afontova Gora）第2地点的年代在距今2万年左右（表5.2），大量测年数据显示2万年前细石叶技术在这些区域存在的可靠性，大批细石核及细石叶说明该阶段西伯利亚地区已广泛存在细石器产品。从相关打制石器的技术基础与演变过程、材料的年代久远性等层面来讲，细石叶技术起源于高纬度地区具有更高可信度。

在深海氧同位素三阶段，中国北方地区存在石片技术系统、勒瓦娄哇石叶技术与棱柱状石叶技术三个系统。距今约4万~3万年时期，勒瓦娄哇石叶技术与棱柱状石叶技术相结合，该类遗存主要分布于中国的西北、东北和青藏高原等地，与西伯利亚、蒙古等更高纬度地区的材料属于相似的技术系统②。其中发现石叶技术层位的水洞沟第1地点、第2地点有自深海氧同位素三阶段延续到末次盛冰期前后的多个文化层沉积，然而在出土石叶产品的层位未见细石器产品，并且石叶技术短暂出现后随着石片技术的再次出现而消失③。石叶技术体系可能代表一种来自西伯利亚或蒙古的新人群，中国北方是这一人群分布的边缘区域，石叶技术传统在中国并没有广泛地传播，而只是偶然出现的外来因素，并不是中国北方的技术主体，至少在水洞沟

---

① Gladyshev SA，Olsen JW，Tabarev AV，Kuzmin YV. Chronology and periodization of Upper Paleolithic sites in Mongolia. *Archaeology*，*Ethnology & anthropology of Eurasia*，2010，38（3）. Gladyshev SA，Olsen JW，Tabarev AV，Jull JT. The Upper Paleolithic of Mongolia：Recent finds and new perspectives. *Quaternary International*，2012，p. 281.

② 李锋、陈福友、汪英华、高星：《晚更新世晚期中国北方石叶技术所反映的技术扩散与人群迁移》，《中国科学：地球科学》2016年第7期。

③ 陈福友、李锋、王惠民等：《宁夏水洞沟遗址第2地点发掘报告》，《人类学学报》2012年第4期。Li F，Kuhn SL，Bar-Yosef O，Chen FY，et al. History，chronology and techno-typology of the Upper Paleolithic sequence in the Shuidonggou area，northern China. *Journal of World Prehistory*，2019，p. 32.

地区零星、短暂地出现后最终被石片技术取代。不过，从西山头①、西施②等遗址来看，细石核、细石叶与小石叶、小石叶石核共生，柿子滩遗址 S29 地点也被报导在第⑦文化层存在小石叶与细石核、细石叶共生的现象③，显示了细石叶技术与石叶技术之间有密切关系。与距今 4 万～3 万年的勒瓦娄哇与棱柱状石叶技术相结合的产品相比，这种石叶技术更偏向于棱柱状石叶技术，其产品尺寸更小，尺寸的差异可能因技术理念不同、原料尺寸所限、抑或不同人群适应过程中秉承的技术风格所致。

　　华北地区最早期的细石器材料中，除西沙河遗址的细石核、细石叶呈现一定的原始性之外，其他同时段遗址均属成熟的细石叶技术，说明细石叶技术的起源应为更早一个阶段。目前在中国发现的传统打制石器的石核预制技术、软锤技法、间接剥片技法、定向剥片理念均不发达，缺乏大量优质原料、无细石器生产必需技术传统的华北，逻辑上很难成为该技术的孕育地。综合西伯利亚、蒙古、华北、东北地区的材料，从石叶技术到初始细石叶技术、再到细石叶技术，有一条从萌芽到成熟的技术发展轨迹。西伯利亚的系统剥片石器技术基础更可靠、技术发展链条更完整、材料的年代更早，将细石叶技术的源头追溯到高纬度尤其是西伯利亚地区更为合理。要强调的是，这里所论的技术源头可能并不是直接的起源地，细石叶技术随着人群迁徙和文化交流而逐步发展成熟，换言之，掌握了初始细石叶技术的人群随着群体迁徙、群体间的技术交流而发展出更为标准化的细石叶技术。

　　从生态适应的角度，细石叶技术同样有源自高纬度地区的可能性。学术界较普遍地认为细石叶技术对寒冷气候条件有较好的生态适应性，对高流动性人群有独特的技术吸引力④。从细石叶技术的出现和传播时间上看，细石叶技术在

---

①　吉林大学考古学院、黑龙江省文物考古研究所、中国科学院古脊椎动物与古人类研究所：《黑龙江龙江县西山头旧石器时代遗址试掘简报》，《考古》2019 年第 11 期。

②　王幼平、汪松枝：《MIS3 阶段嵩山东麓旧石器发现与问题》，《人类学学报》2014 年第 3 期。高霄旭：《西施旧石器遗址石制品研究》，硕士学位论文，北京大学，2011 年。北京大学考古文博学院、郑州市文物考古研究院：《2017 年河南登封西施东区旧石器晚期遗址发掘简报》，《中原文物》2018 年第 6 期。

③　山西大学历史文化学院、山西省考古研究所：《山西吉县柿子滩 S29 地点发掘简报》，《考古》2017 年第 2 期。

④　Elston RG，Kuhn S（eds.）. *Thinking Small：Global Perspectives on Microlithization*，*Archaeological Papers of the American Anthropological Association*.

东北亚地区中高纬度广泛传播，显示了该技术对寒冷气候的良好适应性。在末次盛冰期阶段全球气温降低时，掌握此技术的流动人群展现了更好的生存能力，新技术随着人群的迁移和交流而在东北亚传播、扩散；末次盛冰期后持续的气候波动中，细石叶技术的广泛应用印证了其对气候波动造成的生存挑战的独特适应力。

具体到中国北方地区的材料，该区域末次盛冰期阶段的人类遗存数量较少，一定程度上是因为此时气候恶劣，对使用简单石核 - 石片技术的人群形成生存挑战。该阶段细石叶技术尚处于初级的发展、传播期，故仅有少数掌握新技术的人群在华北地区迁徙、扩散。末次盛冰期之后，华北地区的文化遗存数量大大增加，基本以细石叶技术为主（详细讨论见下一章）。此时中国北方狩猎采集者的生存方式为采用多样化的生存策略以博取更多生态位，但最主要的策略是增强流动性。细石叶的功能具有多样性，满足恶劣气候条件下的狩猎、生活多种需求。到末次盛冰期及其以后的阶段出现连续的冷事件，细石器的技术优势、生态适应性使之得以持续发展、广泛传播，随后出现的博令 - 阿勒罗得事件、新仙女木事件等几个连续的气候波动进一步促进了细石叶技术的发展和传播。综合水洞沟遗址群的相关年代数据①，古人类对水洞沟地区开发年代主要集中于 30ka BP 以前，其中 4 万 ~3 万年阶段的人群掌握了石叶技术，而后掌握石片技术的人类重新进入该地区，但到末次盛冰期阶段的开发程度大大降低，然而，末次盛冰期后的气候波动期，宁夏北部地区却能够为掌握细石叶技术的人类开发，同样的情形也发生于中国北方其他地区。这一过程说明传统的打制技术在应对恶劣气候时并无技术优势，而新技术在应对寒冷气候、解决生存压力方面却有较强的适应性。

GRIP 冰芯很好地揭示了末次冰期内的气候快速变化，末次冰期内存在多达 20 个间冰段，有的跨时不足 500 年，气候甚至在几十年内变化幅度达到

---

① 高星、李进增、Madsen DB 等：《水洞沟的新年代测定及相关问题讨论》，《人类学学报》2002 年第 3 期。刘德成、王旭龙、高星等：《水洞沟遗址地层划分与年代测定新进展》，《科学通报》2009 年第 54 期。陈福友、李锋、王惠民等：《宁夏水洞沟遗址第 2 地点发掘报告》，《人类学学报》2012 年第 4 期。Li F，Kuhn SL，Bar - Yosef O，Chen FY，et al. History，chronology and techno - typology of the Upper Paleolithic sequence in the Shuidonggou area，northern China. *Journal of World Prehistory*，2019，p. 32.

5~6 摄氏度①。与中国、韩国、日本等区域相比，在高纬度的西伯利亚地区末次冰期末段的气候波动对人类生存有着更显著、剧烈的影响。可以推测，在波动、寒冷的气候背景下，高纬度地区的狩猎采集者首先面临提高流动性的生存压力，这种生存策略的转变相应带动人类生产、生活技术等生存策略的改变，石器生产和加工技术是其中最重要的一部分。有石叶生产中石核预制、石叶生产标准化、软锤法定向剥片的技术积累，该地区人群尝试开发小个体原料，偶然地生产出细石器产品，其形制、尺寸虽然不甚规整、某些个体比旧石器时代晚期的标准细石叶略大，数量少、所占比重低，但是该技术产品在适应环境、人类生存需求上具有独到优势，引发古人类更多地尝试此技术，采用石叶技术的人群转向更为小型化、石料利用更高效的石器技术，促进了初始细石叶技术的萌生。从生态适应的角度来看，西伯利亚或蒙古等高纬度地区是细石叶技术起源地的推测更为合理。

有学者提出，西伯利亚地区年代数据早于 1.8 万年的细石叶技术遗存均不可靠，末次盛冰期阶段的西伯利亚地区是人类活动的空白地，末次盛冰期后古人类对高纬度地区有一个再拓殖的过程②。西伯利亚、蒙古等区域的测年数据显示细石叶技术的繁荣期是在末次盛冰期之后，因而不足以证明细石叶技术的起源地是在西伯利亚或蒙古③。笔者推测，导致西伯利亚、蒙古等地区末次盛冰期前后文化差异的原因是气候变化导致的人群迁徙，其过程可能为：末次盛冰期阶段全球气温明显下降，高纬度地区尤甚，不排除该区域掌握初始细石叶技术的古人类随着生态资源的南退而大规模南迁。末次盛冰期后，随着气温回暖，全球生态带再次发生转变，更多狩猎采集者重新扩散至东北亚高纬度地区。在末次盛冰期几千年的适应过程中，狩猎采集者的细石叶技术日臻成熟，他们携带成熟的技术返回西伯利亚、蒙古等高纬度地区，因而在末次盛冰期前后在文化面貌上有石器技术的差异。

---

① Dansgaard W，Johnsom SJ，Clausen HB，et al. Evidence for general instability of past climate from a 250 – kyr ice – core record. *Nature*，1993，364（6434）. Groots PM，Stuiver M，White JWC，et al. Comparison of oxygen isotope records from the GISP2 and GRIP Greenland ice cores. *Nature*，1993，366（6455）.

② Geobel T. The "microblade adaptation" and recolonization of Siberia during the Late Upper Pleistocene. Graf KE. "The Good，the Bad，and the Ugly"：Evaluating the radiocarbon chronology of the middle and late Upper Paleolithic in the Enisei River valley，south – central Siberia. *Journal of Archaeological Science*，2009，p. 36.

③ 陈胜前、叶灿阳：《细石叶工艺起源研究的理论反思》，《人类学学报》2019 年第 4 期。

表 5.2　西伯利亚阿尔泰、贝加尔地区及日本、朝鲜半岛含细石叶技术的早期遗址年代

	遗址及样品位置	样品	实验编号	年代（未校正）	参考文献
1	Ust'-Karakol 1, Layer 10（乌斯季-卡拉科尔-1，第10层）	炭	SOAN-3259	35100±2850	Derevianko, 2001
	Ust'-Karakol 1, Layer 9c（乌斯季-卡拉科尔-1，第9c层）	炭	SOAN-3257	33400±1285	Derevianko, 2001
	Ust'-Karakol 1, Layer 9c（乌斯季-卡拉科尔-1，第9c层）	炭	AA-32670	31580±470	Derevianko, et al., 2005
	Ust'-Karakol 1, Layer 9c（乌斯季-卡拉科尔-1，第9c层）	炭	SOAN-3358	29860±355	Derevianko, 2001
	Ust'-Karakol 1, Layer 9c（乌斯季-卡拉科尔-1，第9c层）	炭	SOAN-3359	29720±360	Derevianko, 2001
2	Anui 2, Layer 12（阿努伊-2，第12层）	炭	IGAN-1425	27930±1590	Derevianko, et al., 1998
	Anui 2, Layer 12（阿努伊-2，第12层）	炭	SOAN-3005	26810±290	Derevianko, et al., 1998
	Anui 2, Layer 9（阿努伊-2，第9层）	炭	SOAN-2868	27125±580	Derevianko, et al., 1998
	Anui 2, Layer 8（阿努伊-2，第8层）	炭	SOAN-3006	24205±420	Derevianko, et al., 1998

续表 5.2

	遗址及样品位置	样品	实验编号	年代（未校正）	参考文献
2	Anui 2, Layer 8 （阿努伊-2，第 8 层）	炭	SOAN-2862	22610±140	Derevianko, et al., 1998
	Anui 2, Layer 8 （阿努伊-2，第 8 层）	炭	SOAN-2863	20350±290	Derevianko, et al., 1998
3	Tolbor-15, Horizon 5 （托尔巴 15，第 5 层）	蛋皮	AA-84137	28460±310	Gladyshev, et al., 2012
4	Kamenka, complex B （卡门卡，组合 B）	骨	SOAN-3032	28815±150	Vasil'ev, et al., 2002
	Kamenka, complex B （卡门卡，组合 B）	骨	SOAN-2903	28060±475	Vasil'ev, et al., 2002
	Kamenka, complex B （卡门卡，组合 B）	骨	SOAN-3355	25540±300	Kuzmin and Orlova, 1998
	Kamenka, complex B （卡门卡，组合 B）	骨	SOAN-3031	24625±190	Vasil'ev, et al., 2002
5	Ust'-Mil 2, Stratum 5, below cultural layer （乌斯季-米尔-2，第 5 层下）	木	LE-955	35600±900	Mochanov, 1977
	Ust'-Mil 2, Stratum 4, middle part （乌斯季-米尔-2，第 4 层中部）	木	LE-954	35400±600	Mochanov, 1977

续表 5.2

	遗址及样品位置	样品	实验编号	年代（未校正）	参考文献
5	Ust' – Mil 2, Stratum 4, middle part （乌斯季－米尔－2，第 4 层中部）	木	LE – 1000	33333 ±500	Mochanov, 1977
	Ust' – Mil 2, Stratum 4, middle part （乌斯季－米尔－2，第 4 层中部）	木	LE – 1101	30000 ±500	Mochanov, 1977
	Ust' – Mil 2, Stratum 4, upper part （乌斯季－米尔－2，第 4 层顶部）	木	LE – 999	23500 ±500	Mochanov, 1977
6	Kashtanka 1, buried soil below cultural layer （卡什坦卡－1，主文化层下埋藏土）	炭	GrN – 24482	36130 ±510	Vasil'ev, et al., 2002
	Kashtanka 1, buried soil below cultural layer （卡什坦卡－1，主文化层下埋藏土）	炭	GrN – 24481	28320 ±190	Drozdov, et al., 2000
	Kashtanka 1, below the main layer （卡什坦卡－1，主文化层下）	炭	GIN – 6999	29400 ±400	Derevianko, et al., 1992
	Kashtanka 1, below the main layer （卡什坦卡－1，主文化层下）	炭	IGAN – 1048	24400 ±1500	Derevianko, et al., 1992
	Kashtanka 1, below the main layer （卡什坦卡－1，主文化层下）	炭	IGAN – 1050	23830 ±850	Derevianko, et al., 1992
	Kashtanka 1, Main Layer （卡什坦卡－1，主文化层）	炭	SOAN – 2853	24805 ±425	Derevianko, et al., 1992

续表 5.2

	遗址及样品位置	样品	实验编号	年代（未校正）	参考文献
6	Kashtanka 1, Main Layer（卡什坦卡-1，主文化层）	炭	IGAN-1049	21800±200	Derevianko, et al., 1992
	Kashtanka 1, Main Layer（卡什坦卡-1，主文化层）	炭	GIN-6968	20800±600	Derevianko, et al., 1992
7	Malta, Stratum 8（马耳他，第8层）	骨	OxA-6191	21700±160	Medvedev, et al., 1996
	Malta, Stratum 8（马耳他，第8层）	骨	GIN-7708	21600±200	Medvedev, et al., 1996
	Malta, Stratum 8（马耳他，第8层）	骨	GIN-8475	21600±170	Medvedev et al., 1996
	Malta, Stratum 8（马耳他，第8层）	骨	OxA-6193	21340±340	Medvedev, et al., 1996
	Malta, Stratum 8（马耳他，第8层）	骨	GIN-7704	21300±300	Medvedev, et al., 1996
	Malta, Stratum 8（马耳他，第8层）	骨	GIN-7702	21300±110	Medvedev, et al., 1996
	Malta, Stratum 8（马耳他，第8层）	骨	GIN-7703	21100±150	Medvedev, et al., 1996
	Malta, Stratum 8（马耳他，第8层）	骨	GIN-7706	21000±140	Medvedev, et al., 1996
	Malta, Stratum 8（马耳他，第8层）	骨	GIN-7710	20800±140	Medvedev, et al., 1996
	Malta, Stratum 8（马耳他，第8层）	骨	OxA-6192	20340±320	Medvedev, et al., 1996
	Malta, Stratum 8（马耳他，第8层）	骨	GIN-7705	19900±800	Medvedev, et al., 1996
	Malta, main cultural layer（马耳他，主文化层）	骨	GIN-4367	20900±200	Medvedev, et al., 1996
	Malta, main cultural layer（马耳他，主文化层）	骨	GIN-4367	20800±200	Medvedev, et al., 1996

续表 5.2

	遗址及样品位置	样品	实验编号	年代（未校正）	参考文献
8	Novoselovo 13, Layer 3（新肖洛夫-13，第3层）	炭	LE-3739	22000±700	Svezhentsev, et al., 1992
9	Studenoe 2, Layer 5（斯图杰诺伊-2，第5层）	炭	AA-23657	17165±115	Goebel, et al., 2000
	Studenoe 2, Layer 4/5（斯图杰诺伊-2，第4/5层）	骨	AA-26739	18830±300	Goebel, et al., 2000
	Studenoe 2, Layer 4/5, hearth 1（斯图杰诺伊-2，第4/5层，1号火塘）	炭	AA-23653	17885±120	Goebel, et al., 2000
	Studenoe 2, Layer 4/5, hearth 2（斯图杰诺伊-2，第4/5层，2号火塘）	炭	AA-23655	17225±115	Goebel, et al., 2000
10	Krasny Yar 1, Layer 6（克拉斯诺亚尔-1，第6层）	骨	GIN-5330	19100±100	Medvedev, et al., 1991
11	Ust'-Ulma 1, Layer 2（乌斯季-乌尔玛-1，第2层）	炭	SOAN-2619	19360±65	Derevianko and Zenin, 1995
12	Ogonki 5, Layer 2b（奥贡基-5，第2b层）	炭	AA-20864	19320±145	Kuzmin, et al., 1998
	Ogonki 5, Layer 2b（奥贡基-5，第2b层）	炭	AA-25434	18920±150	Kuzmin, et al., 1998
	Ogonki 5, Layer 2b（奥贡基-5，第2b层）	炭	AA-23137	17860±120	Kuzmin, et al., 1998
13	Kurla 3, Layer 2（库尔拉-3，第2层）	炭	SOAN-1397	24060±5700	Shmygun and Filippov, 1982

续表 5.2

	遗址及样品位置	样品	实验编号	年代（未校正）	参考文献
14	Mogochino 1, cultural layer（莫戈奇诺-1, 文化层）	骨	SOAN-1513	20150±240	Petrin, 1986
15	Ui 1, Layer 2（乌伊-1, 第2层）	炭	LE-4189	22830±530	Vasil'ev, 1996
	Ui 1, Layer 2（乌伊-1, 第2层）	骨	LE-4257	19280±200	Vasil'ev, 1996
	Ui 1, Layer 2（乌伊-1, 第2层）	骨	LE-3359	17520±130	Vasil'ev, 1996
	Ui 1, Layer 2（乌伊-1, 第2层）	骨	LE-3358	16760±120	Vasil'ev, 1996
16	Novoselovo 6（新肖洛夫-6）	骨	LE-4807	18090±940	Lisitsyn, 2000
	Novoselovo 6（新肖洛夫-6）	骨	LE-5045	13570±140	Lisitsyn, 2000
17	Afontova Gora 2, lower humified lenses（阿方托瓦山-2, 下部透镜体）	炭	GIN-117	20900±300	Tseitlin, 1979
18	Jangheung-ri（长兴里）	炭	SNU00-381	24400±600	Choi, 2001
	Jangheung-ri（长兴里）	炭	SNU00-380	24200±600	Choi, 2001
19	Hopyeong（岳坪）	炭	SNU02-327	22200±600	Hong, et al., 2002
	Hopyeong（岳坪）	炭	SNU02-329	21100±200	Hong, et al., 2002
	Hopyeong（岳坪）	炭	SNU02-325	17500±200	Hong, et al., 2002
	Hopyeong（岳坪）	炭	SNU02-326	17400±400	Hong, et al., 2002
	Hopyeong（岳坪）	炭	SNU02-324	16900±500	Hong, et al., 2002
	Hopyeong（岳坪）	未知	GX-29423	16.600±720	Hong, et al., 2002
	Hopyeong（岳坪）	未知	GX-29424	16190±50	Hong, et al., 2002

续表 5.2

遗址及样品位置	样品	实验编号	年代（未校正）	参考文献	
Sokchang-ri（石壮里）	未知	AERIK-8	20830±1880	Sohn, 1973	20
Sinbuk（新北）	未知	SNU03-914	25500±1000	Lee, 2004	21
Sinbuk（新北）	未知	SNU03-569	25420±190	Lee, 2004	
Sinbuk（新北）	未知	SNU03-913	21760±190	Lee, 2004	
Sinbuk（新北）	未知	SNU03-568	20960±80	Lee, 2004	
Sinbuk（新北）	未知	SNU03-915	18540±270	Lee, 2004	
Sinbuk（新北）	未知	SNU03-912	18500±300	Lee, 2004	
Daejeong-dong（大井洞）	未知	GX-28422	19680±90	Lee, et al., 2002	22
Kashiwadai 1（柏台-1）	炭	Beta-126175	20790±160	Fukui and Koshida, 1999	23
Kashiwadai 1（柏台-1）	炭	Beta-126177	18830±150	Fukui and Koshida, 1999	
Pirika 1（美利河-1）	炭	N-4937	20100±335	Nagunuma, 1985	24
Pirika 1（美利河-1）	炭	KSU-687	19800±380	Nagunuma, 1985	

三 小结

据目前发表的考古材料推测和印证，在旧石器时代晚期，由于气候的不断波动，尤其是连续出现的气候寒冷事件，东北亚地区狩猎采集者生存压力变大，所在的环境能量产出率下降，资源斑块质量降低，同时遗址数量激增显示人口的不断增长造成人口压力变大①。为满足生存需求，古人类的流动性增强，伴随而来的是对更先进技术的需求加大，以节省优质原料、提高狩猎成功率、降低生存风险。西伯利亚的阿尔泰、贝加尔等地区，纬度高，气候波动带来的影响更为显著，该地区掌握石叶技术的人群具有良好的石核预制、定向剥片、间接剥片、标准化生产等技术基础，在适应进程中具备创造细石叶技术的可能。在这一区域，偶然出现的初始细石器产品在古人类生存适应中表现出更好的生态适应性，满足高流动状态下生产、加工等多方面的需要，在古人类强烈的生存需求下迅速扩散至广大东北亚地区。细石叶技术在距今 2.8 万年以后到达中国，与当地的小石器传统相结合，发展出发达的标准化细石叶技术，随后呈现点状扩散、相对缓慢的发展过程，展示出较好的生态优势。旧石器时代晚期连续出现气候寒冷事件，中国北方地区的狩猎采集者生存压力变大。为满足生存需求，古人类的流动性增强，对更先进技术的需求加强。细石叶技术产品的优势使之表现了更突出的生态适应性，寒冷气候条件下，细石叶的功能不仅局限在狩猎上，在后期处理猎物、皮革加工、裁剪等生活方面细石器复合工具也表现出更大优势，满足高流动性状态下人群在生产、加工等多方面的需要。到旧石器时代晚期末段，新仙女木事件带来气候的剧烈变冷，细石叶工具在狩猎、后期处理猎物、皮革加工等方面有明显优势，这些技术、生态优势使这项新技术在广大中国北方地区爆发性地扩散，并不断与当地人群和技术融合，衍生出更多技术变体和文化遗存。

旧石器时代晚期的石器技术转变不禁让人思考：为什么这种转变没有在更早的气候波动中出现？主要在于人类自身能力和外在资源条件双重因素。前者主要表现

---

① 布赖恩·费根：《地球人：世界史前史导论（第 13 版）》，济南：山东画报出版社，2014 年。

为人类智能水平的提升、旧石器时代晚期革命带来的工具制作水平大幅度进步①、社会组织能力的提高、人口增长带来的压力、人类觅食和消费能力提高带来广谱革命的发生②、对资源的强化利用③等，后者主要表现为短期内气候的剧烈波动、资源分布斑块化、资源压力增大、缺乏优质石料资源等。这些因素在旧石器时代晚期末段的集中出现，为人类适应方式的转变提供了充足的条件。

人类漫长的演化过程中，人口的不断增长导致资源的需求量增加，尽管随着智能水平的不断提高，人类在生存中的主动性逐渐增长，但是狩猎采集者的流动性仍与环境条件息息相关。受资源和自然环境波动的影响，人类在旧石器时代晚期最终发明新的技术增强食物供应的稳定性和可靠性④，聚落组织形态的进步进一步促进了人类深入合理地开发资源。

细石叶技术与石叶技术的传播有区别。以水洞沟地区为例，石叶技术仅短暂出现，随后退出这片场地，华北地区转而被简单石核－石片技术人群开发，类似的情况可能在华北地区其他区域上演。而细石叶技术在华北地区出现后，持续性地被人类使用，并最终取代其他石器技术，成为广大中国北方地区几乎唯一的石器技术主体。细石叶技术的发展与广泛盛行有人群迁徙、技术交流等多种因素综合作用，在传播过程中，随着技术的不断成熟而因地制宜、因人而异地产生多种变体（即不同细石核技术类型），可能是与当地人群、技术不断交流、融合形成的，其更强的生态适应性使之成为中国北方地区人群的主要石器技术因素。

---

① Bar – Yosef O. The Upper Paleolithic revolution. *Annual Review of Anthropology*，2002，31（1）.

② Flannery KV. Origins and ecological effects of early domestication in Iran and the Near East，In Uckp PJ，Dimbleby GW（eds.）. *The Domestication and Exploitation of Plants and Animals.* Chicago：Aldine Publishing Company，1969，pp. 73 – 100. Flannery KV. The origins of agriculture. *Annual Review of Anthropology*，1973，2（1）.

③ 王晓敏、梅惠杰：《于家沟遗址的动物考古学研究》，北京：文物出版社，2019 年。

④ Hayden B. Research and development in the Stone Ages：Technological transitions among hunter – gatherers. *Current Anthropology*，1981，22（5）.

第六章　兴衰过程：中国北方地区的考古记录

　　细石叶技术在中国北方地区延续了两万多年，在人群迁徙或技术扩散的同时与当地资源、生态、文化传统融合产生不同工艺类型。尽管不同工艺类型可能代表了不同人群的不同生产策略，但归根结底，均为以生产和使用细石叶为目标的技术体系，各类细石核在预制、生产、使用过程等方面有一致或相似之处，体现在技术设计与理念、对优质原料的选取、台面及核体的预制、软锤和压制技法的采用、单一台面同向连续剥片及标准化细石叶产品的利用等多方面，各工艺类型可视为同一技术传统下不同人群在有差异的环境及资源条件下的不同文化变种。与中国传统的打制技术相比，不同工艺类型的细石叶生产技术从利用和节省优质原料、提高有效刃缘的产生率、制作和使用复合工具等角度是一致的。因此，在大范围讨论细石叶技术的流传与扩散时，工艺类型的差异并不构成根本性影响。讨论细石叶技术的源流、该技术隐含的人类适应策略等问题，了解细石叶技术在中国北方地区古人类发展过程中兴衰的时间框架是一个基本的前提。笔者曾撰文简要梳理了细石叶技术在中国北方地区出现、扩散、流行、衰落的时间框架，分别为距今 2.9 万～2.1 万年、距今 1.8 万～1.4 万年、距今 1.4 万～1 万年、进入逐步定居的新石器时代以后①。囿于当时已公布的材料，个别时间节点存在出入。此后，王幼平进一步讨论细石叶技术的出现与发展过程，认为距今 2.9 万～2.6 万年随着阿尔泰等中－北亚地区人群南迁而

---

① 仪明洁、高星：《细石叶技术在中国北方地区的兴衰》，吉林大学边疆考古研究中心：《边疆考古研究（第 16 辑）》，北京：科学出版社，2014 年，第 69～81 页。

在华北地区出现石叶－细石叶技术，末次盛冰期时华北地区原住民应对环境变迁发展出宽台面的船形石核技术类型，虎头梁类型的楔形石核则反映了晚更新世末期东北亚地区人群适应环境的进程[1]。2020 年，冯玥发表文章，再次阐述华北地区细石叶技术的发展阶段，指出细石核在这一区域大体经历了距今 2.9 万~2.2 万年、距今 2.2 万~1.7 万年、距今 1.7 万~1.4 万年、距今 1.4 万~1 万年四个发展阶段，特征表现为棱柱状细石核－楔形石核、船形石核、涌别系楔形石核、多种细石核并存（包括船形石核、棱柱状细石核、铅笔头形石核、宽体楔形石核等）[2]。本章将就现有考古材料，对细石叶技术的兴衰过程与技术特征做进一步梳理和总结。

一 萌芽期

到目前为止，中国北方地区年代早于末次盛冰期的细石器遗存公布得并不多。贾兰坡在对峙峪遗址的研究中指出，华北旧石器时代文化的发展有两个系统，其中"周口店第 1 地点－峙峪系在更新世中期到更新世晚期这段时间是一个丰富多彩的文化系统，在华北地区分布很广，它是华北新石器时代的细石器文化的先驱。峙峪遗址的意义恰恰就在于它是北京人文化与细石器文化的联系环节之一"，"虽然可以把这一传统（第 1 地点－峙峪系）的细石器的起源，追溯到北京人石器，但和'中石器时代'及其以后的细石器文化最接近的是峙峪文化"[3]。此观点的形成，与峙峪遗址的文化面貌不无关系。该遗址的文化组合中有细石器遗存中伴生的石镞、拇指盖状刮削器、扇形石核、长石片等，虽然很多遗物的形制并不规整，特征也不够明显，但形制上具有细石器组合的雏形，这样一来，年代测定值达到 28945 ± 1370a（未校正）的峙峪遗址就成为华北地区早期细石器遗存的代表。同样的认识也存在于水洞沟第 1 地点下文化层和小南海遗址[4]的石制品研究中，一定程度上，长石片与细石叶

① 王幼平：《华北细石器技术的出现与发展》，《人类学学报》2018 年第 4 期。

② Feng Y. Microblades in MIS2 central China: cultural change and adaptive strategies. *PaleoAmerica*, 2020, 6 (2).

③ 贾兰坡、盖培、尤玉柱：《山西峙峪旧石器时代遗址发掘报告》，《考古学报》1972 年第 1 期。

④ Chen C. The microlithic in China. *Journal of Anthropological Archaeology*, 1984, p. 3.

具有了类似的涵义。

年代测定值比较早的遗址还有柴寺遗址。1978 年发掘的柴寺遗址有两个年代数据，分别为 26400 ± 800a（未校正）和 ＞40000a（具体数据见表 3.2），巨大的差异引发了学术界的争议①。在细石叶技术研究中有重要地位的下川遗址年代同样是争议的声音不断②，仅有的四个碳十四测定值间的跨度达到了 7500 年。

细石叶技术在中国北方地区的使用历史悠久，虽然上述几个遗址的材料性质、年代或地层存疑，但近年来发现的西山头遗址、西沙河遗址、龙王辿遗址、柿子滩遗址 S29 地点、下川遗址、油房遗址、西施遗址等（图 6.1），为我们展现了一幅更为可靠的早期细石叶技术出现的图景。

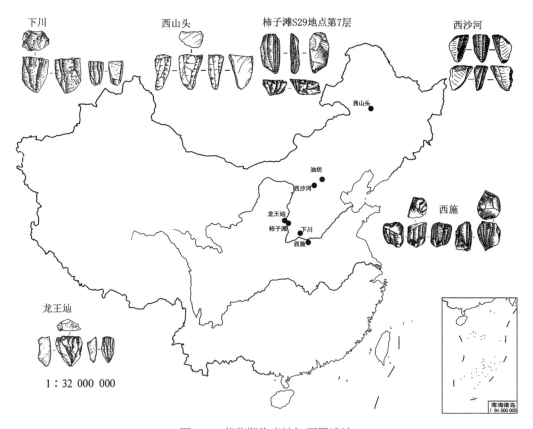

图 6.1　萌芽期代表性细石器遗址

① 安志敏：《中国晚期旧石器的碳 – 14 断代和问题》，《人类学学报》1983 年第 4 期。王建：《关于下川遗址和丁村遗址群 7701 地点的时代、性质问题——与安志敏先生讨论》，《人类学学报》1986 年第 2 期。
② 安志敏：《中国晚期旧石器的碳 – 14 断代和问题》，《人类学学报》1983 年第 4 期。

年代达到距今2.8万年的西山头遗址存在石叶技术与细石叶技术共存的现象，是目前为止中国最早的含细石器遗址，共出土石制品1万余件，断块、碎屑、石片占比达99.1%。发掘简报中公布了1件石叶石核、1件似预制阶段的细石核、1件剥片阶段的细石核，3件石核均表现为仅经过不明显的预制。石叶石核为单一剥片面对向剥片者，尺寸为58.85毫米×52.13毫米×22.14毫米，重103.29克。预制阶段的细石核尺寸为30.46毫米×39.18毫米×12.14毫米，重17.17克。单一台面的细石核形态则似半锥形石核，尺寸为28.23毫米×19.67毫米×12.32毫米，重6.38克。石叶及细石叶类产品共66件，最大尺寸为47.44毫米×7.44毫米×4.06毫米，最小尺寸为12.5毫米×3毫米×1.26毫米，其中宽度5毫米以下的细石叶5件，宽度在5~10毫米之间的细石叶22件。工具13件，多为以石叶或细石叶制成的尖状器、刮削器等①。在距今约4万~3万年阶段，中国西北、东北和青藏高原等地区出现一批系统剥片产生的标准化产品，即石叶和石叶石核，具有勒瓦娄哇石叶技术与棱柱状石叶技术风格②。从石核和石叶的形态和尺寸而言，距今4万~3万年阶段的材料要明显大于西山头遗址的材料。从技术特征而言，西山头遗址未见明显的勒瓦娄哇技术产品，其石叶石核更接近于小型化的窄面石叶石核。同时，西山头遗址出土的细石核也显示，古人类已经可以从一件细石核上连续定向剥片，但与更晚阶段的材料相比，西山头遗址的细石核阴疤平齐程度弱，说明其细石叶剥片尚不十分成熟。总体上，西山头遗址的细石叶技术与小型化的石叶技术关系密切。

细石核形态及细石叶剥片标准化程度相对低的遗址还有位于河北蔚县的西沙河遗址。该遗址最下层的③B文化层为距今2.9万~2.8万年，属石核 - 石片技术体系。随后一个阶段的③A层则距今约2.7万年，出土的细石核形态与发达的细石叶技术产品相比显得不甚规范，以锥形为主，细石叶宽度变异范围大，与长石片或称小石叶共生。研究者未报道石叶石核的发现，笔者推测，其长石片或小石叶是从不太规范的细石核上剥制的，是较早剥片阶段的产品，石核减小而变化为不甚标准化的

① 吉林大学考古学院、黑龙江省文物考古研究所、中国科学院古脊椎动物与古人类研究所：《黑龙江龙江县西山头旧石器时代遗址试掘简报》，《考古》2019年第11期。

② 李锋、陈福友、汪英华、高星：《晚更新世晚期中国北方石叶技术所反映的技术扩散与人群迁移》，《中国科学：地球科学》2016年第7期。

锥形细石核。

从大约距今2.6万年开始，中国北方地区突发性地出现了一批剥片连续、形态规范的细石核。柿子滩遗址 S29 地点自上而下共发现八个文化层，从距今 2.8 万年延续到距今 1.3 万年前后，其堆积厚，遗物丰富，技术体系特点鲜明，是中国较早期的另一处含细石器遗址。通过这批材料可以明确，在距今 2.8 万年前后的第⑧文化层阶段，细石叶技术尚未出现在这一区域。在距今 2.6 万～2.4 万年的第⑦文化层阶段，则出现了半锥形、半柱形、柱形石核多种形态的细石核。直线距离不足 15 公里、与柿子滩遗址隔黄河相望的龙王辿遗址，同样出土了以锥形、半锥形和柱形石核为主的细石器，其年代上限与柿子滩遗址 S29 地点一致。下川遗址小白桦圪梁地点年代测定为距今 2.6 万年上下的第二文化层有锥形、半锥形、船形、双台面细石核等类型，少量不甚典型的楔形石核。受早年发掘条件和记录手段的影响，目前我们尚无法对油房遗址的细石叶技术面貌做出合理判断。参照上述遗址信息和光释光测年数据，油房遗址细石器的年代上限定于距今 2.6 万年前后应是合理的。

西施遗址的细石器层位不晚于距今 2.5 万年。结合遗址东西二区的情况可知，在细石叶技术出现前，中原地区古人类掌握的是石核－石片技术，这种情况与柿子滩 S29 地点、西沙河遗址相似。随后则与西山头遗址类似，出现石叶技术与细石叶技术共生的现象，以石叶技术为剥片主要技术，石叶产品也呈现相对小型化的特征。仅有的 3 件细石核，形态上呈柱形、锥形，表面留有连续剥取细石叶的多个片疤，阴疤平齐、规整。

该阶段的细石器遗存数量少，分布零星，是细石叶技术在中国北方地区的萌芽期，总结而言，有以下几个特点：

首先，西山头遗址、西沙河遗址、下川遗址、西施遗址等均显示，在细石叶技术出现之前的文化层位中，古人类使用的是在华北地区延续了上百万年的石核－石片技术，没有石核预制、系统剥片、压制法等技术基础。

其次，虽然有个别年代数据能早到距今 2.9 万年，不过保守来说，在距今 2.8 万～2.7 万年出现细石叶技术的端倪，成熟的新技术出现的时间不晚于距今 2.6 万年，但是至末次盛冰期之前，细石叶技术虽然在华北地区分布广泛，只是点状分布状态，尚未构成技术主体。

第三，该阶段的细石叶技术与石叶技术共生，石叶与细石叶尺寸存在渐变的现象，不排除细石叶为特定的石叶石核逐渐变小后剥片所产生的可能性①。不过此时石叶技术产品的尺寸及形态与距今 4 万～3 万年阶段的石叶材料相比显得更小，这种小型化可能并非受石料大小所限，而是一种与之前的石叶技术有差异的技术理念、概念型版的表现，可能属于小石叶技术体系，相比之下，更早阶段的石叶技术或可单独称为大石叶技术。

第四，该阶段细石叶技术的特点为对块状毛坯的开发，细石核形态包括锥形、半锥形、柱形、半柱形等。这种对块状毛坯开发的理念与石叶技术理念不无关系。

第五，从这批早期的细石叶技术产品形态来看，虽然处于最早的技术萌出阶段，但细石核、细石叶已经呈现为较发达的状态，除西山头遗址、西沙河遗址外，其他遗址细石核形态规范、预制程度高，细石叶的剥制连续、规整。

第六，早些年发现的处于较早阶段的细石器均位于山西、河北等华北腹地，东北地区的细石叶技术产品则多因地层沉积薄、测年方法受限等因素而无法确定其年代，进而无法讨论其技术发展序列。随着近年来工作的深入，尤其是在黑龙江省发现了有确切地层和测年数据的材料，有助于探讨和完善细石叶技术的发展图景。按照目前发现的考古材料和年代，越高纬地区的遗址年代相对略早，石制品的组合中大量存在小型化的石叶技术产品，西山头遗址、西沙河遗址的细石核及细石叶均不似距今 2.6 万年前后的材料般规整，细石叶刃缘整齐程度也弱于更晚阶段者。到距今 2.6 万年时，成熟的细石叶技术分布于河北、山西、河南等华北腹地。结合第五章中国北方地区细石器的技术源头分析，可进一步论证细石叶技术的源头为自北而来，在人群向南迁徙、技术交流与传播的过程中发展为成熟的细石叶技术。

二 融合期

在末次盛冰期阶段，华北腹地的细石叶技术出现了明显转型，转变为以船形石核为特色。处于这一阶段的典型材料包括柿子滩遗址 S29 地点第⑥～②文化层、

---

① 王幼平：《华北细石器技术的出现与发展》，《人类学学报》2018 年第 4 期。

S12A 与 C 地点、S14 地点第④~②文化层、S5 地点第④~②文化层、下川遗址、二道梁遗址、孟家泉遗址、林富遗址、凤凰岭遗址等（图 6.2）。虽然最初的研究者将彭阳 03 地点的细石核划入楔形石核的行列①，但据石制品线图，更偏向船形石核特征。下川遗址小白桦圪梁地点的第二文化层出土锥形石核 5 件、半锥形石核 3 件、船形石核 14 件、楔形石核 6 件、双台面细石核 1 件、残细石核 3 件，楔形石核不典型，该层位距今 2.7 万~2.5 万年，对比同时期的柿子滩遗址 S29 地点、西施遗址等地层与遗物构成情况，小白桦圪梁地点的细石叶技术或有地层、年代混杂的情况，船形石核的年代可能略晚一些。此外，研究者笼统地介绍了龙王辿第 1 地点的细石核主要可以分为锥形、半锥形、楔形、柱形、船底形等不同的类型形态，这些材料分布

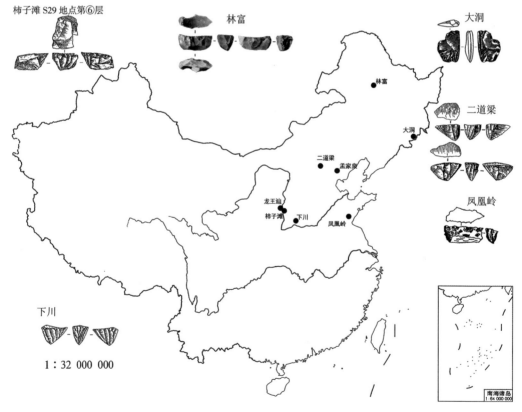

图 6.2 融合期代表性细石器遗址

---

① 吉笃学、陈发虎、Bettinger RL 等：《末次盛冰期环境恶化对中国北方旧石器文化的影响》，《人类学学报》2005 年第 4 期。

在第⑥~④层文化堆积中，年代跨度为距今 2.6 万~2.1 万年，其船形石核可能也处于偏上的层位。根据柿子滩遗址 S29 地点第⑥文化层的情况，船形石核大约出现在距今 2.4 万年，随后在中国北方地区扩散，距今 2 万年时在华北、东北地区都有此类遗存，此后显著变少，尽管有个别遗址年代数据可晚到距今 1.9 万~1.8 万年，但这些数据往往还有年代更早的数据，比如柿子滩遗址 S29 地点的第②文化层、S12 地点等。凤凰岭遗址属为数不多的年代晚于距今 1.9 万年的遗址，不过，这批材料的技术特点可能介乎融合期与细石叶技术发展的下一阶段，将在本文下一节讨论。基于已有的考古材料，船形石核的巅峰处于末次盛冰期前段，但从距今 2 万年之后转为衰落、转型趋势。

有学者指出，船形石核技术类型在晋西南地区率先发展起来，并向周边扩散至泥河湾盆地、陇东地区等，在其分类体系中，石峡口第 1 地点、水洞沟第 12 地点的细石核均被列为与船形石核同类型的宽台面细石核，船形石核开发不规则形状的块状毛坯、属宽台面剥片体系，宽台面的船形石核是从华北地区选用块状毛坯、单台面平行剥片的石核 – 石片技术传统上过渡而来的，但又同时指出晋南塔水河及邻近地区以燧石为原料的石片石器工业中存在以厚石片的腹面为台面平行剥片的标本，这是华北地区船形石核技术类型的产生基础①。笔者对船形石核技术类型由晋西南向周边扩散的说法表示认同，这与当前公布的考古材料不矛盾，但其关于宽、窄台面细石核的划分是基于石核体厚度的差异而得出，更有一定不合理之处。根据细石核的观测定位，细石核剥片面的最大宽等于石核台面宽，台面另一垂直长度为台面长。一件预制完成、处于待剥片阶段的细石核，锥形、半锥形、柱形、半柱形石核台面长宽比小于船形石核的台面长宽比，而船形石核的台面长宽比又总体小于楔形石核的比值。毛坯选用方面，楔形石核与船形石核都有利用石片的现象，前者如水洞沟第 12 地点的材料，后者如下川、柿子滩等遗址。笼统地将船形石核划入与萌芽期细石核同类的宽台面剥片体系并不合适，在石器技术理念与操作流程分析为主导、不再片面强调静态类型分析的今天，将船形石核与楔形石核两种概念不同的技术类型划为同类型的宽台面细石核也并不合理（详细见第二章相关论述）。根据二道梁遗址

---

① 王幼平：《华北细石器技术的出现与发展》，《人类学学报》2018 年第 4 期。

出土石制品的拼合情况，船形石核的原型是扁平状的石块，还存在利用石片腹面为细石核台面，开发石片的厚度为细石核高度的现象①。这种毛坯选择及开发理念在其他遗址的船形石核上亦可见到。相比萌芽期的细石核多选择块状毛坯，船形石核的生产方式为以石片或扁形石块为原型，利用石片腹面或扁形石块的扁平面为台面，对台面基本不做预制，自台面向下对石核体简单修型，形成一个上宽下窄、下部或为小平面或为汇聚形态的底部形态，剥片面截面形状为倒梯形或宽三角形。因此，船形石核开发不规则形状的块状毛坯的说法也不合适。

　　从块状毛坯到片状或扁平状毛坯的转变、细石核台面长宽比的变化，是细石叶技术从萌芽期到融合期最关键的技术元素变化。鉴于柿子滩遗址第⑦文化层有锥形、半锥形细石核与鸵鸟蛋皮装饰品共生的情况，而出土最早船形石核的第⑥文化层及其之后的文化层中没有发现鸵鸟蛋皮装饰品，学者认为这显示两个阶段的古人类属不同的族群，第⑦文化层是外来人群遗留的，船形石核是土著人群与外来人群交流后的衍生技术②。考古材料表明，中国北方地区的人群在更早阶段即已掌握装饰品生产技术，鸵鸟蛋皮装饰品在多个遗址中均出现，例如在水洞沟第 2 地点距今 3 万年左右的第②文化层、距今 3.3 万 ~ 3.1 万年的第③文化层中，鸵鸟蛋皮装饰品与简单石核 – 石片技术共存③。因此，不能简单地以此类装饰品作为旧石器时代晚期阶段的族群标识，或以此探讨人群与技术交流。不可否认，出现从块状毛坯细石核到船形石核变化的重要原因是华北地区古人类有悠长的简单石核 – 石片技术传统，在这一大的技术背景和文化传统下，开发块状毛坯为特色的细石叶技术出现在中国北方地区后，随着末次盛冰期阶段人群的迁徙、交流与当地原生的石核 – 石片技术传统融合，产生技术的演变，单一台面定向、连续及标准化剥片与片状毛坯技术理念结合，使细石叶技术呈现本土化的发展趋势。这是一种石器技术的变化，至于萌芽期外来的

①　李罡、任雪岩、李珺：《泥河湾盆地二道梁旧石器时代晚期遗址发掘简报》，《人类学学报》2016 年第 4 期。

②　王幼平：《华北旧石器晚期环境变化与人类迁徙扩散》，《人类学学报》2018 年第 3 期。

③　Li F, Kuhn SL, Bar – Yosef O, Chen FY, et al. History, chronology and techno – typology of the Upper Paleolithic sequence in the Shuidonggou area, northern China. *Journal of World Prehistory*, 2019, p. 32. Wei Y, d'Errico F, Vanhaeren M, et al. An early instance of Upper Palaeolithic personal ornamentation from China: the freshwater shell bead from Shuidonggou 2. *PLoS ONE*, 2016, 11 (5).

细石叶技术人群的去向及其与船形石核阶段人群的关系，凭现有的材料并不能说清楚。

笔者在第二章中将楔形石核划分为宽楔形与窄楔形两大类，窄楔形石核与船形石核的时空分布有规律性特征，其分布规律与末次盛冰期的气候、植被变化间有密切相关性。

窄楔形石核即王幼平表述的"窄台面细石器技术"，属于与俄罗斯远东地区到北海道等日本东北地区的涌别细石核同类的技术类型，在此高纬度地区，涌别细石核的时代最早可以追溯到距今 2.5 万年左右。吉林省大洞遗址的年代可能为距今 2.1 万年，也属此技术类型。黑龙江的桃山遗址则在距今 1.9 万～1.4 万年，但在泥河湾盆地的虎头梁遗址、籍箕滩遗址等，则处于更晚一个阶段，除了柿子滩 S9 地点等个别遗址中，再向南则几乎不见该技术类型①。可以看出窄楔形石核在末次盛冰期时从高纬度区域传播并逐渐向南扩散的趋势。在相似的时间框架下，船形石核率先出现在晋西南地区，随后有向北、向南的扩散过程，较集中地分布于华北地区，向北零星地到达了林富遗址所在的松嫩平原。这两个同节奏的不同细石核技术类型的出现与扩散进程反映，船形石核与窄楔形石核发展过程是独立的。前文已有论述：初始细石叶技术在俄罗斯西伯利亚或泛贝加尔地区等高纬度地区萌生，进而向东、向南扩散，在扩散的过程中发展出成熟的细石叶技术。西山头遗址是目前最早的细石器遗存之一，其地理位置恰好位于华北地区与俄罗斯远东及日本东北地区之间，反映出这里处于最早期的细石叶技术传播路线上。末次盛冰期阶段，细石叶技术在华北地区、俄罗斯远东及日本东北地区两个区域分别发展成两套系统，即船形石核技术类型、涌别系的窄楔形石核技术类型，并分别对周边地区产生影响。

末次盛冰期时全球气候变冷，气温的下降导致两极冰盖面积扩大，海平面大幅度下降，海岸线退缩，浅海大陆架因此大面积暴露。不同古气候模拟显示的海平面下降幅度略有差异，可保守地采用比现今海平面低 120 米这一数值②，在此情况下，

---

① 王幼平：《华北细石器技术的出现与发展》，《人类学学报》2018 年第 4 期。

② Fairbanks RG. A 17000 – year glacio – eustatic sea level record：Influence of glacial melting rates on the Younger Dryas event and deep ocean circulation. *Nature*, 1989, p. 342.

中国渤海、黄海、东海大部分区域暴露出水面，日本列岛北端也跟大陆相连。利用地理信息系统得出的生态模拟表明，全球地表植被带随着末次盛冰期气温的下降发生变化，华北地区及周边大陆架、朝鲜半岛属于草原带，俄罗斯远东、日本东北部地区、中国东北地区及周边暴露的大陆架生态条件接近，则成为草原苔原带①。这种植被带构成情况恰好与船形石核和涌别系窄楔形石核的分布范围相耦合，反映出距今 2.5 万 ~2.4 万年分别出现的两套细石叶生产系统在末次盛冰期的两种生态位中随人群迁徙与交流而被传播。

该阶段的细石器遗存数量增多，从华北腹地到东北地区均可见到细石器遗存，是细石叶技术在中国北方地区的融合期，总结而言，有以下几个特点：

第一，细石叶技术的原料开发理念转变为对片状毛坯的开发，尤其是华北腹地的转型明显，可能是萌芽期细石叶技术理念与华北地区长期流行的石核－石片技术体系下的片状毛坯开发理念结合而形成船形石核技术类型。

第二，船形石核以华北腹地为主要分布区，在东北地区也有发现。在船形石核技术类型辐射到东北地区的过程中，同样有涌别系窄楔形石核技术类型从俄罗斯远东、日本东北地区向南扩散的过程，二者在中国东北地区有交叉。

第三，融合期恰处于末次盛冰期，全球气温下降导致海平面降低，沿海大陆架大面积暴露，成为古人类的生存舞台。根据古气候模拟，船形石核与涌别系窄楔形石核主要分布区与两种不同的植被带具耦合性。

三　爆发期

末次盛冰期之后的几千年间，细石叶技术爆发性地涌现在中国北方地区，迅速成为主导的石器技术，相比之下，华北地区长期延续的简单石核－石片技术则显著衰落，单纯的此类遗存几近销声匿迹。除了数量多、分布广，该阶段细石叶技术的特点还表现在宽楔形、窄楔形、柱形、锥形石核等多种技术类型并存（图 6.3），且

---

① Ray N, Admas JM. A GIS－based vegetation map of the world at the Last Glacial Maximum（25000－15000 BP）. *Internet Archaeology*, 2011, p. 11.

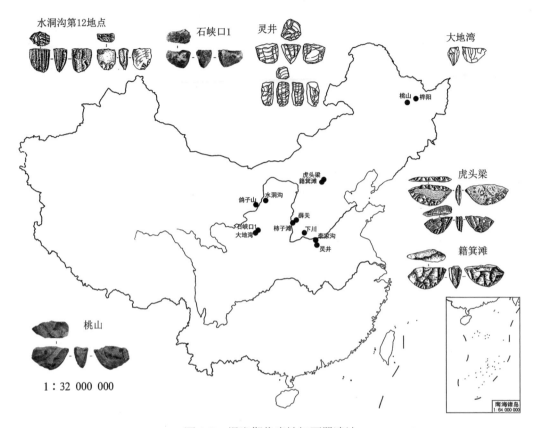

图 6.3　爆发期代表性细石器遗址

同一个遗址中存在多种技术类型，相比之下船形石核大幅度变少等方面。

　　楔形石核因其预制流程复杂、技术特征鲜明而最具特色，且此类考古材料丰富，近年来的研究更为系统。在本文第二章中笔者已有论述：可根据石核预制流程和形态差异将楔形石核分为宽、窄二型，船形石核与楔形石核在某些方面有相似之处，尤其是与宽楔形石核关系密切，但是不能将之混为一谈。从根本上来讲，船形石核与宽楔形石核均是对片状毛坯或扁平石块类石料的开发，在剥片前均对石核体削减预制，但对原料开发的概念型版不同[①]。受此影响，对于同一块石料，宽楔形石核技术类型生产的细石叶长度大于船形石核技术类型的产品，且由于楔形石核剥片面平直，而船形石核更弧曲，故前者更易于截取长而直的细石叶，达到镶嵌为复合工具

---

① 靳英帅、张晓凌、仪明洁：《楔形石核概念内涵与细石核分类初探》，《人类学学报》2021 年第 2 期。

的需求。在末次盛冰期以后，船形石核不再是华北地区细石叶技术的主体，只在柿子滩遗址 S29 地点第①文化层及李家沟、凤凰岭等遗址中出现，总体表现为地理位置相对靠南、处于细石叶技术分布区南缘，而出土宽楔形石核的遗址显著变多。二者之间是否有技术上的传承呢？

首先，我们需要厘清宽、窄楔形石核的时空分布。出土宽楔形石核的遗址包括下川遗址、石峡口第 1 地点、鸽子山遗址、水洞沟第 12 地点、柿子滩遗址 S9 地点和 S12G 地点等，范围从华北腹地到西北地区。而窄楔形石核在虎头梁遗址群、籍箕滩遗址、枫林遗址、桃山遗址、柿子滩 S9 地点等，分布范围在泥河湾盆地及东北地区，华北腹地、西北地区均几乎不见。总体上，宽楔形石核与融合期船形石核的分布区域有较大重合。

接下来，依据现有数据可厘清两种楔形石核系统各自的源头。上一节已指出，早期的窄楔形石核发现在俄罗斯远东、日本东北地区，越向南年代越晚。那么宽楔形石核呢？

船形石核技术类型在末次盛冰期的一些遗址中呈现转变的趋势，这一过程可能与楔形石核技术类型的出现有直接关系。例如在柿子滩遗址 S5 地点，第②文化层约距今 2 万年上下，第④文化层约距今 2.15 万～2 万年，两个文化层的细石核均被划分为船形石核，但是两个层位的细石核呈现技术特征性的差异，主要体现在对石核核体、底缘处理方式的变化上。第④文化层的细石核属典型的船形石核，台面宽、核体自上而下修型预制，核底宽矮。而出土于第②文化层的船形石核上可见楔形石核的技术特征，例如细石核 S5：136，台面非砾石面、节理面或石片腹面，剥片面窄，石核体上有从底缘向台面预制核体的片疤，使石核底部形态呈刃状，这与一般船形石核从台面向下的修型预制不同。细石核 S5：185 也显示了对台面、核体的似楔形石核般的预制。细石核 S5：196 的台面为节理面，对核体的预制以自上而下的修型为主，但底缘的特殊处理明显，有几个连续的自下而上的剥片使底部形成汇聚的底缘形态。

在石峡口第 1 地点，除发现宽楔形石核外，船形石核依然发达，表现为发达船形石核体系下的宽楔形石核技术萌芽。在鲁西南和苏北地区马陵山周边的一批细石器遗址中，根据部分细石核台面、石核底缘及剥片面的宽度等方面的形态和技术特征，笔者在本书第三章中建议称之为船楔形石核。据 2017 年对凤凰岭遗址细石器原生层位的光释光数据，这批材料为距今 1.9 万 ~ 1.3 万年，晚于山西、河北的船形石核，其原因可能为船形石核技术传播或掌握技术的人群由山西南部逐步向南扩散，随年代推移发生石器技术的传承与转变。

最后，可以对宽楔形石核的年代做一梳理。窄楔形石核在泥河湾盆地流行的时间始于距今 1.6 万年前后，并在此区域延续到旧 – 新石器时代之过渡阶段。通过对有可靠的地层序列、系统测年的遗址和年代的梳理，宽楔形石核最早被报道发现在距今 1.8 万年前后的石峡口第 1 地点，这一年代与船形石核是细石叶技术的绝对主导现象的消失大致可以衔接。不过，宽楔形石核的兴盛则在更晚一个阶段，鸽子山遗址、水洞沟第 12 地点、柿子滩遗址 S9 和 S12G 地点等均不早于新仙女木事件。

基于对宽楔形石核与船形石核分布区大面积重合、船形石核在末次盛冰期晚段及之后阶段的形态变化、二者年代上的衔接三方面的考虑，笔者认为，宽楔形石核是在船形石核的基础上发展出来的，是古人类在对石料开发的过程中技术、经验的积累而萌生出来的能生产更长细石叶的技术变体。

处于爆发期的细石器遗存常以地点群的形式出现，包括柿子滩遗址、鸽子山遗址、虎头梁遗址、籍箕滩遗址为代表的一批遗址，此外还有为数不少的细石器遗存的年代也由于遗址暴露于地表而无法测定，均不与陶器共生，例如宁夏北部的水洞沟遗址周边地表大量分布与水洞沟第 12 地点同类的遗存，结合经年代测定的遗址信息，我们初步判断此类地表遗存的年代应当同样属于旧石器时代晚期末段。此外，近年来在青海湖周边区域也发现了处于这一阶段的大量细石器遗存，显示了末次盛冰期后的旧石器时代晚期末段细石叶技术中国北方地区普遍性存在。

总结而言，中国北方地区的细石叶技术爆发期有以下几个特点：

第一，爆发期的时间约相当于从末次盛冰期结束后的气候回暖期到更新世之末，气温总体回升，但气候波动频繁。

第二，船形石核不再是华北腹地的单一技术主导，仅在华北地区南缘的少数遗址中占主导。此时宽楔形、窄楔形、柱形、锥形石核等多种技术类型并存，且同一个遗址中存在多种技术类型。因加工流程复杂，楔形石核的研究最为深入，具有特色。

第三，楔形石核分为两个体系：宽楔形、窄楔形，前者分布区为华北腹地、西北地区，后者也就是涌别系窄楔形石核，分布区以中国东北地区为主、泥河湾盆地基本是其南缘，其他区域仅有零星发现。地理区域上与爆发期船形石核和窄楔形石核两个技术类型的分布区重合度较大。

第四，根据柿子滩遗址 S5 地点、石峡口第 1 地点、凤凰岭遗址等材料，船形石核与宽楔形石核间可能有技术传承。

四 衰落期

进入全新世以后，随着一些人群流动性的降低和定居性的增强，动植物资源的广谱化和驯化在一定程度上满足了人类在特定区域的食物需求，狩猎在其经济生活中所占比重减小，符合人群流动所需的生产、生活工具需求量减少，细石叶技术在不同地区考古材料中所占的比重发生了改变。

这一时期华北腹地逐渐转入新石器时代，古人类对陶器、研磨类器物等不利于迁徙流动的工具的使用渐多，细石叶技术产品的比重逐渐降低显示出古人类对其依赖性减弱，东胡林遗址、转年遗址、李家沟遗址等处于旧－新石器时代过渡阶段的考古材料清晰地显示了细石叶技术的衰落过程。此外，西北地区的大地湾遗址沉积序列也反映同样的情形。

相比之下，东北地区及内蒙古中南部区域处于旧－新石器时代过渡阶段的考古遗存中存在细石叶技术转型的现象，包括规整的圆柱形石核和铅笔头状锥形石核等，制作工艺发达，例如位于呼伦贝尔的辉河水坝遗址、林西县的白音长汗遗址[1]等。细石叶生产技术精湛化的同时，更显著的同样是陶器、研磨类器物的大量使用，还有房屋等指向对遗址长期利用的考古遗存的发现。此外，进入全新世之后，掌握细石叶技术的人群也展现出对青藏高原地区的开发能力，除江西沟、151、白佛寺[2]等位

---

[1] 内蒙古自治区文物考古研究所：《白音长汗——新石器时代遗址发掘报告》，北京：科学出版社，2004 年。

[2] 仪明洁、高星、张晓凌等：《青藏高原边缘地区史前遗址 2009 年调查试掘报告》，《人类学学报》2011年第 2 期。Madsen DB，Perreault C，Rhode D，et al. Early foraging settlement of the Tibetan Plateau highlands. *Archaeological Research in Asia*，2017，p. 11. 侯光良、杨石霞、鄂崇毅、王倩倩：《青藏高原东北缘江西沟 2 号遗址 2012 年出土石制品的初步研究》，《人类学学报》2018 年第 4 期。

于青海湖周边的遗址外，还有参雄尕朔①、拉乙亥②等遗址出土了丰富的细石器，无陶器伴生，两处遗址的年代均为距今 8000～7000 年。更晚一些遗址中，则有细石器与陶片共生的情况，例如昌都卡若遗址③，显示在高海拔的青藏高原地区，生态条件更为边缘化的情况下，细石叶技术人群更晚一个阶段、慢几个节拍的适应进程。

五　小结

综合考古资料，细石叶技术在中国北方的兴衰过程可概括为四个阶段：萌芽期、融合期、爆发期、衰落期，四个时期有不同的技术类型。

第一阶段，从不早于距今 2.8 万年到末次盛冰期之前为细石叶技术的萌芽期，细石叶技术最初出现时间可追溯到距今 2.8 万年前后，不过这一阶段的材料和测年数据较为零星。从西山头遗址、西沙河遗址、下川遗址、西施遗址的层位序列及测年数据来看，将华北地区细石叶技术的出现时间定在不晚于距今 2.6 万年是具有合理性的，其核心分布区位于华北地区的腹地。细石叶技术在中国出现伊始就属于一种成熟的技术体系，能够系统、连续地进行细石叶剥制。从此前一个阶段的石器技术面貌上来看，除水洞沟遗址及黑龙江、内蒙古、新疆的少量地点短时间出现克拉克概括的模式 3 和模式 4④的混合因素外，中国北方的石器工业仍沿袭传统的锤击法、砸击法剥片⑤，石核预制、连续、定向剥片等细石叶技术元素基础不足。此阶段细石叶技术的特点为对块状毛坯的开发，细石核形态包括锥形、半锥形、柱形、半柱形等。

第二阶段，末次盛冰期及随后的短暂气候回暖阶段是细石叶技术在中国北方地区的融合期。此阶段含细石叶技术的遗址数量渐多，包括柿子滩遗址 S29 地点第⑥～②文化层、S12A 与 C 地点、S14 地点第④～②文化层、S5 地点第④～②文化

---

① 韩芳、蔡林海、杜玮等：《青南高原登额曲流域的细石叶工艺》，《人类学学报》2018 年第 1 期。

② 盖培、王国道：《黄河上游拉乙亥中石器时代遗址发掘报告》，《人类学学报》1983 年第 1 期。

③ 西藏自治区文物管理委员会、四川大学历史系：《昌都卡若》，北京：文物出版社，1985 年。

④ Clark G. *World Prehistory：A New Outline* (2nd edition). Cambridge：Cambridge University Press, 1969. Clark G. *World Prehistory：In New Perspective* (3rd edition). Cambridge：Cambridge University Press, 1977.

⑤ 高星、裴树文：《中国古人类石器技术与生存模式的考古学阐释》，《第四纪研究》2006 年第 4 期。

层、下川遗址、二道梁遗址、孟家泉遗址、林富遗址、凤凰岭遗址等。此时中国北方地区尤其是华北腹地流行的是船形石核技术类型，东北地区则少量出现了窄楔形石核技术类型，后者与日本列岛的涌别系楔形石核的形态及预制方法相似。根据古气候模拟，船形石核与涌别系窄楔形石核主要分布区与两种不同的植被带具耦合性，分布区的分化可能指代细石叶技术体系出现分化，出现不同人群对不同生态带的针对性适应。该阶段细石叶技术的原料开发理念转变为对片状毛坯的开发，可能是新的技术理念与中国北方地区长期存在的石核－石片技术体系下的片状毛坯开发理念结合而导致这一转变的发生。

第三阶段，末次盛冰期后的气候回暖期到更新世之末为爆发期。此阶段细石叶技术在中国北方地区遍地开花，是技术的主体，含细石叶技术遗存的遗址常以地点群的形式出现，较大型的以传统打片技术为主体的遗址不多见。该阶段细石叶技术的特点表现在宽楔形、窄楔形、柱形、锥形石核等多种技术类型并存，且同一个遗址中存在多种技术类型，相比之下船形石核大幅度变少等方面。宽楔形石核分布区为华北腹地、西北地区，涌别系窄楔形石核分布区以中国东北地区为主、泥河湾盆地是其南缘，地理区域上与融合期船形石核和窄楔形石核两个技术类型的分布区重合度较大。

第四阶段，进入全新世之后的衰落期。细石叶技术在中国北方地区的衰落并不是同步的，在不同生态区域扮演的角色不尽一致。随着定居模式的出现和加强，华北腹地的人群社会组织结构改变，经济方式转变。动植物资源的驯化一定程度上满足了这些人类的食物需求，狩猎在经济生活中所占比重减小，同时人群的流动性降低，对高度流动所需的生产、生活工具需求量减少，细石叶技术呈现从巅峰到衰落的变化，东胡林遗址、转年遗址、李家沟遗址是代表性遗址，尤其是最后者，在连续的旧－新石器时代堆积中能清晰看到细石叶技术随着陶器的大量使用而衰落。这说明细石叶复合工具的功能并不是处于定居状态的人群生存所必需的。处于东北地区的人群，他们并没有采取彻底的农业经济方式，而是以渔猎采集或继续维持高度流动的经济模式维持生计，细石叶技术更为精湛化，在人类适应生存中发挥生产、生活上的补充性作用。青藏高原的环境条件更为边缘，到达这一区域的人群，仍然利用细石叶技术的优势获取资源，此状态持续到更晚的年代。

第七章 定居前奏：旧－新石器时代 过渡期的流动策略

　　本章所讨论的旧－新石器时代过渡阶段是指末次盛冰期之后到全新世早期。此时是细石叶技术的鼎盛时期，在中国北方地区特别是华北地区出现明显的文化转型，有少量早期动植物驯化的证据出土，但古人类更多依赖自然资源。谢飞认为华北地区处于从旧石器时代到新石器时代文化过渡的关键时期的细石器遗存说明，细石叶技术可能直接参与这一地区陶器和农业的起源与发展，导致从旧石器向新石器的社会变革①。陈胜前也指出，农业起源的根在旧石器时代，需立足于对旧石器时代晚期以来的石器技术与组合的分析，特别是细石叶技术的兴衰与农业起源直接相关②。从考古记录上，中国北方地区的考古学文化的确显示出新石器时代之前的考古堆积大多与细石叶技术相关，即二者间有时段上的承接关系。但是，细石叶技术在中国北方地区的新石器化进程及早期文明孕育过程中具体扮演了什么角色？与研磨器、陶器等其他遗存相比，细石叶技术有何独特性？如何看待细石叶技术与其他遗存间的关系？在华北地区，为什么广泛盛行之后，细石叶技术却突然衰落，人类社会进入了一个定居化程度更高、大规模利用农业资源、社会发展更为迅速的阶段？中国北方地区古人类对细石叶技术的利用过程、不同区域考古遗存展示出的细石器遗存特

---

① 谢飞：《河北旧石器时代晚期细石器遗存的分布及在华北马蹄形分布带中的位置》，《文物春秋》2000年第 2 期。

② 陈胜前：《史前的现代化：中国农业起源过程的文化生态考察》，北京：科学出版社，2013 年。

征，反映出古人类适应生存转变，也展示了不同生态背景下社会发展的不同步特征。本章将立足于现有考古材料，结合环境因素，讨论石器技术与人群流动性、社会组织结构的变化，阐述中国北方地区细石叶技术与定居模式的出现乃至社会组织复杂化早期进程、新石器化进程之间的关系。

一　旧－新石器时代的过渡

1836 年，丹麦学者汤姆森将人类历史划分为石器时代、青铜时代和铁器时代。1865 年，英国学者卢伯克将石器时代划分为旧石器时代和新石器时代。此后，又有学者进一步将欧洲旧石器时代和新石器时代之间的过渡时期命名为中石器时代。一般认为，旧石器时代和新石器时代的区别除了流动与定居的差异外，更主要包括人类所使用工具的不同，旧石器时代的文化标志为打制石器，而新石器时代的文化标志为磨制石器、陶器、农业等。旧石器－新石器时代的转变不仅是工具类型等客观物质的变化，还是系统性的，包括经济模式、聚落形态、人员关系与社会组织形式等方面的变化，这是一个渐进的过渡过程，在年代上并不是以"一刀切"的方式转变的。即使在工具等客观遗存上，旧石器时代的锤击石器、细石叶技术在发达的新石器时代依然为人所用，并延续到历史时期，陶器、磨制石器技术等文化因素在各个地区、不同考古学文化中出现的时间也不尽一致。考古学文化的转变特别是从旧石器时代到新石器时代生存模式的转变不同于历史时期的朝代更替，后者能够以某个具体的历史事件为时间刻度，而前者的转变却是由点到面的渐变状态。以往有学者引入"中石器时代"指代中国的旧石器－新石器时代过渡期，关于这个用法合适与否一度引发一系列论战[①]。

作为一个分期，"中石器时代"一词最早在欧洲的史前文化序列研究中出现，具有技术、年代、经济方式等多层指代意义。综合来看，欧洲中石器时代的内涵为：处于旧石器时代至新石器时代之间的一个独特发展阶段，该阶段人类掌握几何形细

---

① 英德市博物馆、中山大学人类学系、广东省博物馆：《中石器文化及有关问题研讨会论文集》，广州：广东人民出版社，1999 年。

石叶技术、骨角器制作技术、研磨技术，出现局部磨光的石器，没有发明陶器，经济生活仍维持狩猎采集方式，自然资源利用广谱化，个别地区出现早期农业与畜牧业的萌芽①。

结合以上"中石器时代"的定义及目前中国发现的考古材料来看，以"中石器时代"指代中国北方史前特定的时段则存在一定问题。以本书第三章介绍的遗址为例，在更新世至全新世过渡阶段的中国北方，文化复杂性加强，突出表现为技术的多样性，包括直接法打制石器、细石器、磨制石器、研磨类工具、陶器、磨制骨器及装饰品等，在不同遗址中以不同的组合方式存在。根据目前的考古资料，人类制造和使用石器可以追溯到不晚于三百多万年前的非洲，此后在世界各地陆续出现人类遗存。旧石器时代至新石器时代的转变发生于何时？世界范围内的转变是否具有共时性？中国北方地区的材料是否显示了文化发展的同步性和共时性？

中国北方地区长期连续发展的主工业类型呈现连续、缓慢、渐进的发展格局，简单石核－石片技术在华北旧石器时代一直存在，未有显著变化。从旧石器时代晚期开始，随着生态环境的起伏变化和人类的适应发展而出现新文化因素的交流和突变，改变了工业格局，加快了传统工业的解体②。目前，中国北方地区的细石叶技术最早可追溯到距今 2.8 万年的西山头遗址，经历了不断增多、全面扩散的使用阶段后，其使用一直延续到新石器时代、青铜时代。在新石器时代，农业越发达的文化类型或文化发展阶段，其细石叶技术的应用就会相对减少，显示其地位和作用降低，但是同时期的一些新石器时代遗址中出现细石器上升的现象，则很可能指代了当时的狩猎采集经济所占的比重上升，而对农业生产的依赖性下降。

研磨类工具在华北地区出现得同样很早，例如下川遗址、柿子滩 S29 地点等均有发现，不过，早期磨盘、磨棒的使用与研磨颜料、植物资源相关，末次盛冰

---

① 周国兴：《中石器概念的产生与演变及中国学术界早期的介绍》，北京大学考古文博学院：《考古学研究（七）——庆祝吕遵谔先生八十寿辰暨从事考古教学与研究五十五年论文集》，北京：科学出版社，2008 年，第 282～301 页。赵朝洪：《试论中石器时代》，《北京大学学报（哲学社会科学版）》1989 年第 4 期。

② 张森水：《中国北方旧石器工业的区域渐进与文化交流》，《人类学学报》1990 年第 4 期。张森水：《管窥新中国旧石器考古学的重大发展》，《人类学学报》1999 年第 3 期。

期以后的研磨类器物形态变为马鞍形磨盘、长形磨棒，与新石器时代发现的同类器物形态、使用方式相似，以植物类资源的加工为主，说明植物资源的采集在经济生活中所占比重上升，加工方式一致化。尽管植硅体、淀粉粒的研究表明华北地区的广谱革命发生的时间比较早，古人类在距今 2 万多年前已经开始对植物资源的利用，但是植物资源利用并不能与植物种植画等号，真正的农业起源可能并不超过距今 1 万年，故不能将早期的植物资源利用视为农业起源、新石器时代的决定性指标。

磨制石器和骨器出现的年代也较早，前者在距今 2.6 万年的龙王辿遗址中也已出现，但是磨制简单，后者在水洞沟第 2 地点等遗址中也有出土。真正成型、规范化的磨制工具是在更晚期才大量出现，与最早期陶器的出现有较强的共时性，指代的社会组织状况可能有一定的定居性，流动程度降低。陶器在中国北方地区的出现可追溯到距今 1 万多年，但烧制火候低，有很强的原始性，真正大范围地制作和使用陶器则要晚到全新世。

由此来看，将细石器、磨制石器、研磨类工具、陶器、磨制骨器等任何一个文化因素作为中国北方地区更新世至全新世过渡阶段时段性划分的典型器物都不合适，通过这些文化因素，我们也无法归纳出一个通用的文化组合作为时段划分的典型组合，以之对这个阶段"一刀切"地做出时代划分。取而代之的，应该针对不同区域、不同遗址的文化面貌，对该区域、该遗址的社会及文化发展阶段作出判断。鉴于此，与旧石器时代、新石器时代相比，国际上通用的"中石器时代"对中国北方地区的材料并不具有相应的时间、文化内涵指代性，也难以将之与旧石器时代、新石器时代并列，无法单独划分为一个独特的时代和文化阶段。笔者认为，"中石器时代"一词在中国北方地区旧新石器过渡时期的考古学研究中并不具备特定的存在必要。对于旧－新石器时代过渡阶段的遗存，研究者清晰介绍、掌握其文化面貌，从适应生存、社会发展阶段等层面做人类行为与组织的分析，却没有必要机械地与西方的考古阶段划分对接，以免造成同一词汇却所指不同的局面。

总之，传统上考古学者以陶器、农业、磨制石器、房屋与墓葬等构成的聚落这四个特征作为新石器时代的判定标志，但是旧、新石器时代的差异难以简单地用上述四个所谓的标志为判定标准，其转变是一个时间过程，尤其在经济模式的变化上，即从攫取式的即时收益变为生产性的延迟收益，也就是农业的起源。基于形态学、同位素分析的考古研究说明，农业起源是个时间漫长的事件，采集狩猎的比重日渐衰落的同时，农业生产的比重逐步增大，最终农业生产取代采集狩猎活动，成为人类经济生活的主体。动植物的驯化是一个复杂的实验过程，是人与动物、植物之间的渐进式协同进化，从一万多年前萌芽直到距今五六千年时才真正建立起农业经济社会①，对这一过程中的材料用简单的家养与野生二分法定性有风险。由于陶器、农业、磨制石器、聚落在不同地域出现的时间和组合形式各不相同，对经济和社会发展模式的指代意义不尽一致。从古人类经济方式、社会与聚落组织形式的变化过程等角度，探讨不同区域、不同生态环境背景下人类适应策略的转变，强调"过程"，而非"节点"，在分析新石器化进程的研究中更具现实和操作意义。

二　矛盾的文化遗存

考古文化遗存是研究史前人类适应生存的仅有资料。处于旧－新石器时代过渡阶段的中国北方地区的考古文化遗存有什么特征呢？

末次盛冰期之后的短时间内，中国北方地区迎来了细石叶技术的爆发，细石器的分布范围遍布华北腹地、东北地区、西北地区，甚至在生态环境极度边缘化的青藏高原上也出现了一批细石器遗存。尽管细石叶技术并不是其中一些遗址的绝对主体技术类型，但是作为一项最具特殊化的石器生产技术的产物，细石器的存在能够指代人类特定的行为习惯和文化传承。在进入全新世早期之后，细石叶技术逐渐衰落，新石器时代考古学文化随之兴起，仅在局部区域有一直延续使用细石器的现象。这一阶段经过系统发掘和年代测定的遗址包括位于华北地区及其周边的柿子滩地点群、鸽子山遗址群、虎头梁遗址群、籍箕滩遗址、水洞沟第 12 地点、李家沟遗址、

---

① 袁靖、董宁宁：《中国家养动物起源的再思考》，《考古》2018 年第 9 期。赵志军：《中国农业起源概述》，《遗产与保护研究》2019 年第 1 期。

灵井遗址、薛关遗址、南庄头遗址、东胡林遗址、转年遗址，还有东北地区的桃山遗址、白城双塔遗址，青海高原边缘区域的黑马河 1 号地点、江西沟 1 号地点、娄拉水库地点、晏台东遗址以及位于高原腹地那曲巾申扎县的尼阿底遗址第三地点的相关发现，上述遗址的具体信息在本文第二章中有详细介绍，本节不再赘述。从地域上来看，细石器遗存的分布范围广，遗址的数量多，遗址的文化遗存情况也不尽一致，区域文化多样性较为显著。在有的遗址内遗存内涵变得丰富，例如在水洞沟第 12 地点残存的断崖上可见到长度延续 50 米的文化堆积，其最厚处超过 1.6 米，丰厚的文化层中出土丰富的石制品，包括细石叶技术产品、磨盘、磨棒、磨光石斧等，还有骨针、骨锥等骨制品、装饰品及大量动物骨骼，研磨类工具及中小型动物资源的利用均指代了食物的广谱化。桃山遗址有细石器与陶器共生的现象，尽管陶器的数量不多。李家沟遗址的细石器层位及于家沟遗址均与细石叶伴生了陶片、磨光石器、研磨器等。东胡林遗址、转年遗址、白城双塔遗址一期更是出现了灰坑、墓葬。这些遗址的堆积变得复杂，文化内涵多元化，不像更早遗址的相对单一堆积。与此同时，在不同地区也发现了一些与早段遗址类似的堆积类型，地层单薄、遗物数量少、构成较单一，包括在青藏高原边缘地区的发现及水洞沟遗址周边的调查过程中地表上采集的相似遗存。

技术是狩猎采集者在不同环境下为实现"最优"选择而发明和选用的[1]。采用即时收益方式获取资源的狩猎采集者逐资源而动，一个人群有特定的一套工具组合满足其基本生存需求。由于越是特殊化和专业化的工具其功能越单一、所适用的功能和作用对象越少，该类工具的使用导致工具组合中的配套工具增多，最终达到数量的临界值。由于缺乏运载工具的狩猎采集者的个人承重能力有限，在流动过程中随身携带器物的数量是有限的，因此，流动性越高的人所用的工具趋向于更轻便、更不特殊化和专业化，工具的多样化与流动频率在一定程度上呈负相关（详见第一章

---

① Binford LR. Organization and formation processes：looking at curated technologies. *Journal of Anthropological Research*, 1979, 35（3）. Binford LR. Willow smoke and dogs'tails：Hunter－gatherer settlement systems and archaeological site formation. *American Antiquity*, 1980, 45. Kelly RL. Hunter－gatherer mobility strategies. *Journal of Anthropological Resaerch*, 1983, 39（3）.

关于流动性的讨论)①。学术界广泛认为，细石叶技术适应了高度流动的狩猎采集人群生存需求，细石核、细石叶的轻便易携、标准化生产等特征可以满足他们迁徙移动中的生产、生活工具所需，尤其是在东亚、北亚地区末次冰期阶段寒冷气候条件下，以细石叶装备的复合工具可以用于狩猎等活动，有效提升此时人类的生存能力和资源竞争力②。相比之下，不便于携带的、易碎的或重型的工具，例如陶器、研磨器、石斧等，更可能指向低流动的人群。从目前发现的考古材料来看，在旧石器时代晚期的中国北方地区被广泛应用的石器技术是细石叶技术，古人类利用这项技术不仅得以生存，在降水和温度等环境条件相对较好、自然资源相对丰富的华北腹地，在纬度位置高、寒冷季节漫长的中国东北地区，以及中国西北、青藏高原等干旱－半干旱或高海拔区域，尽管环境资源产出更为边缘化，也能够实现适应生存。在华北腹地，于家沟、李家沟等遗址的细石器层位均有陶片出土，尤其是后者，这一文化层位后进入陶器技术更为发达的文化阶段。进入新石器时代以后，东北地区、西北地区的文化遗存显示了一种陶器、研磨器、磨制石器生产和使用强化的状况，定居化程度显著加强，但同时细石叶技术仍被使用。总结这些材料中的共性，我们应该注意到一个矛盾的现象：在中国北方地区旧－新石器时代过渡期的遗址中，大多数有与高流动性相适应的细石核、细石叶与生产过程复杂、投入时间长且不便于搬运的易碎陶器、重型工具如研磨器和磨光石器等器物共存的现象，两种指代不同流动策略的器物类型，为何出现在同一遗址中？

在上述现象的基础上再深入思考，虽然不能确切地说同一遗址的不同层位是由同一人群遗留下来的，但可以肯定的是，进入新石器时代之前，在中国北方地区生存的古人类属于细石叶技术人群，随后出现定居化程度加强的新石器时代人群，二者间有时代上前后衔接的关系，或者可以说，细石叶技术人群最可能是中国北方地

---

① Torrence R. Time budgeting and hunter－gatherer technology, In Bailey G (ed.). *Hunter－Gatherer Economy in Prehistory: A European Perspective.* Cambridge: Cambridge University Press, 1983, pp. 11－22. Shott M. Technological organization and settlement mobility: an ethnographic examination. *Journal of Anthropological Research*, 1986, 42（1）.

② Elston RG, Brantingham PJ. Microlithic technology in Northeast Asia: A Risk Minimizing Strategy of the Late Pleistocene and Early Holocene.

区新石器时代人群的前身，二者间有密切的传承关系。从高度流动的细石叶技术人群转变为逐渐定居化的状态，如何理解这种矛盾的现象？其过程与机制是什么？

三　群体中的个体流动

学术界对从旧石器时代到新石器时代的转变过程保持长期的关注，尤其聚焦于古人类的技术与经济形态变化①。考古学研究显示，当今中国地域上的史前时期古人类的确独立发展出植物驯化，但是具体的驯化过程目前尚不完善。比如说，中国北方地区的古人类有长期利用植物资源的行为，甚至在末次盛冰期以前的考古记录中就能找到这方面的证据②，但是进入全新世以前，持续了上万年的低水平植物资源利用并不能代表真正的植物驯化，真正的动植物驯化和农业生产应该是在定居等状态出现之后缓慢发展而成的③。探讨农业起源的过程与机制，应首先从古人类社会组织形态入手。

考古遗存是古人类的行为表现，解读狩猎采集者社会组织形态的转变，仍需立

---

① 该方面的研究层出不穷，举例如下：安志敏：《海拉尔的中石器遗存——兼论细石器的起源与传统》，《考古学报》1978 年第 3 期。Bar – Yosef O. Climatic Fluctuations and Early Farming in West and East A-sia. *Current Anthropology.* 2011，52（s4）. Bettinger RL，Barton L，Morgan C. The origins of food production in North China：a different kind of Agricultural Revolution. *Evolutionary Anthropology*，2010，p. 19. Liu L，Bestel S，Shi JM，et al. Paleolithic human exploitation of plant foods during the last glacial maximum in north China. *Proceedings of the National Academy of Sciences of the United States of America*，2013，110（14）. Lu TLD. *The transition from foraging to farming and the origin of agriculture in China.* Oxford：British Archaeologi-cal Reports，1999. Wang YP，Zhang SL，Gu WF，et al. Lijiagou and the earliest pottery in Henan Province，China. *Antiquity*，2015，p. 89. 仪明洁：《中国北方的细石叶技术与社会复杂化早期进程》，《考古》2019 年第 9 期。

② 关莹、高星、李锋等：《MIS 3 晚期阶段的现代人行为与"广谱革命"：来自水洞沟遗址的证据》，《科学通报》2012 年第 57 期。Liu L，Bestel S，Shi JM，et al. Paleolithic human exploitation of plant foods during the last glacial maximum in north China. *Proceedings of the National Academy of Sciences of the United States of A-merica*，2013，110（14）.

③ Cohen DJ. Microblades，early pottery，and the Paleolithic – Neolithic transition in China. *The Review of Archae-ology*，2003，p. 24. Cohen DJ. The beginnings of agriculture in China：a multiregional view. *Current Anthropolo-gy*，2011，52（S4）.

足于理解和分析产生物质遗存的觅食者基本行为策略——流动性。笔者在本文第一章已就狩猎采集人群的流动性做了细致分析，指出尽管有群体规模大小的差异，狩猎采集群落均是以个体构成群体的方式维持生计，群体的策略自然也包括个体和群体两个层面，所以流动性包括个体流动和群体流动两个方面。受制于获取资源的方式，决定古人类行为的最关键因素是环境，尤其是食物、水、燃料等基本生存资源的多样性、稳定性、产出量等影响人类的应对策略，具体到食物的构成，我们熟知在旧石器时代晚期的世界不同地区发生了食谱的拓宽即"广谱革命"[①] 和资源的强化利用[②]。除此之外，还有一种增加生存资源的方式，即拓宽资源斑块。不同环境条件下产出的 K – /r – 选择资源构成比例差异显著，由于环境的变化对两类资源的影响不一致，导致资源斑块能量产出率上升或下降幅度不同，故而对人类而言，不同资源斑块的吸引力变化也并不一致。当一个大的地域内整体环境能量产出率下降，高档资源斑块的优势不再明显，在生存技术允许的情况下，狩猎采集者被迫将更多产出 r – 选择资源的斑块纳入开发范围，一些能量产出率下降幅度小于整体环境下降均值的中、低档资源斑块同样能够吸引觅食者，笔者以为，可以将之概述为"斑块拓展革命"（Broad Patch Revolution），也就是对资源斑块的拓展与强化，其发生是与广谱革命相关的。在发生这种生存策略转变后，一定程度上可利用的资源斑块数量增多，数量的增多使得资源斑块间的距离相对变小，但是每个区域的资源产出量有限导致人类能够觅食的时间变短，以高度流动为特征的采集者觅食策略无法支撑人群的生存，此时采用后勤式流动策略的人群就具有了生存优势，高效配合的集食者策略应运而生，他们选定一片相对优质的资源斑块，较长时间地保持主体人群在此生活，将群体流动频率降低的同时，派出个人或特定任务小组，以较高的个体流动外出巡查周边地区以收集信息与资源，从低产出率的资源斑块中获取有限的资源，将资源带回大本营，满足群体生存的资源需求，实现以个体流动的便利性弥补群体低频率流动的不足，以最小的消耗换取最大的利益。

---

① Flannery KV. Origins and ecological effects of early domestication in Iran and the Near East. Flannery KV. The origins of agriculture. *Annual Review of Anthropology*, 1973, 2（1）. 袁靖、董宁宁：《中国家养动物起源的再思考》,《考古》2018 年第 9 期。赵志军：《中国农业起源概述》,《遗产与保护研究》2019 年第 1 期。

② 王晓敏、梅惠杰：《于家沟遗址的动物考古学研究》，北京：文物出版社，2019 年。

在旧石器时代晚期，中国北方地区的气候出现多次波动，尤其在末次盛冰期及以后的阶段，冷暖、干湿变化剧烈，其中包括著名的博令－阿勒罗得事件、新仙女木事件，气温的大幅度下降造成资源匮乏期变长。从目前的考古材料上看，该时段中国北方地区细石叶技术为特色的遗址数量增多、存在地域扩大，目前有可靠年代测定的遗址几乎均为细石器遗存，个别遗址如昂昂溪大兴屯遗址①仅出土石片技术遗存，其测年数据仅有一个，年代上可能并不十分可靠。在距今 1.5 万~1.1 万年的部分遗址中，除了细石器、研磨器之外，也有了一些结构性的火塘等遗迹（详见本文第二章的考古材料介绍），但是研磨器、结构性遗存的数量、质量均不如更晚阶段的材料，文化层的厚度薄、材料相对单一，整体上看人类可能仍保持高度流动性，狩猎采集者对于低档次资源斑块的短期开发行为占据主体，只是偶尔可见对资源斑块的持续开发现象，例如泥河湾盆地的马鞍山遗址可能发生过较久的人类活动。

细石叶技术在此时成为中国北方地区的技术主导，这一状况与该时期人口的增长直接关系，全球人口的扩张开始于末次冰期②，对线粒体 DNA 的研究显示，在中国的人口大规模增长不晚于距今 1.3 万年③。除此之外，技术的改变与环境变迁及细石叶技术的优势相关。一方面由于环境的波动及恶化，一定时期内整体环境的产出率下降，资源斑块质量出现不同程度的下降，据上文的分析可知，狩猎采集群体被迫将更多资源斑块纳入觅食范围。另一方面，无论是旧有的资源斑块还是新纳入的资源斑块，其产出率低，造成资源的快速耗竭，掌握细石叶技术的人群采用了高度的流动策略以满足资源需求。狩猎采集者应对气候变化的策略除了拓宽食谱与资源斑块、强化对资源的利用、改进技术之外，社会组织、流动形式也发生了适当的变化，结合考古材料及关于流动策略的理论分析，当时人类并未采取储藏食物的方式度过资源匮乏期，其应对策略为：流动性更强，采用的细石叶技术等更为精湛，与

---

① 黄慰文、张镇洪、缪振棣等：《黑龙江昂昂溪的旧石器》，《人类学学报》1984 年第 3 期。

② 布赖恩·费根：《地球人：世界史前史导论（第 13 版）》，济南：山东画报出版社，2014 年。Laval G, Patin E, Barreiro LB, Quintana－Murci L. Formulating a historical and demographic model of recent human evolution based on resequencing data from noncoding Regions. *PLoS ONE*, 2010, 5（4）.

③ Zheng HX, Yan S, Qin ZD, Jin L. MtDNA analysis of global populations support that major population expansions began before Neolithic time. *Scientific Reports*, 2012, 2（1）.

系列专业化人群所采用的策略相似，也就是笔者在第一章论述的：根据不同食物资源在不同季节的供给情况选择居址流动方式，采用采食者的高流动性和集食者的技术精致化的混合适应策略，依靠精致的工具以减少狩猎失败带来的生存风险，保证食物的供应，还需要精致的生存装备以满足在寒冷气候中的流动需求。

到距今1.1万年前后，不同地区和生态环境下出现差异性的人类行为和文化转变。在一些资源相对充沛或局部环境相对适宜的资源斑块，古人类采取的生存策略已经不是简单的小群体、高频率流动，而是可能由于群体规模增大、资源需求增长而采用前述广谱革命、资源强化利用与斑块拓展革命相结合的方式，低群体流动与高个体流动相结合的方式，实现收益最大化。例如水洞沟第12地点面积广阔、厚达1.6米的文化层显示古人类对此区域的长期使用以及人群规模的扩大，重型的研磨器、磨制石斧等指向低频率的人群流动，大量骨针、骨锥的出土说明古人类在此从事了缝纫等加工性的活动，这些证据都将遗址指向长时间的利用。而细石器的出土又显示古人类有高流动的需求，周边地区发现的遗存中包含细石器，且文化构成单一、堆积薄，则可能是同时期古人类短期活动的产物，这些证据表明当时古人类的生存策略中有一些高频率的人员流动。在于家沟遗址、李家沟遗址中出现了易碎的原始陶器，不便于搬运的研磨器和与伐木有关的磨制石器也大量出现，这些均为不利于群体流动的文化因素，指代高度流动性的细石叶技术遗存与之共存。

同一时段下，除了上述地区外，中国北方地区的古人类还有几种不同的生存策略。在更为边缘的生态环境下，古人类采用了相对传统的组织策略，例如以青藏高原边缘地区的相关发现为代表的遗址类型是短时性的，遗址的使用时间短、人类活动单一，同时在周边很大的区域内并未发现与水洞沟第12地点、李家沟相似的堆积厚度较大、文化遗存多元化的同时期遗址，显示该区域的古人类缺乏较大型中心营地性质的聚集地，而是保持了以较小的人口数量为基本人群构成和小群体的高度流动。从生态产出来看，这些区域的生态载能往往较小，仅能够为小群体的人群提供足够资源，不足以支撑较大规模的人群，有理由推测此地古人类的群体规模小，基本采用高度群体流动的方式。由于其群体规模小、流动频率高，在某一处遗址生存的时间短，遗留下来的痕迹有限，表现在考古遗存上即文化单一、堆积薄、缺乏构造复杂的结构性遗迹等。在以南庄头遗址、白城双塔遗址为代表的遗址类型中，大量陶器及重型研磨工具出现，却不见细石叶技术的存在，指代了流动性程度更低的生存方式。在以南庄头遗址为代表的华北腹地，遗物中有鸡、狗、家猪等驯化动物与狼、麝、马鹿、斑鹿、鳖、中华圆田螺、珠蚌、萝卜螺等野生动物骨骼共生的现象，说明古人类已经具备农业驯化的能力，可以从事生产性经济，同时也相机而动地利用野生资源。可能属于广泛干预动植物的繁殖与生命周期的低水平食物生产活动①，一定程度上在特定区域增加了资源供给，狩猎在人类经济生活中的比重有降低趋势。以白城双塔遗址一期遗存为代表的东北地区，有灰坑、墓葬、灰沟、柱洞、陶片堆积层等遗迹，出土细石器、磨制石器、研磨类工具、陶片、骨器、野生哺乳动物骨骼、鸟类骨骼、蚌壳、鱼骨等，但未见任何与农业生产直接相关的石锄、石铲及石刀类工具，有骨鱼镖、梭形器等渔猎工具，说明古人类对遗址的利用时间长、程度高，但是并未种植作物或驯化动物，而是因地制宜、灵活机动地利用自然资源——水生资源，采用的是一种渔猎经济类型。当然，由于生态环境具有多重交汇的特点，有温带森林草原、温带草原沙漠、寒带森林与海洋边缘等多种环境条件，东北地区史前文化面貌有复杂性，并不能用一个简单的模式概括归纳②。这一状况可以扩大到旧－新石器过渡阶段的广大中国北方地区，每个局部区域的环境与资源都不是稳定而均一的，狩猎采集者相机而动地调整策略，利用自身技术和知识积累尝试进行生产性活动，同时充分发挥地域优势利用自然资源，经济方式上游走在早期农业起源与狩猎采集模式的往复之间，实现收益的最大化。

综合本文第一章介绍的狩猎采集群体流动性生存策略和本时段的相关发现，我们可以做如下推断：末次盛冰期以来，中国北方地区掌握细石叶技术的人群无论个体流动，还是群体流动，均已经达到了极致，足够支持其开发大部分地域；与此同时，这些人群将低档资源纳入觅食范围，采用广谱化策略，以满足逐渐增长的资源需求。当以水洞沟第12地点、于家沟遗址、李家沟遗址为代表的区域上生存的群体规模达到一定程度，仅靠简单地拓宽食谱和保持高度群体流动的状态已经不足以支

① Smith BD. Low－level food production. *Journal of Archaeological Research*，2001，9（1）.

② 陈胜前：《史前的现代化：中国农业起源过程的文化生态考察》，北京：科学出版社，2013 年，第 280～292 页。

撑其生存，需要新的应对策略——社会组织结构的初级改变，后勤式流动策略就是社会组织复杂化最早期的表现形式。这些狩猎采集群体通过建立大本营，降低大部队的流动性，同时为了获取足够的生存资源，实行一定的社会分工，组织任务小组，有针对性地外出获取资源，以小规模的流动代价获得某类资源，从而在一定程度上降低资源的不确定性带来的损失。在此类人群中，细石叶技术仍充当着其与高流动性相适应的角色，是任务小组完成外出任务的重要技术保障，资源及资源斑块的强化利用逐渐突出。与此同时，东胡林遗址类型的古人类尽管也离不开任务小组的个体流动，细石叶技术在其中扮演着一定角色，但是综合来看其文化内涵指代了一种定居程度更高的组织形式，可能与该区域较好的生态环境有关。

我们应注意到，该阶段相对高效的人群组织方式或可称为社会组织复杂化的早期发展进程仅在局部地区出现，且在不同地区具有不等时性，古人类针对区域生态特征采用多样化的适应方式，故而在同时期出现与水洞沟第 12 地点、于家沟、李家沟等遗址内涵不同的遗址类型，如黑马河 1 号地点等青海湖周边的考古材料，古人类掌握了细石叶技术，但是采用的是纯粹的高度群体流动性，同一片区域内的遗址均显示短期的开发策略，没有体现出复杂的开发策略，在东北地区则有渔猎采集经济模式的存在。此外，在个别区域甚至可能有昂昂溪大兴屯遗址这类依然沿袭传统石片技术即可维持生计的现象。

四　小结

据目前公布的考古材料来推测，在旧石器时代晚期末段，由于气候的不断波动，尤其是连续出现的气候寒冷事件，东北亚地区狩猎采集者生存压力变大，所在的环境能量产出率下降，资源斑块质量降低，同时古人类化石 DNA 研究成果和遗址数量激增等信息显示当时的人口增长造成人口压力变大。为满足生存需求，古人类的流动性增强，伴随而来的是对更先进技术的需求加大，以节省优质原料、提高狩猎成功率、降低生存风险。细石叶技术从距今 2.8 万年左右在中国萌芽后一直呈现相对缓慢的发展过程，直到末次盛冰期后，尤其是从距今约 1.5 万年前后的旧石器时代晚期末段，博令－阿勒罗得事件、新仙女木事件等气候冷事件进一步增强了中国北方地区人群的流动性，情况才发生变化。寒冷气候条件下，细石叶的功能不仅局限在狩猎上，在后期处理猎物、皮革加工、裁剪等生活方面细石器复合工具也表现出更大优势，满足系列专业化人群高流动性状态下的生存之需，细石器的技术、生态优势使之爆炸性地流传。随着环境变迁和人口压力的提升，人类尝试将低档资源斑块纳入觅食范围，流动性降低、人群定居程度提升，强化对植物资源的开发，发生广谱革命，谷物的强化利用最终导致了农业起源。人类对细石叶的狩猎和加工功能依赖降低，同时御寒也不再是冬季影响人类生存的重要因素，农业生产、食物储藏、房屋、炉火取暖等方式在一定程度上解决了以上问题，细石叶技术的生态适应等优势不再，逐渐淡出历史的舞台。

在从旧石器时代到新石器时代过渡的过程中，人类社会组织形式的转变是最终导致经济形态转变的关键因素。随着狩猎采集人群规模的扩大，为维持生存，如何高效、优化地获取资源是造成人类社会组织形式转变的最根本原因。从高度的流动状态，到流动中短期的定居，到定居中短期、灵活的流动，处于旧－新石器过渡期的古人类在适当的时机下采取高效的流动模式实现适应生存，实现最优选择。

概括来说，细石叶技术是狩猎采集群体保持高度流动性的技术保障，支撑了旧石器时代最末期古人类对中国北方地区的大开发，在人口增长[1]与环境变迁[2]等多重因素改变时，也恰恰是细石叶技术带来的极致流动性造成了攫取式获食方式不足以支撑古人类生存，迫使人类降低群体流动性、转变生产方式，进而造成了社会组织方式的初级改变，随着社会定居程度的提升，细石叶技术的优势不再，故而在新石器化之后该技术迅速衰落。需要指出的是，与细石叶技术的使用有密切相关性的社会组织方式的初级转变是社会组织复杂化的早期阶段，只是一个萌芽期，并不具有稳定性，在真正实现新石器化之前不断往复，但这种在个别区域出现的相对高效的社会组织形式却是最终实现彻底的定居化和新石器化的社会基础。如同多米诺骨牌，

[1] Boserup E. *The economics of agrarian change under population pressure*. Chicago：Aldine，1965.

[2] Hayden B. Research and development in the Stone Ages：Technological transitions among hunter – gatherers. *Current Anthropology*，1981，22（5）.

在一个相互联系的系统中，一个很小的初始能量就可能产生一连串的连锁反应，而细石叶技术人群的群体与个体有机组合的流动模式就是这个很小的初始能量，在由多种技术和社会因素组成的文化系统中，当多种因素变化累积到条件合适时，初始能量作用产生连锁反应，导致人群在某一区域持续时间达到数周、数月甚至季节性的居住，最终为农业起源奠定社会基础。

第八章　结语：从流动到定居

　　更新世晚期到全新世之初的全球文化转变无疑是当今考古学界最关注的热点问题，这一时期全球范围内的古人类生存策略发生了重大变革。与世界范围内的旧石器时代文化演变具有同步性，中国北方地区古人类的适应生存策略也是多样性的，石制品生产和加工技术日臻娴熟，最突出的文化特点是细石叶技术的成熟和大面积传播。细石叶技术从出现到超越简单锤击法剥片技术跃居统治地位仅用了不到两万年的时间，呈现了一种"爆发式"发展的模式，在人类实现适应生存的过程中发挥了重要作用。

　　本研究以中国北方地区更新世晚期至全新世初段的考古材料为主要研究对象，以水洞沟第12地点为重点研究案例，开展石器技术类型学与操作链分析、动物考古等研究。研究显示，水洞沟第12地点的石器生产技术主体为细石叶技术，伴生的锤击石核、石片多为细石核预制、调整过程中的产物，是细石叶技术的副产品。综合同时代的其他遗址及相关材料，水洞沟第12地点骨刀柄的出土暗示先民可能更多开发了细石叶刮削、切割的使用方式，戳刺等狩猎行为可能仅为其他狩猎工具的补充。细石器复合工具的功能之一是在寒冷气候条件下生产皮革、制作皮制品，其中包括满足先民御寒所需的服饰。除大量捕获兔子、羚羊及一些小型动物外，磨盘、磨棒的存在显示人类开发了植物资源，广谱革命在这里发生。该遗址人类对火也有很好的应用，除采用热处理技术加工石器、骨器之外，还能够运用"石烹法"煮食、沸水，掌握了复杂的间接用火技术。综合鸽子山遗址及宁夏北部周边地区其他旧－新石器时代过渡阶段的考古遗存信息可知，此时该区域已经出现一批具有相对复杂的社会组织形态的狩猎采集群体，他们的共同特征是熟练掌握细石叶技术，同时出现骨针、骨锥等骨角器、研磨器和装饰品等文化特征，对居址的利用程度加深、效率提升。

在上述研究的基础上，本研究进而以点带面，将视野扩大到广阔的中国北方地区同时期文化遗存，从细石叶技术的源流、兴衰过程、反映的古人类多元适应策略等角度开展研究，探讨中国北方地区文明起源之前细石叶技术人群的适应生存进程。

一 适应中的源流与兴衰

细石叶技术具有较强的剥片计划性和独特的原料开发理念，剥片前对石核的台面、剥片面预制程序复杂，剥片中对软锤法、间接剥片法应用普遍，定向标准化剥片，而中国传统的简单石核－石片技术的技术理念和特征与细石叶技术有显著差异，很难找到上述技术特征的源头。基于本研究涉及的材料可知，目前在中国北方地区已经发现了一批距今 2.8 万 ~ 2.6 万年前后的成熟细石叶技术产品，而在其下层被叠压的文化层则无一例外地属于简单石核－石片技术体系，二者间的技术转折明显，同时期及更早阶段华北地区的遗存中缺乏让人信服的与细石叶技术相关的发现，很难从本土的石器技术上与细石叶技术建立起直接的联系，显示新技术的溯源应另寻他路。在石制品打制技术中，石叶技术是与细石叶技术最为接近的剥片体系，二者在原料开发理念、原料需求、石核预制技术、定向剥片、标准化生产、软锤技法的采用等方面具有一定的相近性，通过预制平直的脊为引导，实现打击力的传导进而生产长薄的石片为目的，故细石叶技术与石叶技术之间的关系密切。在西山头遗址、西沙河遗址、西施遗址中均存在棱柱状石叶技术与细石叶共生的现象，柿子滩遗址 S29 地点第⑦文化层也有石叶与细石叶共存，更说明二者间存在技术相关性。

中国北方地区在深海氧同位素三阶段存在传统的简单石核－石片技术系统、勒瓦娄哇石叶技术与棱柱状石叶技术三个技术系统。后二者主要分布于新疆、青海、宁夏、内蒙古等北方地区，距今 4 万 ~ 3 万年时期二者结合出现，可能代表一种来自西伯利亚或蒙古的新人群迁入，并不是中国北方的技术主体，最终被石片技术取代，中国北方地区是这一人群分布的边缘区域。水洞沟遗址是发现该类石制品的重要地点，然而在出土石叶产品的层位未见细石器产品，石叶技术短暂存在后即被石片技术取代，说明水洞沟遗址的石叶技术与细石叶技术之间并无直接的传承。其他地区的考古材料也显示，这一时期的石叶技术传统在中国并没有广泛地传播，而只是偶然出现的文化因素。相比之下，简单石核－石片技术体系在中国北方地区持续存在，故而，从石器技术层面上讲，细石叶技术直接起源于华北地区的说法缺乏坚实的考古证据。

再次思考西山头遗址、西沙河遗址、西施遗址、柿子滩遗址 S29 地点的材料，与细石叶技术间最有可能存在技术传承的棱柱状石叶技术源自何处呢？

近年来西伯利亚阿尔泰、贝加尔地区发现的材料得到大量报道。该地区旧石器时代晚期早段有大量石叶产品，长期的技术沉淀为细石叶技术的萌生提供了基础。距今 35～39ka 阶段出土的初始细石叶技术产品具有一定的技术原始性，与中国北方地区最早期的成熟细石叶技术产品相比显得古朴，偏向于小石叶技术传统，综合西山头遗址、西沙河遗址、西施遗址、柿子滩遗址 S29 地点等中国北方地区最早期的细石叶技术层位的材料，本研究指出在西伯利亚与中国北方地区之间存在技术传承。

更新世末期的气候波动频繁，连续出现寒冷气候事件。为满足生存需求，古人类的流动性增强，伴随而来的是对更先进技术的需求加大，以节省优质原料、提高狩猎成功率、降低生存风险。西伯利亚阿尔泰、贝加尔等地区，纬度位置高，气候波动带来的影响更为显著，该地区掌握石叶技术的人群具有良好的石核预制、定向剥片、间接剥片、标准化生产等技术基础，在适应进程中具备创造细石叶技术的可能。从技术和年代学角度，细石器的技术理念源自西伯利亚的学说更为合理。

细石叶技术对高度流动的人群有独特的吸引力，其功能具有多样性，满足恶劣气候条件下的狩猎、生活多种需求。从生态需求的角度，处于高纬度地区的人群面临的气候更为寒冷，气候波动带来的影响更加显著，因而更有可能是此技术的发明者。在使用石叶技术开发原料的过程中，偶然出现的细小产品博得了高纬度人群的青睐，并开发了新技术。到末次盛冰期及其以后的阶段出现连续的冷事件，细石叶的技术优势、生态适应性使之得以持续发展、广泛传播。因而，从生态适应的角度，初始的细石叶技术更可能源于高纬度地区，发明者是掌握棱柱状石叶技术的西伯利亚或蒙古的人群，但细石叶技术与早期石叶技术的传播有区别，后者在华北仅短暂出现，终被传统石片技术取代，而前者在华北的使用是人群迁徙、技术交流多种因素综合作用的结果，在传播过程中，随着技术的不断成熟而因地制宜、因人而异地产生多种技术变体，是与当地人群、技术不断交流、融合形成的，其更强的生态适应性吸引中国北方地区人群采用，成为主要技术因素。

需强调的是，技术源头并不意味着技术的直接起源地，石器技术随人群迁徙、文化交流、生存适应逐步发展成熟，细石叶技术的发展过程可归纳为：从棱柱状石叶技术衍生出初始细石叶技术，发展出标准化的细石叶技术，最终在人群扩散中产生多种细石叶技术类型。

按照技术类型、地域分布和时间轴线，细石叶技术在中国北方地区的兴衰过程可以分为四个阶段：萌芽期、融合期、爆发期、衰落期，在此期间出现原料开发理念的变化和细石叶技术类型的多样化。

第一阶段为萌芽期，不早于距今2.8万年至末次盛冰期之前。中国北方地区最初出现细石叶技术的时间可能早到距今2.8万年前后，不过遗址和测年均零星。依据西山头遗址、西沙河遗址、下川遗址、西施遗址的材料，保守地将华北地区细石叶技术的出现时间定在不晚于距今2.6万年是可靠的。到末次盛冰期之前，新技术并未表现出明显变化。细石叶技术在中国出现伊始即较为成熟，能够系统、连续地进行细石叶剥制，其特点为对块状毛坯的开发，细石核形态包括锥形、半锥形、柱形、半柱形等。

第二阶段为融合期，从末次盛冰期到随后的短暂气候回暖阶段。此阶段含细石叶技术的遗址数量渐多，中国北方地区特别是华北腹地流行的是船形石核技术类型，东北地区则少量出现了窄楔形石核技术类型，二者分别与两种不同的植被带具耦合性，分布区的分化可能指代细石叶技术体系出现分化，出现不同人群对不同生态带的针对性适应。该阶段细石叶技术的原料开发理念转变为对片状毛坯的开发，特别在华北地区，可能是萌芽期细石叶技术理念与华北地区长期流行的简单石核－石片技术体系下的片状毛坯开发理念结合而形成船形石核技术类型。

第三阶段为爆发期，末次盛冰期后的气候回暖期到更新世之末。此阶段细石叶技术是中国北方地区的技术主体，较大型的以传统打片技术为主体的遗址不多见。

宽楔形、窄楔形、柱形、锥形石核等多种技术类型并存，且同一个遗址中存在多种技术类型，船形石核大幅度变少。宽楔形石核分布区为华北腹地、西北地区，涌别系窄楔形石核分布区以中国东北地区为主、泥河湾盆地大体属于其分布南缘，地理区域上与融合期船形石核和窄楔形石核两个技术类型的分布区重合度较大。根据柿子滩遗址 S5 地点、石峡口第 1 地点、凤凰岭遗址等材料，船形石核与宽楔形石核间可能存在技术传承。

　　第四阶段是进入全新世之后的衰落期。细石叶技术在不同生态区域的古人类适应策略中扮演的角色不尽一致，因而呈现不同的衰落过程。从大的文化发展趋势上来说，华北腹地最早尝试了动植物资源的驯化，一定程度上满足了这些人类的食物需求，狩猎在经济生活中所占比重减小，同时人群的流动性降低，对高度流动所需的生产、生活工具需求量减少，细石叶技术呈现从巅峰到衰落的变化。处于东北地区的人群以渔猎采集或继续维持高度流动的经济模式维持生计，在人类适应生存中继续利用细石器复合工具开发资源，虽然不是古人类生存的技术核心，但技术发展得更为精湛。青藏高原的环境和资源条件更为边缘，到达这一区域的人群，仍然利用并发挥细石叶技术的技术优势，为获取资源服务，此状态持续到较晚的年代。

二　多元的适应策略

　　通过本文的系统梳理可知，旧石器时代晚期的考古遗存中有不少非石质的考古遗存，包括人类的动植物食物资源、骨器、陶器、装饰品等，材料丰富，不过石制品仍是文化遗存的主体。尽管仅靠石制品尚无法确切地探讨深层次的人群分化、社会关系等问题，但可作出一些尝试性的探讨和分析。

　　概括而言，中国北方地区的细石叶技术满足了旧石器时代晚期到新石器时代之初的古人类多元化的适应策略，其中的一些人群最终因其高效的社会组织形式，在特定的环境因素及人群与社会组织因素下日积月累而演变为农业生产者，并影响、带动广大中国北方地域进入复杂社会、最终发展出早期文明社会。根据不同生存方式，可以用四种模式概括该阶段的不同细石叶技术人群和其适应生存策略，分别为：高度流动的采食者、高效配合的集食者、相机而动的生产者、因地制宜的渔猎者。

第一种是高度流动的采食者。细石叶技术的突出特点在于节省优质原料、有效刃缘更长、工具设计高效，具有高度便携性、可维护性和可重复利用性，对高纬度地区流动性较高的狩猎采集者而言具有技术吸引力，特别是在环境波动的情况下生存压力增大的时候。在延迟性收益的农业生产出现之前，欧亚大陆狩猎采集者的维生手段是攫取性的即时收益，以渔猎、采集经济方式为主，依赖野生的动植物资源，随资源游走，细石叶技术人群采用较高的流动性以获得足够生产、生活资源。进入全新世后仍有不少人群采用这种生存模式，比如开发青藏高原地区的早期人群。

第二种为高效配合的集食者。到末次盛冰期后，尤其是从距今约1.5万年前后的旧石器时代晚期末段，出现博令－阿勒罗得事件、新仙女木事件等气候事件，随着环境变迁和人口压力的提升，特别是一些狩猎采集人群规模扩大，为维持生存，如何高效、优化地获取资源成为迫在眉睫的问题，广谱革命、资源强化利用和斑块拓展革命三者并重。在一些相对优质的资源斑块中，狩猎采集者较长时间地保持主体人群在此生活，降低群体流动频率，以较高的个体流动外出巡查周边地区以收集信息与资源，从低产出率的资源斑块中获取有限的资源带回大本营，以个体流动的便利性弥补群体低频率流动的不足，从而换取最大的利益，细石叶技术在满足个体的高频率流动需求中无疑仍扮演重要角色。集食者的社会组织更为高效，笔者大胆地称之为社会组织复杂化的早期阶段，为实现更长时间尺度的定居奠定社会基础。

第三种为相机而动的生产者。进入全新世以后，古人类开始了对动植物资源的驯化过程，广泛干预或操纵动植物的繁殖和生命周期，形成相对低水平的食物生产①，在一定程度上增加了资源供给，满足人类在特定区域的食物需求，狩猎在其经济生活中所占比重减小，符合人群流动所需的生产、生活工具需求量减少，细石叶技术的角色进一步弱化，但并没有被完全摒弃。在华北地区、东北地区及内蒙古中南部地区，古人类对陶器、研磨类器物等不利于迁徙流动的工具的使用渐多，细石叶技术产品的比重逐渐降低显示出古人类对其依赖性减弱，但仍然发挥对生产、生活的补充性作用。狩猎采集经济与农业经济之间并不是不相容、不可逆的，这些低水平的食物生产者可能由集食者演变而来，不排除在生态、资源的良莠变化时强化

---

① Smith BD. Low－level food production. *Journal of Archaeological Research*，2001，9（1）.

生产活动或增加狩猎采集活动，其获取资源的方式游走于生产者与集食者之间。

第四种是因地制宜的渔猎者。东北地区更新世末期至全新世早期的一些考古遗址中没有农业生产直接相关的石锄、石铲及石刀类工具，骨鱼镖、梭形器等渔猎工具比重高，掌握细石叶技术的古人类并未种植作物或驯化动物，而是灵活机动地利用各类水生、陆生的自然资源，采用的是一种渔猎经济类型。这些区域往往因为平均气温低而不利于从事农业生产，但水生资源、动物资源丰富，古人类因地制宜地利用自然资源而发展出一种适应性生存模式。

三 余论

（一）石器功能的解读

石器是史前人类的生产生活用具，承载着关于史前社会的许多信息，史前史的重建离不开对石器的研究。通过对石器功能的分析，我们不仅能够获得对史前社会的工具使用、生计方式的直观认识，还能够在此基础上进一步讨论古人的行为特点、对环境的适应与改造、生存模式等问题。传统的石器功能研究依赖于对石器的形态特征、技术特点和加工方式的判断，在功能假定的基础上划分类型，主观性较强①。虽然石器的功能与形态可能有一定相关性，但两者之间没有必然的联系，形态不同的工具完全可能具备相同的使用功能，形态相同的工具却可能有不同的用途②。正如希茨③所言，类型学研究还应结合环境、原料、时间、地点等其他因素，从人类行为的差异和变化等方面来分析，这样才能全面地复原古人类的生存行为。

我们强调考古学研究要"透物见人"，而不是局限于器物本身的研究。田野考古为研究者提供的是一些现象性质的信息，包括遗物、遗迹、器物组合、聚落形态等多种类型，若要发掘其背后的人类及其行为与思想、社会组织结构、社会习俗、社会发展状态与过程等信息，需要更深度的解读。这一解读的过程就是考古学的推理。

---

① 　高星、沈辰：《石器微痕分析的考古学实验研究》，北京：科学出版社，2008 年，第 1～4 页。

② 　戈尔耶夫：《史前时代技术的研究》，《考古》1959 年第 1 期。

③ 　Sheets PD. Behavioral analysis and the structure of a prehistoric industry. *Current Anthropology*，1975，16（3）．

随着学科的发展，考古学研究的范式由文化历史考古发展为多种范式共存，特别是在史前考古的研究中，过程考古学从文化系统的各个角度探讨人类行为的变迁，强调科学的考古材料和严格的研究方法，产生民族考古、实验考古等微观层次上的考古学推理方法①。新考古学重视考古材料的客观性，反对将考古材料视为古代社会原封不动的遗存，要求重视考古材料的形成过程②。在石器研究中，为了消除根据形态判断石器功能的主观臆测性，实验模拟、微痕分析、残留物分析等实证性的研究方法应运而生，为研究石器功能提供了较为客观、直接的途径。

考古学推理中"透物见人"的基本环节大致可以区分为五个层次：何谓考古材料，考古材料的形成过程，从材料到人类行为，人类行为、文化、社会的研究，考古学的哲学基础理论③。考古学研究的目的不局限于探讨考古发现了什么、过去发生了哪些人类行为，对于古代人类行为模式、这些模式与当时环境的关系、人类行为演化规律、社会发展的过程和机制等方面的探索是考古学家希望解决的更深层次的问题。田野考古为研究者提供的是一些现象性质的信息，包括遗物、遗迹、器物组合、聚落形态等多种类型。当今西方考古学已经由过去对器物、现象的重视转变为以考古遗存为基础，进而探索遗存的时空关系、考古材料的形成机制、文化变化的机制等具有普遍性意义的问题，强调透物见人，这恰是中国考古学研究的薄弱之处，有大量研究止步于透物见人的第一个环节。文化历史考古自中国考古学研究兴起之初便成为其基本范式，在 20 世纪 80 年代发生了功能主义转型，出现以确定器物功能为目的、关注古代社会经济方式的研究，其中包括实验考古、微痕分析等方法的运用，但都没有明确的不同于文化历史考古的概念纲领，因而仍是文化历史考古的范式④。若要发掘材料背后的人类及其行为与思想、社会组织结构、社会习俗、社会发展状态与过程等信息，需要更深度的推理解读。

考古学家用推理的方式把考古材料中可读的信息表达出来，概括来说，宏观上

---

① 陈胜前：《考古推理的结构》，《考古》2007 年第 10 期。陈胜前：《当代西方考古学研究范式述评》，《考古》2011 年第 10 期。

② 陈胜前：《思考考古学》，北京：科学出版社，2014 年，第 75 ~ 76 页。

③ 陈胜前：《考古学理论的层次问题》，《东南文化》2012 年第 6 期。

④ 陈胜前：《文化历史考古的理论反思：中国考古学的视角》，《考古》2018 年第 2 期。

的考古推理有三种形式：演绎、归纳和类比①。无论何种形式，尽管其过程都会有主观性因素的影响，但考古推理仍然是尝试实现从已知的考古材料到未知的考古学阐释的合理有据解读，而不是靠冥想提出无根由的假设和想当然的论断。换言之，这是在绝对的主观条件下力求实现相对的客观，在不可绝对复原的困境中尝试相对复原和重建的探讨。考古遗址中能够保存下来的信息是有限的，在客观埋藏条件等自然因素及盗扰等人为因素的影响外，总体上时间越久远的遗址保留的信息越少。尽管田野考古工作者严格按照相关操作规程、不断改进工作方法、引入新的技术手段以保证信息的全面提取，但不可否认，遗址的发掘、提取过程是信息的又一个丢失过程。因此，考古学者的研究实际上是利用有限的信息对古代文化、社会做尝试性的推理解读，就像是利用不完整的拼图碎片去复原图片内容。年代越久远的遗址，保留的拼图碎片数量越少，实现复原的难度越大，缺失的信息就需要借助归纳、演绎、类比等手段来尝试复原。如何推理、怎样表达、怎么让更多人理解考古学的推理，这些问题值得当代考古工作者思考。

在本书针对水洞沟第 12 地点的研究个案中，笔者根据旧石器时代晚期东北亚大量遗址中有石矛头、石镞等狩猎器物与细石叶技术共生，无石矛头和石镞的遗址多靠近河流，生态环境变化以及水洞沟第 12 地点等遗址中出土的细石器复合工具形制等大胆猜测：细石器复合狩猎工具是石矛头、石镞的补充，细石叶被大量应用于狩猎后对皮革、肉类的加工处理及其他日常生活中，其刮削、切割等使用方式的比重不会低。此假设需要微痕对比等研究手段来论证，但是受时间和精力所限，该问题的解决只能寄希望于未来更多研究者更多精力的投入。

在石器研究中，石器是古人类行为及其模式的载体，对石器功能的破译是人类行为解读的基础。与此同时，研究理念中更应贯彻的是，石器材料属古代社会的一部分，对整个社会组织而言，石器是一种有机存在。在对史前考古"透物见人"中，从石器的层面能够反映什么信息？如何理解石器的作用？以微痕分析为例，作为石器功能的判断方法，微痕分析已经有较广泛地运用，但怎样将之在考古学研究中更好地利用？判定石器的功能是最终研究目标吗？

——————————

① 陈胜前：《考古推理的结构》，《考古》2007 年第 10 期。

应该明确，手段与目的应有所区分。实际运用中应将研究手段置于考古学问题的研究框架之下，据其结果论证石器的使用者、使用方式、加工对象、使用的时间和空间等问题，与其他考古学材料信息结合，架起从考古遗存到人类行为，进而到古代社会之间的桥梁。微痕研究应运用到宏观考古学推理的需求中，服务于考古学，在解决石器功能、农业起源、人类的生存策略选择、生产专业化、社会组织与结构等大的学术问题上发挥作用，通过对考古材料的观察，借助微痕手段判定的石器功能，进而就相关学术问题做更深层次的阐释。国际上在此方面的成熟应用并不缺乏。举例来说，在对卡霍基亚遗址的微型钻头进行的微痕研究中，研究者耶基斯通过与实验标本的对比，确认了卡霍基亚遗址的微型钻头大多数是用来专门加工贝类材料的，在此基础上，耶基斯还从储存设备、原料产地、原料获取、产品分布等几个方面分析了卡霍基亚遗址的手工业专门化，并认为该遗址出土的微型钻头虽然确定是一种专门化的生产工具，但不一定出现了以生产贝珠为全职的手工艺人[1]。奥德尔的研究也是如此，他在研究伊利诺伊斯河谷的史前人群流动性时提出一个假说，即随着狩猎采集人群流动性降低，一定时空范围内的资源压力增大，在技术上需要更加坚固可靠的工具，而装柄能够很好地满足这一需求，在这一假想下作者对标本进行微痕分析，发现装柄痕迹的确呈上升趋势，相应地，手握痕迹逐步减少，这一假想得到证实，从而建立了采集狩猎人群的流动性和装柄的复合工具之间的联系。通过对工具的加工对象和使用方式的统计分析，奥德尔也指出工具使用的强度随着狩猎采集人群的定居而减弱。结合伊利诺伊斯河谷的气候环境状况，研究者还进一步指出，炎热干燥的气候下，伊利诺伊斯河谷的环境得天独厚，吸引了人群逐渐走向定居[2]。在这项研究中，奥德尔利用微痕分析对使用痕迹的历时性变化进行了观察，并且将这种微观上的痕迹变化和人群流动性结合起来考察，富有创新性。

对于考古学研究来说，在考古学推理中的应用才是微痕分析本来应有的位置，

---

[1] Yerkes RW. Microwear, microdrills, and Mississippian craft specialization. *American Antiquity*, 1983, 48 (3).

[2] Odell GH. Prehistoric hafting and mobility in the North American midcontinent: examples from Illinois. *Journal of Anthropological Archaeology*, 1994, 13 (1).

它和残留物分析等其他方法一样，是考古学研究的手段之一，是探讨石器功能的一把钥匙，应石器功能实证性研究的需要而产生，通过实验的手段为判断考古标本的功能提供了参考标尺，对石器的使用者、使用方式、加工对象、使用的时间和空间等各种信息的综合反映，我们可以通过微痕分析获知石器被用作干了什么，但不应到此止步，而要在此基础上进一步探讨古人的生计方式，讨论古人的行为特点、古人对环境的适应和改造等问题。微痕分析能够揭露的也只是古代社会的部分面貌，要实现对古代社会的重建，需要将微痕分析与考古材料反映的其他信息充分结合起来。归根到底，微痕分析只是获取考古材料信息、推论石器功能的一种途径和手段，它是服务于考古学研究的，只有对这一方法在考古学研究中的位置有清醒的认识和定位，才能合理地利用微痕分析来解决考古学的实际问题。

（二）石器技术与人群

追寻特定的考古遗存背后蕴含的人群信息，是考古学研究的一个核心目标所在。柴尔德将考古学文化定义为反复共生的遗存类型，对应于享有共同传统、共同社会机构及共同生活方式的社群①。在国内的新石器时代和青铜时代考古学文化的研究中，李伯谦指出"特定的考古学文化往往是和特定的族相对应的"，但是他同时也明确提出，考古学文化与族属研究存在很大复杂性，存在同一考古学文化为两个或以上的族所用、一个族使用两个或以上考古学文化的现象，因而二者间不能直接画等号②。实际上，"用考古学文化来分辨古代族群，是考古学家的一项夙愿，也是令人困扰的问题"③。

不同的研究者对"族群"的界定方法有差异。"客观派"认为族群是社会与文化构建的范畴，有独立的、缺乏与周边互动的边界，以人类体质、文化等客观特征作为界定标准，这一定义方式在语言学、历史学、考古学等研究中均产生了持续性的

①　Childe VG. *The Danube in Prehistory*. Oxford：Oxford University Press，1929.
②　李伯谦：《考古学文化的族属问题》，北京大学考古文博学院：《考古学研究（七）——庆祝吕遵谔先生八十寿辰暨从事考古教学与研究五十五年论文集》，北京：科学出版社，2008 年，第 452~459 页。
③　陈淳：《文化与族群——〈族属的考古——构建古今的身份〉译介》，《中国文物报》2016 年 1 月 26 日第 6 版。

影响，但是在运用客观文化特征划分族群中存在困难①。相比之下，弗雷德里克·巴斯等则强调从社会边界的角度界定族群，强调被研究人群主观上的自我归类②。希安·琼斯则将族群表述为"任何根据感知的文化差异和/或共同渊源的认识，将自己与其他相互来往和共存群体分开的一批人群"③，同样强调主观上的认同。受之影响，从 20 世纪 60 年代晚期以来，对族群是一种随时间、地点、政治或经济需求而动态改变现象的认识主导了人类学和社会学界关于族属的研究。

以器物类型学定义考古学文化、构建时空框架，将典型考古学文化与史前族群相联系，是当下我国考古学领域的主要研究范式④。对于旧石器时代考古而言，最丰富的研究内容是古人类创造的石制品，研究方式是通过石制品分析石器技术，进而做人类行为的解释。人类行为产生的客观物质丰富多样，除石制品之外，还有骨角制品、木制品甚至其他非客观物质，但遗憾的是，旧石器时代考古遗址中保存下来的有机物质十分有限，毋论非客观物质。那么，我们是否有可能通过以石制品为主体的旧石器时代考古遗存展开人群或族群分析呢？

近年来，国内旧石器时代考古学者在此方面做了不少尝试，例如根据莫斯特技术遗存的发现讨论尼安德特人是否有可能扩散到内蒙古东部地区⑤，立足于考古材料研究东亚现代人起源与扩散的问题，分析石器技术可能反映的现代人来源，涉及原料特点与开发利用方式、石器打制技术、石制品类型、形态与组合特点等⑥，应该看到，这些研究讨论的是处于不同演化阶段的人类群体，与新石器时代及以后阶段考古学讨论的人群或族群有本质的区别。

受客观材料所限，史前考古学有研究的局限性，利用客观的物质文化遗存解释

① 王明珂：《华夏边缘：历史记忆与族群认同》，北京：社会科学文献出版社，2006 年。

② 弗雷德里克·巴斯：《族群与边界——文化差异下的社会组织》，北京：商务印书馆，2014 年，第 1~29 页。

③ 希安·琼斯：《族属的考古——构建古今的身份》，上海：上海古籍出版社，2017 年，第 1 页。

④ 陈淳、张萌：《旧石器时代考古与栖居及生计形态分析》，《人类学学报》2018 年第 2 期。

⑤ Li F, Kuhn SL, Chen FY, et al. The easternmost Middle Paleolithic (Mousterian) from Jinsitai Cave, North China. *Journal of Human Evolution*, 2018, p. 114.

⑥ 高星：《更新世东亚人群连续演化的考古证据及其相关问题论述》，《人类学学报》2014 年第 3 期。李锋、高星：《东亚现代人来源的考古学思考：证据与解释》，《人类学学报》2018 年第 2 期。

人群的迁徙问题的确存在难度，毕竟有物质文化和技术趋同的可能性。在任何发展阶段和研究范式下，考古学者的任务均为发掘和提炼有限的信息实现考古学研究之目标。在新考古学体系下，旧石器时代考古学要更加科学化、人类学化，运用多学科交叉的科技手段实现透物见人，从对静态器物的关注扩大为对人类行为和社会组织的重建，在这样的导向下，通过石制品等客观物质文化遗存探讨人群信息将更具说服力。脱离了有效的学术问题引导、全面的遗址信息提取、详细的石器技术分析、精细化的文化组合分析，则无法实现对人类行为的解读，对人群的探讨更无从谈起。

参考文献

（按第一作者姓名音序排列）

中文部分

1. 考古简报和报告

安志敏、吴汝祚：《陕西朝邑大荔沙苑地区的石器时代遗存》，《考古学报》1957 年第 3 期。

保定地区文物管理所、徐水县文物管理所、北京大学考古系、河北大学历史系：《河北徐水县南庄头遗址试掘简报》，《考古》1992 年第 11 期。

北京大学考古文博学院、北京大学考古学研究中心、北京市文物研究所：《北京市门头沟区东胡林史前遗址》，《考古》2006 年第 7 期。

北京大学考古文博学院、郑州市文物考古研究院：《河南新密市李家沟遗址发掘简报》，《考古》2011 年第 4 期。

北京大学考古文博学院、郑州市文物考古研究院：《2017 年河南登封西施东区旧石器晚期遗址发掘简报》，《中原文物》2018 年第 6 期。

北京师范大学历史学院、山西省考古研究所：《山西沁水下川遗址小白桦圪梁地点 2015 年发掘报告》，《考古学报》2019 年第 3 期。

常阳、侯亚梅、杨石霞等：《黑龙江省伊春市桃山遗址 2013 年发掘报告》，《人类学学报》2016 年第 2 期。

陈福友、李锋、王惠民等：《宁夏水洞沟遗址第 2 地点发掘报告》，《人类学学报》2012 年第 4 期。

房迎三、惠强、项剑云等：《江苏连云港将军崖旧石器晚期遗址的考古发掘与收获》，《东南文化》2008 年第 1 期。

甘肃省博物馆、秦安县文化馆大地湾发掘小组：《甘肃秦安人地湾新石器时代早期遗存》，《文物》1981 年第 4 期。

甘肃省博物馆文物工作队：《1980 年秦安大地湾一期文化遗存发掘简报》，《考古与文物》1982 年第 2 期。

甘肃省博物馆文物工作队：《甘肃秦安大地湾遗址 1978 至 1982 年发掘的主要收获》，《文物》1983 年第 11 期。

甘肃省文物考古研究所：《甘肃秦安大地湾遗址仰韶文化早期聚落发掘简报》，《考古》2003 年第 6 期。

甘肃省文物考古研究所：《秦安大地湾新石器时代遗址发掘报告》，北京：文物出版社，2006 年。

甘肃省文物考古研究所、中国科学院古脊椎动物与古人类研究所：《甘肃徐家城旧石器时代遗址 2009 年发掘与研究》，北京：科学出版社，2020 年。

甘肃省博物馆文物工作队：《永昌鸳鸯池新石器时代墓地的发掘》，《考古》1974 年第 5 期。

高星、裴树文、王惠民、钟侃：《宁夏旧石器考古调查报告》，《人类学学报》2004 年第 4 期。

关莹、周振宇、王晓敏等：《河北阳原泥河湾盆地籍箕滩遗址发现的新材料》，《人类学学报》2021 年第 1 期。

河北省文物研究所：《籍箕滩旧石器时代晚期细石器遗址》，《文物春秋》1993 年第 2 期。

河北省文物研究所、秦皇岛市文物研究所、昌黎县文物保管所：《河北昌黎淳泗涧细石器地点》，《文物春秋》1992 年增刊。

河北省文物研究所、唐山市文物管理所、玉田县文保所：《河北玉田县孟家泉旧石器遗址发掘简报》，《文物春秋》1991 年第 1 期。

河南省文物考古研究院、日本奈良文化财研究所：《灵井许昌人遗址第 5 层细石器 2008 – 2013 年发掘报告》，《华夏考古》2018 年第 2 期。

黑龙江省文物考古研究所：《黑龙江大兴安岭呼中北山洞遗址 2014 年发掘简报》，《北方文物》2018 年第 1 期。

黑龙江省文物考古研究所、饶河县文物管理所：《黑龙江饶河县小南山遗址 2015 年 Ⅲ 区发掘简报》，《考古》2019 年第 8 期。

黄骅细石器调查小组：《河北黄骅发现的细石器》，《考古》1989 年第 6 期。

黄慰文、张镇洪、缪振棣等：《黑龙江昂昂溪的旧石器》，《人类学学报》1984 年第 3 期。

吉林大学边疆考古研究中心、吉林省文物考古研究所：《吉林白城双塔遗址新石器时代遗存》，《考古学报》2013 年第 4 期。

吉林大学考古学院、黑龙江省文物考古研究所、中国科学院古脊椎动物与古人类研究所：《黑龙江龙江县西山头旧石器时代遗址试掘简报》，《考古》2019 年第 11 期。

贾兰坡、盖培、尤玉柱：《山西峙峪旧石器时代遗址发掘报告》，《考古学报》1972 年第 1 期。

李罡、任雪岩、李珺：《泥河湾盆地二道梁旧石器时代晚期遗址发掘简报》，《人类学学报》2016 年第 4 期。

李锋、陈福友、高星等：《甘肃省水洛河、清水河流域 2009 年旧石器考古调查》，《人类学学报》2011 年第 2 期。

临沂地区文物管理委员会：《山东临沂县凤凰岭发现细石器》，《考古》1983 年第 5 期。

内蒙古自治区文物考古研究所：《白音长汗——新石器时代遗址发掘报告》，北京：科学出版社，2004 年。

宁夏文物考古研究所：《水洞沟——1980 年发掘报告》，北京：科学出版社，2003 年。

青海省文物考古研究所、四川大学考古学系、成都文物考古研究院：《青海玉树州参雄尕朔遗址 2013 年发掘简报》，《考古》2021 年第 10 期。

任进成、周静、李锋等：《甘肃石峡口旧石器遗址第 1 地点发掘报告》，《人类学学报》2017 年第 1 期。

山东省文物考古研究所：《山东一批旧石器地点调查报告》，山东省文物考古研究所：《海岱考古（第五辑）》，北京：科学出版社，2012 年。

山西大学历史文化学院、山西省考古研究所：《山西吉县柿子滩 S29 地点发掘简报》，《考古》2017 年第 2 期。

山西省临汾行署文化局：《山西吉县柿子滩中石器文化遗址》，《考古学报》1989 年第 3 期。

柿子滩考古队：《山西吉县柿子滩遗址第九地点发掘简报》，《考古》2010 年第 10 期。

柿子滩考古队：《山西吉县柿子滩旧石器时代遗址 S14 地点 2002～2005 年发掘简报》，《考古》2013 年第 2 期。

柿子滩考古队：《山西吉县柿子滩旧石器时代遗址第五地点发掘简报》，《考古》2016 年第 4 期。

唐山市文物管理处：《唐山地区发现的旧石器文化》，《文物春秋》1993 年第 4 期。

王惠民、裴树文、马晓玲、冯兴无：《水洞沟遗址第 3、4、5 地点发掘简报》，《人类学学报》2007 年第 3 期。

王建、王向前、陈哲英：《下川文化——山西下川遗址调查报告》，《考古学报》1978 年第 3 期。

王向前、丁建平、陶富海：《山西蒲县薛关细石器》，《人类学学报》1983 年第 2 期。

西藏自治区文物管理委员会、四川大学历史系：《昌都卡若》，北京：文物出版社，1985 年。

谢飞、成胜泉：《河北阳原油房细石器发掘报告》，《人类学学报》1989 年第 1 期。

仪明洁、高星、张晓凌等：《青藏高原边缘地区史前遗址 2009 年调查试掘报告》，《人类学学报》2011 年 2 期。

中国社会科学院考古研究所、陕西省考古研究院：《陕西宜川县龙王辿旧石器时代遗址》，《考古》2007 年第 7 期。

郁金城、李超荣、杨学林、李建华：《北京转年新石器时代早期遗址的发现》，《北京文博》1998 年第 3 期。

岳健平、侯亚梅、杨石霞等：《黑龙江省桃山遗址 2014 年度发掘报告》，《人类学学报》2017 年第 2 期。

张居中、李占扬：《河南舞阳大岗细石器地点发掘报告》，《人类学学报》1996 年第 2 期。

张祖方：《爪墩文化——苏北马陵山爪墩遗址调查报告》，《东南文化》1987 年第 2 期。

郑州市文物考古研究院、北京大学考古文博学院：《新密李家沟遗址发掘的主要收获》，《中原文物》2011 年第 1 期。

中国社会科学院考古研究所山东队：《山东汶、泗流域发现的一批细石器》，《考古》1993 年第 8 期。

中国社会科学院考古研究所四川工作队：《四川广元市中子铺细石器遗存》，《考古》1991 年第 4 期。

中国社会科学院考古研究所细石器课题组、内蒙古自治区文物考古研究所、内蒙古自治区呼伦贝尔市民族博物馆：《内蒙古呼伦贝尔辉河水坝细石器遗址发掘报告》，《考古学报》2008 年第 1 期。

2. 研究论文

安志敏：《海拉尔的中石器遗存——兼论细石器的起源与传统》，《考古学报》1978 年第 3 期。

安志敏：《中国晚期旧石器的碳 – 14 断代和问题》，《人类学学报》1983 年第 4 期。

安志敏：《中国细石器研究的开拓和成果——纪念裴文中教授逝世 20 周年》，《第四纪研究》2002 年第 1 期。

安芷生、卢演俦：《华北晚更新世马兰期气候地层划分》，《科学通报》1984 年第 4 期。

长久恒人、下冈顺直、波冈久惠等：《泥河湾盆地几处旧石器时代文化遗址光释光测年》，《人类学学报》2009 年第 3 期。

陈淳：《中国细石核类型和工艺初探——兼谈与东北亚、西北美的文化联系》，《人类学学报》1983 年第 4 期。

陈淳：《谈旧石器类型学》，《人类学学报》1994 年第 4 期。

陈淳：《旧石器时代考古学的昨天与今天》，《第四纪研究》1999 年第 2 期。

陈淳：《考古学史首先是思想观念的发展史——布鲁斯·特里格〈考古学思想史〉第二版读后感》，《南方文物》2009 年第 1 期。

陈淳：《考古学发展的历程及其代表人物》，《大众考古》2014 年第 1 期。

陈淳、张萌：《旧石器时代考古与栖居及生计形态分析》，《人类学学报》2018 年第 2 期。

陈虹、沈辰：《石器研究中"操作链"的概念、内涵及应用》，《人类学学报》2009 年第 2 期。

陈克造、Bowler JM、Kelts K：《四万年来青藏高原的气候变迁》，《第四纪研究》1990 年第 1 期。

陈胜前：《中国狩猎采集者的模拟研究》，《人类学学报》2006 年第 1 期。

陈胜前：《中国晚更新世 – 早全新世过渡期狩猎采集者的适应变迁》，《人类学学报》2006 年第 3 期。

陈胜前：《考古推理的结构》，《考古》2007 年第 10 期。

陈胜前：《细石叶工艺的起源——一个理论与生态的视角》，北京大学考古文博学院：《考古学研究（七）——庆祝吕遵谔先生八十寿辰暨从事考古教学与研究五十五年论文集》，北京：科学出版社，2008 年，第 244 – 264 页。

陈胜前：《当代西方考古学研究范式述评》，《考古》2011 年第 10 期。

陈胜前：《考古学理论的层次问题》，《东南文化》2012 年第 6 期。

陈胜前：《文化历史考古的理论反思：中国考古学的视角》，《考古》2018 年第 2 期。

陈胜前、李彬森：《作为科学的考古学》，《东南文化》2015 年第 2 期。

陈胜前、叶灿阳：《细石叶工艺起源研究的理论反思》，《人类学学报》2019 年第 4 期。

陈铁梅、原思训、高世君：《铀子系法测定骨化石年龄的可靠性研究及华北地区主要旧石器地点的铀子系年代序列》，《人类学学报》1984 年第 3 期。

陈一萌、饶志国、张家武、陈兴盛：《中国黄土高原西部马兰黄土记录的 MIS3 气候特征与全球记录的对比研究》，《第四纪研究》2004 年第 3 期。

陈一萌、曾宪光：《中国西北与华北地区末次冰期黄土气候记录的对比研究》，《中国沙漠》2009 年第 6 期。

崔天兴、杨琴、郁金城等：《北京平谷上宅遗址骨柄石刃刀的微痕分析：来自环境扫描电镜观察的证据》，《中国科学：地球科学》2010 年第 6 期。

丁仲礼、孙继敏、刘东生：《联系沙漠 – 黄土演变过程中耦合关系的沉积学指标》，《中国科学：地球科学》1999 年第 1 期。

杜水生：《楔型石核的类型划分与细石器起源》，《人类学学报》2004 年第 23 期（增刊）。

盖培：《阳原石核的动态类型学研究及其工艺思想分析》，《人类学学报》，1984 年第 3 期。

盖培、王国道：《黄河上游拉乙亥中石器时代遗址发掘报告》，《人类学学报》1983 年第 1 期。

盖培、卫奇：《虎头梁旧石器时代晚期遗址的发现》，《古脊椎动物与古人类》1978 年第 2 期。

高尚玉、王贵勇、哈斯、苏志珠：《末次冰期以来中国季风区西北边缘的沙漠演化研究》，《第四纪研究》2001 年第 1 期。

高星：《中国旧石器时代考古学的昨天、今天与明天》，高星、侯亚梅：《中国科学院古脊椎动物与古人类研究所 20 世纪旧石器时代考古学研究》，北京：文物出版社，2002 年。

高星：《更新世东亚人群连续演化的考古证据及其相关问题论述》，《人类学学报》2014 年第 3 期。

高星：《探索华夏民族与中华文明的远古根系》，《历史研究》2021 年第 1 期。

高星、李进增、Madsen DB、Brangingham PJ、Elston RG、Bettinger RL：《水洞沟的新年代测定及相关问题讨论》，《人类学学报》2002 年第 3 期。

高星、裴树文：《中国古人类石器技术与生存模式的考古学阐释》，《第四纪研究》2006 年第 4 期。

高星、王惠民、刘德成等：《水洞沟第 12 地点古人类用火研究》，《人类学学报》2009 年第 4 期。

高星、袁宝印、裴树文等：《水洞沟遗址沉积 – 地貌演化与古人类生存环境》，《科学通报》2008 年第 10 期。

高星、周振宇、关莹：《青藏高原边缘地区晚更新世人类遗存与生存模式》，《第四纪研究》2008 年第 6 期。

戈尔耶夫：《史前时代技术的研究》，《考古》1959 年第 1 期。

葛治功、林一璞：《大贤庄的中石器时代细石器——兼论我国细石器的分期与分布》，《东南文化》1985 年第 1 期。

关莹、高星：《旧石器时代残留物分析：回顾与展望》，《人类学学报》2009 年第 4 期。

关莹、高星、李锋等：《MIS 3 晚期阶段的现代人行为与"广谱革命"：来自水洞沟遗址的证据》，《科学通报》2012 年第 57 卷第 1 期。

韩芳、蔡林海、杜玮等：《青南高原登额曲流域的细石叶工艺》，《人类学学报》2018 年第 1 期。

侯光良、杨石霞、鄂崇毅、王倩倩：《青藏高原东北缘江西沟 2 号遗址 2012 年出土石制品的初步研究》，《人类学学报》2018 年第 4 期。

黄恩清、田军：《末次冰消期冰融水事件与气候突变》，《科学通报》2008 年第 12 期。

霍福臣：《宁夏地质梗要》，《甘肃地质学报》1993 年增刊。

吉笃学、陈发虎、Bettinger RL 等：《末次盛冰期环境恶化对中国北方旧石器文化的影响》，《人类学学报》2005 年第 4 期。

贾兰坡：《中国细石器的特征和它的传统、起源与分布》，《古脊椎动物与古人类》1978 年第 2 期。

贾玉连、施雅风、马春梅等：《40kaBP 来亚非季风演化趋势及青藏高原泛湖》，《地理学报》2004 年第 6 期。

靳英帅、张晓凌、仪明洁：《楔形石核概念内涵与细石核分类初探》，《人类学学报》2021 年第 2 期。

克洛迪娜·卡蓝：《从燧石打制技术问题的分析导向对社会问题的探讨》，《华夏考古》2002 年第 3 期。

郎树德：《甘肃秦安县大地湾遗址聚落形态及其演变》，《考古》2003 年第 6 期。

雷祥义：《黄土高原南部晚更新世黄土地层划分、显微结构及力学性质特征》，《第四纪研究》1992 年第 2 期。

雷祥义、岳乐平：《陕西关中晚更新世黄土 – 古土壤序列特征及其记录的古环境变迁》，《地质论评》1997 年第 5 期。

李炳元、张青松、王富葆：《喀喇昆仑山 – 西昆仑山地区的湖泊演化》，《第四纪研究》1991 年第 1 期。

李伯谦：《考古学文化的族属问题》，北京大学考古文博学院：《考古学研究（七）——庆祝吕遵谔先生八十寿辰暨从事考古教学与研究五十五年论文集》，北京：科学出版社，2008 年，第 452 ~ 459 页。

李超荣、郁金城、冯兴无：《北京地区旧石器考古新进展》，《人类学学报》1998 年第 2 期。

李春海、唐领余、冯兆东等：《甘肃静宁地区晚更新世晚期高分辨率的孢粉记录及其反映的气候变化》，《中国科学：地球科学》2006 年第 5 期。

李锋：《石叶概念探讨》，《人类学学报》2012 年第 1 期。

李锋：《克拉克的"技术模式"与中国旧石器技术演化研究》，《考古》2017 年第 9 期。

李锋、陈福友、汪英华、高星：《晚更新世晚期中国北方石叶技术所反映的技术扩散与人群迁移》，《中国科学：地球科学》2016 年第 7 期。

李锋、高星：《东亚现代人来源的考古学思考：证据与解释》，《人类学学报》2018 年第 2 期。

李有骞：《黑龙江省旧石器遗存的分布、年代与工艺类型》，《华夏考古》2014 年第 3 期。

李有骞：《黑龙江省林富旧石器遗址的发现与年代》，内蒙古博物馆、内蒙古自治区文物考古研究所：《中国北方及蒙古、贝加尔、西伯利亚地区古代文化（上）》，北京：科学出版社，2015 年，第 121 ~ 130 页。

李占扬、李雅楠、加藤真二：《灵井许昌人遗址第 5 层细石核工艺》，《人类学学报》2014 年第 3 期。

林年丰、杨洁：《第四纪环境演变与中国北方的荒漠化》，《吉林大学学报（地球科学版）》2003 年第 2 期。

林杉、敖红、程鹏等：《泥河湾盆地于家沟遗址 AMS – 14C 年代学研究及其考古学意义》，《地球环境学报》2018 年第 2 期。

刘德成、陈福友、张晓凌等：《水洞沟 12 号地点的古环境研究》，《人类学学报》2008 年第 4 期。

刘德成、王旭龙、高星等：《水洞沟遗址地层划分与年代测定新进展》，《科学通报》2009 年第 54 期。

刘东生、施雅风：《以气候变化为标志的中国第四纪地层对比表》，《第四纪研究》2000 年第 2 期。

刘兴起、沈吉、王苏民等：《青海湖 16ka 以来的花粉记录及其古气候古环境演化》，《科学通报》2002 年第 17 期。

梅惠杰：《楔形石核系统分类的相关认识》，北京大学考古文博学院：《考古学研究（七）——庆祝吕遵谔先生八十寿辰暨从事考古教学与研究五十五年论文集》，北京：科学出版社，2008 年。

潘保田、陈发虎：《青藏高原东北部 15 万年来的多年冻土演化》，《冰川冻土》1997 年第 2 期。

庞有智、张虎才、常凤琴等：《腾格里沙漠南缘末次冰消期气候不稳定性记录》，《第四纪研究》2010年第 1 期。

彭菲：《再议操作链》，《人类学学报》2015 第 1 期。

覃嘉铭、袁道先、程海等：《新仙女木及全新世中早期气候突变事件：贵州茂兰石笋氧同位素记录》，《中国科学：地球科学》2004 年第 1 期。

邵晓华、汪永进、程海等：《全新世季风气候演化与干旱事件的湖北神农架石笋记录》，《科学通报》2006 年第 1 期。

沈辰：《细石器工艺、细石器传统及山东细石器研究的初步认识》，陈星灿、邓聪：《桃李成蹊集——庆祝安志敏教授八十年寿辰》，香港：香港中文大学中国考古艺术研究中心，2004 年，第 45 ~ 56 页。

沈辰、高星、胡秉华：《山东细石器遗存以及对"凤凰岭文化"的重新认识》，《人类学学报》2003 年第 4 期。

施雅风、刘晓东、李炳元、姚檀栋：《距今 40 ~ 30ka 青藏高原特强夏季风事件及其与岁差周期关系》，《科学通报》1999 年第 14 期。

施雅风、贾玉连、于革等：《30 ~ 40kaBP 青藏高原高温大降水事件的特征、影响及原因探讨》，《湖泊科学》2002 年第 1 期。

孙爱芝、马玉贞、冯兆东等：《宁夏南部 13.0 - 7.0kaBP 期间的孢粉记录及古气候演化》，《科学通报》2007 年第 3 期。

唐领余、李春海、安成邦、汪卫国：《黄土高原西部 4 万多年以来植被与环境变化的孢粉记录》，《古生物学报》2007 年 1 期。

田川、徐廷、关莹、高星：《吉林抚松枫林遗址细石核研究》，《人类学学报》2019 年第 1 期。

万晨晨、陈全家、方启等：《吉林和龙大洞遗址的调查与研究》，《考古学报》2017 年第 1 期。

王春雪、陈全家、赵海龙、方启：《吉林东部地区旧石器时代晚期细石叶工业技术分析》，吉林大学边疆考古研究中心：《边疆考古研究（第 8 辑）》，北京：科学出版社，2009 年，第 1 ~ 13 页。

王建：《关于下川遗址和丁村遗址群 7701 地点的时代、性质问题——与安志敏先生讨论》，《人类学学报》1986 年第 2 期。

王建、王益人：《下川细石核形制研究》，《人类学学报》1991 年第 1 期。

王立新：《后套木嘎新石器时代遗存及相关问题研究》，《考古学报》2018 年第 2 期。

王立新、段天璟：《中国东北地区发现万年前后陶器——吉林白城双塔一期遗存的发现与初步认识》，

《吉林大学社会科学学报》2013 年第 2 期。

王朋岭、贾玉连、朱诚、马春梅：《青藏高原末次冰消期气候演化特点及其与格陵兰、欧洲的异同》，《冰川冻土》2004 年第 1 期。

王强、杨海燕：《磨盘、磨棒类研究的几个问题》，《文物春秋》2015 年第 2 期。

王小庆、张家富：《龙王辿遗址第一地点细石器加工技术与年代——兼论华北地区细石器的起源》，《南方文物》2016 年第 4 期。

王益人：《关于下川文化的几个问题》，陕西省文物局、陕西省考古研究所、西安半坡博物馆：《中国史前考古学研究——祝贺石兴邦先生考古半世纪暨八秩华诞文集》，西安：三秦出版社，2004 年，第 109～131 页。

汪永进、孔兴功、邵晓华、吴江滢：《末次盛冰期百年尺度气候变化的南京石笋记录》，《第四纪研究》2002 年第 3 期。

汪永进、吴江滢、刘殿兵等：《石笋记录的东亚季风气候 H1 事件突变型特征》，《中国科学：地球科学》2002 年第 3 期。

汪永进、吴江滢、吴金全等：《末次冰期南京石笋高分辨率气候记录与 GRIP 冰芯对比》，《中国科学：地球科学》2000 年第 5 期。

王幼平：《华北旧石器晚期环境变化与人类迁徙扩散》，《人类学学报》2018 年第 3 期。

王幼平：《华北细石器技术的出现与发展》，《人类学学报》2018 年第 4 期。

王幼平、汪松枝：《MIS3 阶段嵩山东麓旧石器发现与问题》，《人类学学报》2014 年第 3 期。

王幼平、张松林、顾万发等：《李家沟遗址的石器工业》，《人类学学报》2013 年第 4 期。

卫奇：《泥河湾盆地考古地质学框架》，童永生、张银运、吴文裕：《演化的实证——纪念杨钟健教授百年诞辰论文集》，北京：海洋出版社，1997 年，第 193～207 页。

卫奇：《石制品观察格式探讨》，邓涛、王原：《第八届中国古脊椎动物学学术年会论文集》，北京：海洋出版社，2001 年。

吴乃琴、刘秀平、顾兆炎、裴云鹏：《末次盛冰期黄土高原蜗牛化石记录的气候快速变化及其影响机制》，《第四纪研究》2002 年第 3 期。

夏正楷、陈福友、陈戈等：《我国北方泥河湾盆地新－旧石器文化过渡的环境背景》，《中国科学：地球科学》2001 年第 5 期。

谢飞：《河北旧石器时代晚期细石器遗存的分布及在华北马蹄形分布带中的位置》，《文物春秋》2000 年第 2 期。

谢飞、李珺、石金鸣：《中国旧石器时代晚期锛状器的研究》，韩国国立忠北大学先史文化研究所、中国辽宁省文物考古研究所：《东北亚旧石器文化》，韩国：白山文化印刷，1996 年，第 179～194 页。

阎革、王富葆、韩辉友等:《青藏高原东北部 30ka 以来的古植被与古气候演变序列》,《中国科学:地球科学》1996 年第 2 期。

杨琰、袁道先、程海等:《末次冰消期亚洲季风突变事件的精确定年:以贵州衙门洞石笋为例》,《中国科学:地球科学》2010 年第 2 期。

仪明洁:《中国北方的细石叶技术与社会复杂化早期进程》,《考古》2019 年第 9 期。

仪明洁、高星:《细石叶技术在中国北方地区的兴衰》,吉林大学边疆考古研究中心:《边疆考古研究(第 16 辑)》,北京:科学出版社,2014 年,第 69~81 页。

于汇历、田禾:《黑龙江神泉旧石器时代晚期遗址石制品初步研究》,北京大学考古文博学院:《考古学研究(七)——庆祝吕遵谔先生八十寿辰暨从事考古教学与研究五十五年论文集》,北京:科学出版社,2008 年,第 167~182 页。

袁靖、董宁宁:《中国家养动物起源的再思考》,《考古》2018 年第 9 期。

张东菊、陈发虎、Bettinger RL 等:《甘肃大地湾遗址距今 6 万年来的考古记录与旱作农业起源》,《科学通报》2010 年第 10 期。

张虎才、马玉贞、彭金兰等:《距今 42 - 18ka 腾格里沙漠古湖泊及古环境》,《科学通报》2002 年第 24 期。

张虎才、Wünnemann B:《腾格里沙漠晚更新世以来湖相沉积年代及高湖面期的初步确定》,《兰州大学学报(自然科学版)》1997 年第 2 期。

张美良、程海、袁道先等:《末次冰期贵州七星洞石笋高分辨率气候记录与 Heinrich 事件》,《地球学报》2004 年第 3 期。

张森水:《中国北方旧石器工业的区域渐进与文化交流》,《人类学学报》1990 年第 4 期。

张森水:《管窥新中国旧石器考古学的重大发展》,《人类学学报》1999 年第 3 期。

张乐、张双权、徐欣等:《中国更新世末全新世初广谱革命的新视角:水洞沟第 12 地点的动物考古学研究》,《中国科学:地球科学》2013 年第 4 期。

赵朝洪:《试论中石器时代》,《北京大学学报(哲学社会科学版)》1989 年第 4 期。

赵海龙:《细石叶剥制实验研究》,《人类学学报》2011 年第 1 期。

赵静芳:《柿子滩遗址 S12 地点发现综述》,北京大学考古文博学院:《考古学研究(七)——庆祝吕遵谔先生八十寿辰暨从事考古教学与研究五十五年论文集》,北京:科学出版社,2008 年,第 223~231 页。

赵志军:《中国农业起源概述》,《遗产与保护研究》2019 年第 1 期。

中国第四纪孢粉数据库小组:《中国中全新世(6kaBP)末次盛冰期(18kaBP)生物群区的重建》,《植物学报》2000 年第 11 期。

周国兴：《中石器概念的产生与演变及中国学术界早期的介绍》，北京大学考古文博学院：《考古学研究（七）——庆祝吕遵谔先生八十寿辰暨从事考古教学与研究五十五年论文集》，北京：科学出版社，2008 年，第 282~301 页。

周振宇、关莹、高星、王春雪：《水洞沟遗址的石料热处理现象及其反映的早期现代人行为》，《科学通报》2013 年第 9 期。

朱之勇、高星：《虎头梁遗址楔型细石核研究》，《人类学学报》2006 年第 2 期。

3. 研究论著

布赖恩·费根：《地球人：世界史前史导论（第 13 版）》，济南：山东画报出版社，2014 年。

陈淳：《考古学理论》，上海：复旦大学出版社，2004 年。

陈胜前：《史前的现代化：中国农业起源过程的文化生态考察》，北京：科学出版社，2013 年。

陈胜前：《思考考古学》，北京：科学出版社，2014 年。

弗雷德里克·巴斯：《族群与边界——文化差异下的社会组织》，北京：商务印书馆，2014 年。

高星、沈辰：《石器微痕分析的考古学实验研究》，北京：科学出版社，2008 年。

韩建业：《早期中国：中国文化圈的形成和发展》，上海：上海古籍出版社，2015 年。

路易斯·宾福德著，陈胜前译：《追寻人类的过去》，上海：三联书店，2009 年。

裴文中：《中国史前时期之研究》，上海：商务印书馆，1948 年。

裴文中：《裴文中史前考古学论文集》，北京：文物出版社，1987 年。

王明珂：《华夏边缘：历史记忆与族群认同》，北京：社会科学文献出版社，2006。

王晓敏、梅惠杰：《于家沟遗址的动物考古学研究》，北京：文物出版社，2019 年。

王幼平：《石器研究——旧石器时代考古方法初探》，北京：北京大学出版社，2006 年。

希安·琼斯著，陈淳，沈辛成译：《族属的考古——构建古今的身份》，上海：上海古籍出版社，2017 年。

谢飞、李珺、刘连强：《泥河湾旧石器文化》，石家庄：花山文艺出版社，2006 年。

英德市博物馆、中山大学人类学系、广东省博物馆：《中石器文化及有关问题研讨会论文集》，广州：广东人民出版社，1999 年。

张彭熹、张保珍、洛温斯坦、斯潘塞：《古代异常钾盐蒸发岩的成因——以柴达木盆地察尔汗盐湖钾盐的形成为例》，北京：科学出版社，1993 年。

张森水：《中国旧石器文化》，天津：天津科学技术出版社，1987 年。

郑绵平、向军、魏新俊、郑元：《青藏高原盐湖》，北京：北京科学技术出版社，1989 年。

4. 学位论文

常阳：《黑龙江省桃山遗址 2013 年发掘石制品初步研究》，硕士学位论文，中国科学院大学，2015 年。

崔天兴：《东胡林遗址石制品研究——旧新石器时代过渡时期的石器工业和人类行为》博士学位论文，北京大学，2010 年。

杜春磊：《灵井许昌人遗址第 5 层出土石制品研究》，硕士学位论文，山东大学，2013 年。

高磊：《河北阳原马鞍山遗址 II 区第 3、4 层石制品分析》，硕士学位论文，西北大学，2016 年。

高霄旭：《西施旧石器遗址石制品研究》，硕士学位论文，北京大学，2011 年。

靳英帅：《藏北高原细石叶人群的扩散与适应：尼阿底遗址第三地点石制品研究》，硕士学位论文，中国科学院大学，2020 年。

李锋：《"文化传播"与"生态适应"——水洞沟第 2 地点考古学观察》，博士学位论文，中国科学院大学，2012 年。

刘德成：《MIS3 阶段织机洞与水洞沟地区古人类生存环境对比研究》，博士学位论文，北京大学，2008 年。

刘启明：《贵州凉风洞石笋的古气候记录与古生态环境意义》，博士毕业论文，中国科学院研究生院，2003 年。

梅惠杰：《泥河湾盆地旧、新石器时代的过渡——阳原于家沟遗址的发现与研究》，博士学位论文，北京大学，2007 年。

彭菲：《中国北方旧石器时代石叶遗存研究——以水洞沟与新疆材料为例》，博士学位论文，中国科学院研究生院，2012 年。

宋艳花：《山西吉县柿子滩遗址石英岩石制品研究》，博士学位论文，中国科学院研究生院，2011 年。

岳健平：《小兴安岭南麓更新世末期石器技术与人类环境适应研究》，博士学位论文，中国科学院大学，2019 年。

张晓凌：《石器功能与人类适应行为：虎头梁遗址石制品微痕分析》，博士学位论文，中国科学院研究生院，2009 年。

赵海龙：《石叶及细石叶剥制实验研究》，硕士学位论文，吉林大学，2005 年。

周卫建：《最近 13000 年我国环境敏感带的季风气候变迁及 ^{14}C 年代学》，博士学位论文，西北大学，1995 年。

周振宇：《水洞沟遗址石制品热处理实验研究》，博士学位论文，中国科学院研究生院，2011 年。

朱之勇：《虎头梁遗址石制品研究》，博士学位论文，中国科学院研究生院，2006 年。

5. 其他

陈淳：《文化与族群——〈族属的考古——构建古今的身份〉译介》，《中国文物报》2016 年 1 月 26 日第 6 版。

黎兴国、刘光联、许国英等：《^{14}C 年代测定报告（PV）》，中国第四纪研究委员会碳十四年代学组：

《第四纪冰川与第四纪地质论文集（第 4 集）》，北京：地质出版社，1987 年，第 16 ~ 38 页。

黎兴国、许国英、王福林等：《一批地质与考古标本的^{14}C 年代测定（二）》，《古脊椎动物与古人类》1980 年第 4 期。

内蒙古自治区文物考古研究所、故宫博物院考古所、乌兰察布市博物馆、化德县文物管理所：《草原地区新石器时代早期季节性营地式聚落遗址的新发现》，《中国文物报》2020 年 1 月 3 日第 8 版。

宁夏回族自治区区域地层表编写组：《西北地区区域地层表宁夏回族自治区分册》，北京：地质出版社，1980 年。

彭菲、郭家龙、王惠民、高星：《宁夏鸽子山遗址再获重大发现》，《中国文物报》2017 年 2 月 10 日第 5 版。

社科院考古所：《放射性碳素测定年代报告（五）》，《考古》1978 年第 4 期。

社科院考古所：《放射性碳素测定年代报告（七）》，《考古》1980 年第 4 期。

孙启锐、陈福友、张子晓、张书畅：《山东临沂凤凰岭发现距今 1.9 至 1.3 万年的细石器遗存》，《中国文物报》2018 年 6 月 15 日第 8 版。

中国国家博物馆、河北省文物研究所：《河北康保兴隆遗址发现旧石器末期至新石器早中期遗存》，《中国文物报》2019 年 10 月 11 日第 8 版。

中科院考古所：《放射性碳素测定年代报告（四）》，《考古》1977 年第 3 期。

外文文献

1. 考古报告

Choi BK. Jangheung – riGuseokgiYujeok（The Jangheung – ri Paleolithic Site）. KangwonGogohakYeonguso, Chuncheon, Korea, 2001.

Fukui J, Koshida K. Kashiwadai 1 Iseki（Kashiwadai 1 Site）. Sapporo：Hokkaido MaizoBunkazai, 1999.

Naganuma T. Pirika 1 Iseki（The Pirika 1 Site）. Sapporo：Hokkaido MaizoBunkazai, 1985.

2. 研究论文

Ackerman RE. The microblade complexes of Alaska and the Yukon：early interior and coastal adaptations, In Kuzmin YV, Keates SG, Shen C（eds.）. Origin and Spread of Microblade Technology in Northern Asia and North America. Burnaby, B. C.（Canada）：Archaeology Press, Simon Fraser University, 2007, pp. 147 – 170.

Aldenderfer M. Explaining changes in settlement dynamics across transformations of modes of production：from hunting to herding in the South – Central Andes, In Habu J (ed.). Beyond Foraging and Collecting: Evolutionary Change in Hunter – gatherer Settlement Systems. New York: Kluwer/Plenum, 2002, pp. 387 – 412.

Ambrose SH. Paleolithic technology and human evolution. Science, 2001, 291 (5509).

Andrefsky W. Raw – material availability and the organization of technology. American Antiquity, 1994, p. 59.

Antje HLV. Global distribution of centennial – scale records for Marine Isotope Stage (MIS) 3: A database. Quaternary Science Reviews, 2002, 21 (10).

Aranguren B, Becattini R, Lippi MM, Revedin A. Grinding flour in Upper Palaeolithic Europe (25000 years BP). Antiquity, 2007, 81 (314).

Bailey HP. A method of determining the warmth and temperateness of climate. GeografiskaAnnaler, 1960, 43 (1).

Bamforth D. Technological efficiency and tool curation. American Antiquity. 1986, p. 51.

Bar – Yosef O. The Upper Paleolithic revolution. Annual Review of Anthropology, 2002, 31 (1).

Bar – Yosef O. Climatic Fluctuations and Early Farming in West and East Asia. Current Anthropology. 2011, 52 (s4).

Bar – Yosef O, Belfer – Cohen A. The origins of sedentism and farming communities in the Levant. Journal of World Prehistory, 1989, 3 (4).

Bar – Yosef O, Van Peer P. The chaîneopératoire approach in Middle Paleolithic archaeology. Current Anthropology, 2009, 50 (1).

Barton L, Brantingham PJ, Ji DX. Late Pleistocene climate change and Paleolithic cultural evolution in northern China: implications from the Last Glacial Maximum, In Madsen DB, Chen FH, Gao X (eds.). Late Quaternary Climate Change and Human Adaptation in Arid China, VOL. 9. Amsterdam: Elsevier, 2007, pp. 105 – 128.

Beardsley RK, Holder P, Krieger A, et al. Functional and evolutionary implications of community patterning, Memoirs of the Society for American Archaeology, Seminars in Archaeology, 1955, No. 11. 1956.

Bettinger RL. From traveler to processor: Regional trajectories of hunter – gatherer sedentism in the Inyo – Mono region, California, In Billman BR, Feinman GM (eds.). Settlement Pattern Studies in the Americas: Fifty Years since Vira. Washington, D. C.: Smithsonian Institution Press, 1999, pp. 39 – 55.

Bettinger RL, Barton L, Morgan C. The origins of food production in North China: a different kind of Agricultural Revolution. Evolutionary Anthropology, 2010, p. 19.

Bettinger RL, Barton L, Morgan C, et al. The transition to agriculture at Dadiwan, People's Republic of China. Current Anthropology, 2010, 51 (5).

Bettinger RL, Baumhoff M. The Numic spread: Great Basin cultures in competition. American Antiquity, 1982, p. 47.

Binford LR. Interassemblage variability – the Mousterian and the "functional" argument, In Renfrew C (eds.). The Explanation of Culture Change: Models in Prehistory. London: Duckworth, 1973, pp. 227 – 253.

Binford LR. Organization and formation processes: looking at curated technologies. Journal of Anthropological Research, 1979, 35 (3).

Binford LR. The archaeology of place. Journal of Anthropological Archaeology, 1982, 1 (1).

Binford LR. Willow smoke and dogs'tails: Hunter – gatherer settlement systems and archaeological site formation. American Antiquity, 1980, p. 45.

Bleed P. The Optimal design of hunting weapons: Maintainability or reliability. American Antiquity, 1986, 51.

Boldurian AT. Folsom mobility and organization of lithic technology: a view from Blackwater Draw, New Mexico. Plains Anthropology, 1991, p. 36.

BrantinghamP, Gao X, Olsen JW, et al. A short chronology for the peopling of the Tibetan Plateau, In Madsen DB, Chen FH, Gao X (eds.). Developments in Quaternary Science. Amsterdam: Elsevier, 2007, pp. 129 – 150.

Charnov EL. Optimal Foraging, the Marginal Value Theorem. Theoretical Population Biology, 1976, p. 9.

Chen C. The microlithic in China. Journal of Anthropological Archaeology, 1984, p. 3.

Chen C, An JY, Chen H. Analysis of the Xiaonanhai lithic assemblage, excavated in 1978. Quaternary International, 2010, p. 211.

Chen C, Wang XQ. Upper Palaeolithicmicroblade industries in North China and their relationships with northeast Asia and North America. Arctic Anthropology, 1989, 26 (2).

Chen FH, Blomendal J, Wang JM, et al. High resolution multi – proxy climate records from Chinese loess: evidence for rapid climatic changes over the last 75 kyr. Palaeogeography, Palaeoclimatology, Palaeoecology, 1997, p. 330.

Cohen DJ. Microblades, early pottery, and the Paleolithic – Neolithic transition in China. The Review of Archaeology, 2003, p. 24.

Cohen DJ. The beginnings of agriculture in China: a multiregional view. Current Anthropology, 2011, 52 (S4).

Cowgill GL. On causes and consequences of ancient and modern population changes. American Anthropologist, 1975, 77 (3).

Crabtree D. Comments on lithic technology and experimental archaeology, In: Swansom E (ed.). Lithic Technology: Making and Using Stone Tools. The Hague: Mouton Publishers, 1973.

Dansgaard W, Johnsom SJ, Clausen HB, et al. Evidence for general instability of past climate from a 250 – kyr ice – core record. Nature, 1993, 364 (6434).

Deith MR. Molluscan calendars: the use of growth – line analysis to establish seasonality of shellfish collection at the Mesolithic site of Morton, Fife. Journal of Archaeological Science, 1983, p. 10.

Derbyshire E, Shi YF, Li JJ, et al. Quaternary glaciation of Tibet: the geological evidence. Quaternary Science Reviews, 1991, p. 10.

Derevianko AP. The Middle to Upper Paleolithic transition in the Altai (Mongolia and Siberia). Archaeology, Ethnology & anthropology of Eurasia, 2001, 2 (3).

Derevianko AP, Shunkov MV. The formation of the Upper Paleolithic traditions in the Altai Mountains. Archaeology, Ethnology & anthropology of Eurasia, 2004, 5 (3).

Ding ZL, Sun JM, Rutter NW, et al. Changes in sand content of loess deposits along a North – South Transect of the Chinese Loess Plateau and the implications for desert variations. Quaternary Research, 1999, 52 (1).

Dixon EJ. A reappraisal of circumpolar microblade technology, In Westerdahl C (ed.). A Circumpolar Reappraisal: The Legacy of GutormGjessing (1906 – 1979), BAR International Series 2154. Oxford: Archaeopress, 2010.

Doelman T, Torrence R, Kluyev N, et al. Innovations in microblade core production at the Tigrovy – 8 Late Palaeolithic quarry in Eastern Russia. Journal of Field Archaeology, 2009, 34 (4).

Eder JF. The impact of subsistence change on mobility and settlement pattern in a tropical forest foraging economy: some implications for archaeology. American Anthropologist, 1984, 86.

Ellis CJ. Factors Influencing the Use of Stone Projectile Tips, In: Knecht H (ed.). Projectile Technology, New York: Plenum, 1997.

Elston RG, Xu C, Madsen DB, et al. New Dates for the North China Mesolithic. Antiquity, 1997, 71 (274).

Elston RG, Dong GH, Zhang DJ. Late Pleistocene intensification technologies in Northern China. Quaternary International, 2011, p. 242.

Eriksen BV. Fossil mollusks and exotic raw materials in late glacial and early postglacial find contexts – a complement to lithic studies, In Fischer LE, Eriksen BV (eds.). Lithic Raw Material Economy in Late Glacial and Postglacial Western Europe, BAR International Series 1093. Oxford: Archaeopress, 2002.

Fairbanks RG. A 17, 000 – year glacio – eustatic sea level record: Influence of glacial melting rates on the Younger Dryas event and deep ocean circulation. Nature, 1989, p. 342.

Feng Y. Microblades in MIS2 central China: cultural change and adaptive strategies. PaleoAmerica, 2020, 6 (2).

Flannery KV. Origins and ecological effects of early domestication in Iran and the Near East, In Uckp PJ, Dimbleby GW (eds.). The Domestication and Exploitation of Plants and Animals. Chicago: Aldine Publishing Company, 1969.

Flannery KV. The origins of agriculture. Annual Review of Anthropology, 1973, 2 (1).

Flenniken JJ. The Paleolithic Dyuktai Pressure Blade Technique of Siberia. Arctic Anthropology, 1987, 24 (2).

Ford R. Northeastern archaeology: Past and future directions. Annual Review of Anthropology, 1974, p. 3.

Gao X, Guan Y, Chen YF, et al. The discovery of Late Paleolithic boiling stones at SDG12, north China. Quaternary International, 2014, p. 347.

Gao X, Zhang XL, Yang DY, et al. Revisiting the origin of modern humans in China and its implications for global human evolution. Science China: Earth Sciences, 2010, 53 (12).

Gladyshev SA, Olsen JW, Tabarev AV, Kuzmin YV. Chronology and periodization of Upper Paleolithic sites in Mongolia. Archaeology, Ethnology & anthropology of Eurasia, 2010, 38 (3).

Gladyshev SA, Olsen JW, Tabarev AV, Jull JT. The Upper Paleolithic of Mongolia: Recent finds and new perspectives. Quaternary International, 2012, p. 281.

Graf KE. "The Good, the Bad, and the Ugly": Evaluating the radiocarbon chronology of the middle and late Upper Paleolithic in the Enisei River valley, south – central Siberia. Journal of Archaeological Science, 2009, 36.

Groots PM, Stuiver M, White JWC, et al. Comparison of oxygen isotope records from the GISP2 and GRIP Greenland ice cores. Nature, 1993, 366 (6455).

Guan Y, Gao X, Wang HM, et al. Spatial Analysis of Intra – site Use at a Late Palaeolithic Site at Shuidonggou, Northwest China. Chinese Science Bulletin, 2011, 56 (32).

Guan Y, Wang XM. Wang FG, et al. Microblade remains from the Xishahe site, North China and their implications for the origin of microblade technology in Northeast Asia. Quaternary International, 2020, p. 535.

Hassan F. On mechanisms of population growth during the Neolithic. Current Anthropology, 1973, 14 (5).

Cowgill GL. On causes and consequences of ancient and modern population changes. American Anthropologist, 1975, 77 (3).

Hayden B. Research and development in the Stone Ages: Technological transitions among hunter – gatherers. Current Anthropology, 1981, 22 (5).

Hill K, Hillard K, Hawkes K, Hurtado M. Foraging decisions among Ache hunter – gatherers: new data and implications for optimal foraging models. Ethology and Sociobiology, 1987, 8 (1).

Hong MY, Kim KT, Hong SS, et al. Namyangju – siHopyeungdongGuseokgiYujeokBalguljosaGaebo (Report about the excavations of the Hopyeung Site, Namyuangju City), In HangukGogoHakhoe (ed.). HaeyangGyoryueuiGogohak. Busan, Korea, 2001.

Jansen E, Overpeck J, Briffa KR, et al. Paleoclimate, In Solomon S, Qin D, Manning M, et al. (eds.). Climate Change 2007: The Physical Science Basis. Contribution of Working Group 1 to the Fourth Assessment Report of the Intergovernmental Panel on Climate Change. Cambridge, United Kingdom and New York, NY, USA: Cambridge University Press, 2007.

Jones GA, Keigwin LD. Evidence from Fram Strait (78° N) for early deglaciation. Nature, 1988, 336 (6194).

Keates SG. Microblade technology in Siberia and neighboring regions: an overview, In Kuzmin YV, Keates SG, Shen C (eds.). Origin and Spread of Microblade Technology in Northern Asia and North America. Burnaby, B. C. (Canada): Archaeology Press, Simon Fraser University, 2007.

Keeley LH. Proto - agricultural practices by hunter - gatherers, In Price TD, Gerbrauer A (eds.). Last Hunters, First Farmers. Santa Fe: School of American Research Press, 1995.

Kelly RL. Hunter - gatherer mobility strategies. Journal of Anthropological Resaerch, 1983, 39 (3).

Kelly RL. The three sides of a biface. American Antiquity, 1988, p. 53.

Kelly RL. Mobility/sedentism - concepts, archaeological measures, and effects. Annual Review of Anthropology, 1992, p. 21.

Kelly RL, Todd LC. Coming into the country: early paleoindian mobility and hunting. American Antiquity, 1988, p. 53.

Klein RG. Archaeology and the evolution of human behavior. Evolutionary Anthropology, 2000, p. 9.

Knecht H. Early Upper Paleolithic approaches to bone and antler projectile technology, In: Peterkin GL, Bricker HM, Mellars P (eds.). Hunting and Animal Exploitation in the Later Paleolithic and Mesolithic of Eurasia. Archeological Papers of the American Anthropological Association, 4. Arlington, Va.: American Anthropological Association, 1993.

Knecht H. Projectile points of bone, antler, and stone: Experimental explorations of manufacture and use, In Knecht H (ed.). Projectile Technology. New York: Plenum, 1997.

Kuhn SL. A formal approach to the design and assembly of mobile toolkits. American Antiquity, 1994, p. 59.

Kuzmin YV. Siberia at the Last Glacial Maximum: Environment and archaeology. Journal of Archaeological Research, 2008, p. 16.

Kuzmin YV, Orlova LA. Radiocarbon chronology of the Siberian Paleolithic. Journal of World Prehistory, 1998, 12 (1).

Laval G, Patin E, Barreiro LB, Quintana - Murci L. Formulating a historical and demographic model of recent human evolution based on resequencing data from noncoding Regions. PLoS ONE, 2010, 5 (4).

Lee GK. JanghwungSinbukYujeok - euiBalgulSeonggwa - waApnal - euiGwaje (The excavation at Sinbuk, Jangheung, and its implications). Paper presented at the International Symposium for Commemorating the Sinbuk Site, Jangheung, Korea, 2004.

Lee RB. Population Growth and the Beginnings of Sedentary Life among the ! Kung Bushmen, In Spooner B (ed.) . Population Growth: Anthropological Implications. Cambridge, MA: MIT Press, 1972.

Lee RB. ! Kung spatial organization: an ecological and hstorical perspective, In Lee RB, Devore I (eds.) . Kalahari Hunter Gatherers. Cambridge: Harvard University Press, 1976.

Leslie DM, Groves CP, Abramov AV. Procapraprzewalskyi (Artiodactyla: Bovidae) . Mammalian Species, 2010, 42 (1) .

Li F, Kuhn SL, Bar – Yosef O, Chen FY, et al. History, chronology and techno – typology of the Upper Paleolithic sequence in the Shuidonggou area, northern China. Journal of World Prehistory, 2019, p. 32.

Li F, Kuhn SL, Chen FY, et al. The easternmost Middle Paleolithic (Mousterian) from Jinsitai Cave, North China. Journal of Human Evolution, 2018, p. 114.

Li F, Kuhn SL, Gao X, Chen FY. Re – examination of the dates of large blade technology in China: A comparison of Shuidonggou Locality 1 and Locality 2. Journal of Human Evolution, 2013, p. 64.

Li F, Gao X, Chen FY, et al. The development of Upper Paleolithic China: New results from the Shuidonggou site. Antiquity, 2013, p. 87.

Licent E, Teilhard de Chardin P. Le Paleolithique de la Chine. L'Anthropologie, 1925, 35 (4) .

Liu GX. The Xinglongwa culture in relation to other cultures, In Hu Y (ed.) . The Origins of Jades in East Asia: Jades of the Xinglongwa Culture. Hong Kong: The Center for Chinese Archaeology and Art at the Chinese University of Hong Kong, 2007.

Liu L, Bestel S, Shi JM, et al. Paleolithic human exploitation of plant foods during the last glacial maximum in north China. Proceedings of the National Academy of Sciences of the United States of America, 2013, 110 (14) .

Lombard M. Evidence of hunting and hafting during the Middle Stone Age at Sibidu Cave, KwaZulu – Natal, South Africa: a multianalytical approach. Journal of Human Evolution, 2005, 48 (3) .

Madsen DB, Li JZ, Elston RG, et al. The Loess/Paleosol record and the nature of the Younger Dryas climate in Central China. Geoarchaeology, 1998, 13 (8) .

Madsen DB, Ma HZ, Brantingham PJ, et al. The late Upper Paleolithic occupation of the northern Tibetan Plateau margin. Journal of Archaeological Science, 2006, p. 33.

Madsen DB, Perreault C, Rhode D, et al. Early foraging settlement of the Tibetan Plateau highlands. Archaeological Research in Asia, 2017, p. 11.

Mason SLR, Hather JG, Hillman GC. Preliminary investigation of the plant macro – remains from DolníVestonice II, and its implications for the role of plant foods in Paleolithic and Mesolithic Europe. Antiquity, 1994, 68 (258) .

McNair JN. Optimal giving – up times and the Marginal Value Theorem. The American Naturalist, 1982, 119 (4).

Morgan C, Barton L, Bettinger RL, et al. Glacial cycles and Palaeolithic adaptive variability on China's West ern Loess Plateau. Antiquity, 2011, 85 (328).

Murdock GP. Ethnographic atlas: a summary. Ethnology, 1967, p. 6.

Nian XM, Gao X, Xie F, Zhou LP. Chronology of the Youfang site and its implications for the emergence of microblade technology in North China. Quaternary International, 2014, p. 347.

Odell GH. Prehistoric hafting and mobility in the North American midcontinent: examples from Illinois. Journal of Anthropological Archaeology, 1994, 13 (1).

Parry WA, Kelly RL. Expedient core technology and sedentism, In Johnson JK, Morrow CA (eds.). The organization of core technology. Colorado: Westview Press, 1987.

Pelegrin J, Karlin C, Bodu P. Chaînesopératoires: Un outil pour le préhistorien, In Tixier J (ed.). Journée d'Études Technologiques en Prehistoire. Paris: CNRS, 1988, p. 27.

Peng F, Gao X, Wang HM, et al. An engraved artifact from Shuidonggou, an Early Late Paleolithic site in Northwest China. Chinese Science Bulletin, 2012, 57 (35).

Powers WR. Siberia in the Late Glacial and Early Postglacial, In Straus LG, Eriksen BV, Erlandson JM, Yesner D (eds.), Humans at the End of the Ice Age: the archaeology of the Pleistocene – Holocene Transition. New York and London: Plenum Press, 1996.

Rafferty J. The archaeological record on sedentariness: Recognition, development, and implications, In Schiffer M (ed.). Advances in Archaeological Method and Theory, Vol. 8. New York: Academic Press, 1985.

Ray N, Admas JM. A GIS – based vegetation map of the world at the Last Glacial Maximum (25, 000 – 15, 000 BP). Internet Archaeology, 2011, p. 11.

Rhode D, Zhang HY, Madsen DB, et al. Epipaleolithic/early Neolithic settlements at Qinghai Lake, western China. Journal of Archaeological Science, 2007, p. 34.

Rui X, Guo YJ, Zhang JF, et al. Luminescence chronology of the Palaeolithic – Neolithic transition in the Yujiagou site at the Nihewan Basin, northern China. Journal of Quaternary Sciences, 2019, 34 (2).

Sellet F. ChaineOperatoire: the concept and its applications. Lithic Technology, 1993, 18 (1&2).

Sheets PD. Behavioral analysis and the structure of a prehistoric industry. Current Anthropology, 1975, 16 (3).

Shott M. Technological organization and settlement mobility: an ethnographic examination. Journal of Anthropological Research, 1986, 42 (1).

Smith BD. Low – level food production. Journal of Archaeological Research, 2001, 9 (1).

Smith P. Changes in population pressure in archaeological explanation. World Archaeology, 1972, 4（1）.

Sohn PK. Sockchang – riHugiGuseokgiSidaeJipjari（On the Upper Paleolithic settlement at Sokchang – ri）. HankuksaYeongu, 1973, p. 9.

Speth J, Spielmann K. Energy source, protein metabolism, and hunter – gatherer subsistence strategies. Journal of Anthropological Archaeology, 1983, 2（1）.

Stiner MC, Munro ND, Surovell TA, et al. Paleolithic population growth pulses evidenced by small animal exploitation. Science, 1999, 283（5399）.

Stiner MC. Thirty years on the "Broad Spectrum Revolution" and paleolithic demography. Proceedings of the National Academy of Sciences of the United States of America, 2001, 98（13）.

Sun XJ, Song CQ, Wang FY, Sun MR. Vegetation history of the Loess Plateau of China during the last 100, 000 years based on pollen data. Quaternary International, 1997, p. 37.

Tang C, Gai P. Upper Palaeolithic Cultural Traditions in North China. Advances in World Archaeology, 1986, p. 5.

Tang ZW, Lee H, Wang LX, et a. Plant remains recovered from Houtaomuga site in Jilin Province, Northeast China: A focus on Phase I（12, 900 – 11, 000 cal. BP）and Phase II（8, 000 – 7, 000cal. BP）. Archaeological Research in Asia, p. 22.

Tchakerian V P. Palaeoclimatic interpretations from desert dunes and sediments, In Abrahams AD, Parsons AJ（eds.）. Geomorphology of Desert Environments. London: Chapman & Hall, 1994.

Thompson IG, Yao T, Davis ME, et al. Tropical climate instability: the last glacial cycle from a Qinghai – Tibetan ice core. Science, 1997, 276（5320）.

Torrence R. Time budgeting and hunter – gatherer technology, In Bailey G（ed.）. Hunter – Gatherer Economy in Prehistory: A European Perspective. Cambridge: Cambridge University Press, 1983.

Toth N. The Oldowan reassessed: a close look at early stone artifacts. Journal of Archaeological Science, 1985, 12.

Wang XM, Xie F, Mei HJ, Gao X. Intensive exploitation of animal resources during Deglacial times in North China: a case study from the Yujiagou site. Archaeological and Anthropological Sciences, 2019, 11（9）.

Wang J, Xia H, Yao JT, et al. Subsistence strategies of prehistoric hunter – gatherers on the Tibetan Plateau during the Last Deglaciation. Science China: Earth Sciences, 2020, 63（3）.

Wang YJ, Cheng H, Edwards RL, et al. A high – resolution absolute – dated Late Pleistocene monsoon record from Hulu Cave, China. Science, 2001, 294（5550）.

Wang YP, Zhang SL, Gu WF, et al. Lijiagou and the earliest pottery in Henan Province, China. Antiquity, 2015, p. 89.

Wei Y, d'Errico F, Vanhaeren M, et al. An early instance of Upper Palaeolithic personal ornamentation from China: the freshwater shell bead from Shuidonggou 2. PLoS ONE, 2016, 11 (5).

Weiss KM. Archaeological approaches to population inference. American Antiquity, 1978, 43 (4).

Wiessner P. Beyond willow smoke and dogs'tails: a comment on Binford's analysis of hunter – gatherer settlement systems. American Antiquity, 1982, 47 (1).

Wiessner P. Measuring the impact of social ties on nutritional status among the ! Kung San. Social Science Information, 1981, p. 20.

Wiessner P. Risk, reciprocity and social influences on ! Kung San economics, In Leacock E, Lee RB (eds.). Politics and History in Band Societies. Cambridge: Cambridge University Press, 1982.

Woodburn J. Hunters and gatherers today and reconstruction of the past, In Gellner E (ed.), Soviet and Western Anthropology. London: Duckworth, 1980.

Wünnemann B, Hartmann K, Janssen M, Zhang HC. Responses of Chinese desert lakes to climate instability during the past 45, 000 years, In Madsen DB, Chen FH, Gao X (eds.). Late Quaternary Climate Change and Human Adaptation in Arid China, VOL. 9. Amsterdam: Elsevier, 2007.

Yellen J. Long term hunter – gatherer adaptation to desert environments: a biogeographical approach. World Archaeology, 1978, 8 (3).

Yerkes RW. Microwear, microdrills, and Mississippian craft specialization. American Antiquity, 1983, 48 (3).

Yi MJ, Barton L, Morgan C, et al. Microblade technology and the rise of serial specialists in north – central China. Journal of Anthropological Archaeology, 2013, 32 (2).

Yi MJ, Gao X, Li F, Chen FY. Rethinking the origin of microblade technology: a chronological and ecological perspective. Quaternary International, 2016, p. 400.

Yi MJ, Gao X, Chen FY, et al. Combining sedentism and mobility in the Palaeolithic – Neolithic transition of northern China: the site of Shuidonggou locality 12. Antiquity, 2021, 95 (380).

Yu G, Chen X, Ni J, et al. Palaeovegetation of China: a pollen data – based synthesis for the mid – Holocene and last glacial maximum. Journal of Biogeography, 2000, 27 (3).

Yuan DX, Cheng H, Edwards R L, et al. Timing, duration, and transitions of the last interglacial Asian monsoon. Science, 2004, 304 (5670).

Yue JP, Li YQ, Yang SX. Neolithisation in the southern Lesser Khingan Mountains: lithic technologies and ecological adaptation. Antiquity, 2019, 93 (371).

Zhang HC, Wünnemann B, Ma YZ, et al. Lake level and climate changes between 42, 000 and 18, 000 14C yr B. P. in the Tengger Desert, Northwestern China. Quaternary Research, 2002, 58 (1).

Zhang JF, Wang XQ, Qiu WL, et al. The Paleolithic site of Longwangchan in the middle Yellow River, China: chronology, paleoenvironment and implications. Journal of Archaeological Science, 2011, p. 38.

Zhang SQ, Doyon L, Zhang Y, et al. Innovation in bone technology and artefact types in the late Upper Palaeolithic of China: insights from Shuidonggou Locality 12. Journal of Archaeological Science, 2018, p. 93.

Zhang Y, Doyon L, Gao X, et al. Birds and prehistoric humans in North China: a taphonomic analysis of the avian assemblage from Shuidonggou Locality 12. Archaeological and Anthropological Sciences, 2022, 14 (157).

Zhang Y, Zhang SQ, Gao X, Chen FY. The first ground tooth artifact in Upper Palaeolithic China. Science China: Earth Sciences, 2019, 62 (2).

Zhang Y, Gao X, Pei SW, et al. The bone needles from Shuidonggou locality 12 and implications for human subsistence behaviors in North China. Quaternary International, 2016, p. 400.

Zheng HX, Yan S, Qin ZD, Jin L. MtDNA analysis of global populations support that major population expansions began before Neolithic time. Scientific Reports, 2012, 2 (1).

Zhou WJ, Dodson J, Head MJ, et al. Environmental variability within the Chinese desert – loess transition zone over the last 20000 years. The Holocene, 2002, 12 (1).

Zhu ZY, Dennell R, Huang WW, et al. Hominin occupation of the Chinese Loess Plateau since about 2. 1 million years ago. Nature, 2018, 559 (7715).

3. 研究论著

Bettinger RL. Hunter – gathers: archaeological and evolutionary theory. New York: Plenum, 1991.

Binford LR. Working at Archaeology. New York: Academic, 1983.

Bordes F. Typologie du Paléolithique ancient et moyen. Cahiers du Quaternaire 1. Centre National de la Recherché Scientifique, Bordeaux, 1961.

Bordes F. The Old Stone Age. New York: McGraw – Hill Book Company, 1968.

Boserup E. The economics of agrarian change under population pressure. Chicago: Aldine, 1965.

Boule M, Breuil H, Licent E. Le Paleolithique la China. No. 4, Paris: Masson, Archives de l'Institut dePaléontologie Humaine, 1928.

Childe VG. Man Makes Himself. New York: Mentor, 1951.

Childe VG. The Danube in Prehistory. Oxford: Oxford University Press, 1929.

Clark G. World Prehistory: A New Outline (2nd edition). Cambridge: Cambridge University Press, 1969.

Clark G. World Prehistory: In New Perspective (3rd edition). Cambridge: Cambridge University Press, 1977.

Derevianko AP, Shimkin DB, Powers WR. The Paleolithic of Siberia: New Discoveries and Interpretations. Chicago: University of Illinois Press, 1998.

Derevianko AP, Shunkov MV, Agadjanian AK, et al. PrirodnayaSreda I Chelovek v PaleoliteGornogoAltaya (Paleoenvironment and Paleolithic humans of the Mountainous Altai). Novosibirsk: Institute of Archaeology and Ethnography SB RAS Press, 2003.

Elston RG, Kuhn S (eds.). Thinking Small: Global Perspectives on Microlithization, Archaeological Papers of the American Anthropological Association. Washington, D. C: American Anthropological Association, 2002.

Kelly RL. The foraging spectrum: Diversity in hunter – gatherer lifeways. Washington, D. C.: Smithsonian Institution Press, 1995, p117.

Lee RB, Devore I (eds.), Man the Hunter. Edison, NJ: Aldine Transaction, 2009.

Lu TLD. The transition from foraging to farming and the origin of agriculture in China. Oxford: British Archaeological Reports, 1999.

Smith AT, Xie Y, Hoffmann RS, et al. A Guide to the Mammals of China. Princeton: Princeton University Press, 2008.

Steward JH. Basin – Plateau Aboriginal Sociopolitical Groups. Smithsonian Institution, Bureau of American Ethnology Bulletin 120. Washington, D. C.: Government Printing Office, 1938.

Steward JH. Native Cultures of the Intermontane (Great Basin) Area. Smithsonian Miscellaneous Collections, Washington, D. C., 1940.

Thomas DH. The archaeology of Monitor Valley 1: Epistemology. Anthropological Papers of the American Museum of Natural History, v. 58, pt. 1. New York: American Museum of Natural History, 1983.

Wiley G, Sabloff J. A History of American Archaeology (2nd edition). London: Thames and Hudson, 1980.

Zhang M. Late Pleistocene and Early Holocene Microblade – based Industries in Northeastern Asia: a macroecological approach to foraging societies. BAR International Series 3056, Archaeology of East Asia, Volume 6. Oxford: BAR Publishing, 2021.

小畑弘己，東シベリア・極東における完新世適応システムの研究（Study on cultural adaptation system during transitional period from Pleistocene to Holocene in eastern Siberia and Far East）. Hiroki Obata：シモダ印刷株式会社，2002.

4. 学位论文

Chen SQ. Adaptive changes of prehistoric hunter – gatherers during the Pleistocene – Holocene transition in China. Ph. D. Dissertation. Dallas: Southern Methodist University, 2004.

Collins MA. Functional Analysis of Lithic Technology among Prehistoric Hunter – Gatherers of Southwestern France and WesternTexas. Tucson: University of Arizona, 1974.

Rice G. A Systemic Explanation of a Change in Mogollon Settlement Patterns. Ph. D. dissertation. Seattle: Anthropology Department, University of Washington, 1975.

图 4.1　水洞沟第 12 地点远景（摄影：陈福友）

图 4.2　2007 年水洞沟第 12 地点发掘场景（摄影：陈福友）

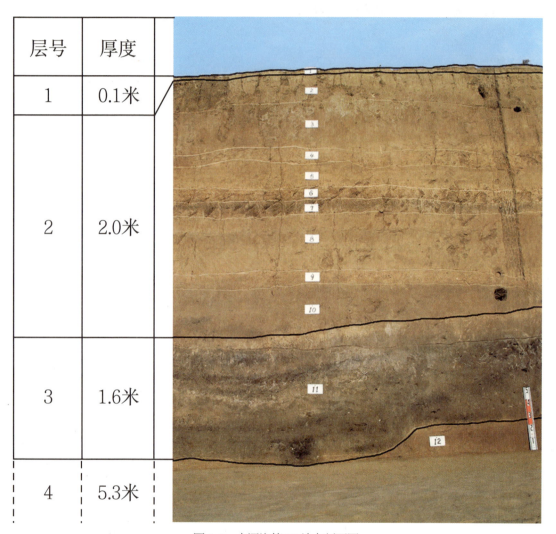

层号	厚度
1	0.1米
2	2.0米
3	1.6米
4	5.3米

图 4.3　水洞沟第 12 地点剖面图

图 4.6　锤击石核及楔形石核的对比

1.　"切线法"剥片石核；2.　保留修型石片疤的楔形石核

图 4.14　水洞沟第 12 地点的修型石片

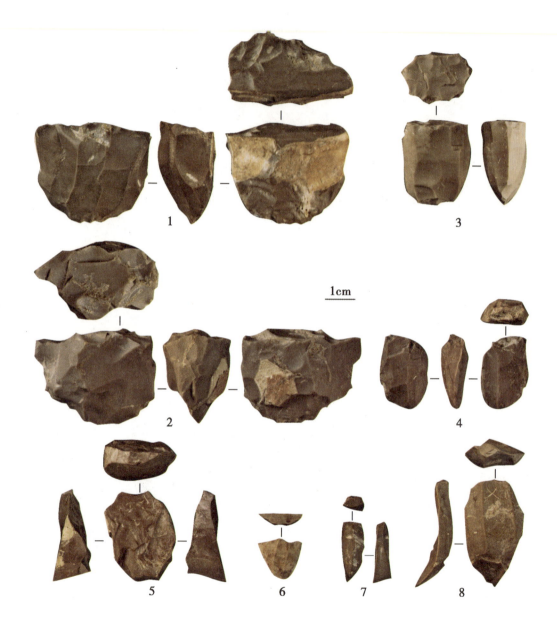

图 4.24　不同阶段的楔形石核及调整副产品

细石核　1. 预制阶段；2. 剥片阶段；3. 调整后再剥片阶段；4. 转型阶段；
调整中的特殊石片　5. 第一类；6. 第二类；7. 第三类；8. 第四类

考古新视野
青年学人系列

2019 年

罗　伊：《云南地区新石器时代考古学文化研究》

赵献超：《二至十四世纪法宝崇拜视角下的藏经建筑研究》

2020 年

周振宇：《宁夏水洞沟遗址石制品热处理实验研究》

张　旭：《内蒙古大堡山墓地出土人骨研究》

2021 年

马　强：《泾水流域商周聚落与社会研究》

金蕙涵：《七至十七世纪墓主之位的考古学研究》

2022 年

邱振威：《太湖流域史前稻作农业发展与环境变迁研究》

仪明洁：《细石叶技术人群的流动策略研究》

2023 年（入选稿件）

马　伟：《固原地区粟特裔墓葬研究》

龙静瑶：《石寨山文化墓地研究》